마을교육공동체의 역사 탐구

지속가능한 마을, 교육, 공동체를 위하여

마을교육공동체의 역사 탐구

지속가능한
마을, 교육, 공동체를
위하여

초판 1쇄 인쇄 2022년 8월 11일
초판 1쇄 발행 2022년 8월 26일

지은이 강영택
펴낸이 김승희
펴낸곳 도서출판 살림터

기획 정광일
편집 조현주·송승호
북디자인 꼬리별

인쇄·제본 (주)신화프린팅
종이 (주)명동지류

주소 서울시 양천구 목동동로 293, 2215-1호
전화 02-3141-6553
팩스 02-3141-6555
출판등록 2008년 3월 18일 제313-1990-12호
이메일 gwang80@hanmail.net
블로그 http://blog.naver.com/dkffk1020

ISBN 979-11-5930-231-2 93370

마을교육공동체의 역사 탐구

지속가능한 마을, 교육, 공동체를 위하여

강영택 지음

살림터

마을과 시대를 품는 교육이 나라를 살린다

홍순명_전 풀무학교 교장, 전 홍동밝맑도서관 이사장

강영택 선생이 『마을을 품은 학교공동체』를 내고 이제 『지속가능한 마을, 교육, 공동체를 위하여』를 속편으로 펴내게 되었다. 『마을을 품은 학교공동체』는 "학교와 마을 두 바퀴로 움직이는 학교 이야기"란 부제가 붙어 있다. 보통 학교는 학교이고 마을은 마을, 서로 긴밀한 관계가 있을 필요를 느끼지 못하는 것이 현실이다. 그러나 어떤 학교도 마을의 교육적 환경에 둘러싸여 있고, 아무리 중심과 멀리 떨어져 있다 해도 마을은 시대의 영향을 받는다. 마을과 학교와 시대가 어떻게 관련되어 있으며 어떻게 관련되어야 하는지, 책 제목만으로도 엄청난 지적 도전을 받는다.

앞 책이 국내의 사례와 연구실에서 하던 연구임에 비하여, 강 선생은 외국에 객원교수로 가서 바깥 동향을 직접 살피고, 거기서 멀리 떨어진 고국의 미래 교육공동체의 이상을 꿈꾸며, 연구실과 산책길을 오가면서 학교와 마을의 있어야 할 위치를 추구하는 사색을 계속하여 이 책을 썼다. 그 오랜 탐색의 결과물로 교육공동체의 의미와 국내외 사례의 역사적 전개를 차분히 정리한 노작이다.

한국의 학교와 마을의 교육적 관계에 대한 과거의 언급에서 눈에 번쩍 들어오는 것은, '오산학교', '대성학교', '명동학교', '송산농사학원' 같은 학교 이름들이다.

강 선생이 가슴에 품은 사상의 폭을 넓히려 미국 미시간주에 간 것처럼, 20세기 초 서양 문명의 파도가 아시아에 들이닥쳤을 때, 동양의 세 청년이 문명의 진원을 찾아 태평양을 건넜다. 연대순으로 우치무라 간조內村鑑三, 1861~1930는 동부 매사추세츠주에 가서 청교도 신앙을 배워 돌아왔다. 안창호安昌浩, 1878~1936는 교육과 신앙을 배우러 갔으나(검사심문조서) 상륙한 서부의 캘리포니아주에서 나라 잃은 해외 동포들이 힘없이 사는 모습을 보고 일신의 꿈을 접고 현지에 학교와 교회를 세우고 주민을 조직하였다. 이동하는 곳마다 작은 민주공화국을 만들었다. 그 실험들이 조국 회복에 확대되었다. 타오싱즈陶行知, 1891~1946는 뉴욕의 컬럼비아대학교에 가서 존 듀이를 만나고, 귀국 후 '생활이 교육이다生活卽敎育, 일하는 가운데 배운다在做中學, 사회가 학교다社會卽 學校' 등을 내세우며 향촌건설운동鄕村建設運動을 했다.

강 선생은 근대 한국 교육공동체, 나아가 민족 교육의 원류를 안창호와 이승훈 그리고 연변의 김약연 등의 활동에서 찾고 있다. 1907년 안창호는 교육으로 새 백성을 만들고 새 백성으로 새 나라를 만드는 신민회 운동을 전개하였다. 그의 교육은 실천, 거짓 없고 공적 생애를 우선시하는 대공주의大公主義였다. 이상촌은 조합과 교육을 축으로 하였다. 교육과 이상촌은 개인과 마을을 변화시키는 운동이었는데, 거기엔 서구에 퍼졌던 기독교와 당시 유입한 덴마크의 영향도 있었다. 당시 지도자들은 학교와 마을의 일체화, 공생관계에 국한하지 않고 조선조 오백 년을 지배

하던 주자학의 이념체계를 대체할 새 국가, 민주공화국의 건설을 마음에 품었다. 그것은 마을에 민립 농과대학 설립으로 국가를 건설할 인재 양성의 모색으로 구체화되었다. 그들의 꿈은 탄압당하고 좌절하였으나 마을과 학교 공동체가 아래로부터 국가 건설의 초석이 된다는 신념이 그때처럼 절실하게 추구되던 때가 그 이후 없었다. "고난은 사람을 깨우친다." 그리스의 비극 시인 아이스킬로스의 말대로, 무거운 민족의 고난이 국민을 각성시키고, 백년대계 교육의 사상을 품은 정신적 지도자를 낳았던 것이다.

한편 일본은 에도 막부 후기에 주자학이 들어와 국가의 교육원리로 세워져, 모토다 나가자네元田永孚, 1818~1891 등 유학자들이 천황을 중심으로 한 국가절대주의 신분사회 도덕 교육이론을 제공하여, 본국과 식민지 한국에 더욱이 혹독하게 적용하였다.

한동안 한국에서 덴마크 사례를 수용하려 시도한 것은 주목할 만하다. 오산에서도 풀무학교를 창설한 이찬갑이 협동조합을 운영하였으며, 일본에 건너가 우치무라 간조가 협력 설치한 구즈라久連 국민고등학교(평민고등학교)를 수료하였고, 문집이나 풀무학교 개학 때 강연에도 언급되었다. 그는 손맡에 A. H. 홀맨의 『덴마크 평민고등학교 및 덴마크의 문명 발달에 대한 의미』를 놓고 애독하였다.

18세기 유럽 대륙과 미국에서는 제왕의 절대 권력이 무너지고 시민혁명, 독립전쟁, 프랑스혁명이 소용돌이치고 있었다. 이제는 지구 한 귀퉁이에 시민의 시대가 열렸다. 그 시민을 어떻게 교육하여 새 세상을 담당하게 할지 혁명이 일어난 여러 나라에서 다양한 교육 문제가 논의되었다. 덴마크에서도 그룬트비Nikolai Frederik Severin Grundtvig, 1783~1872의 영향을 받아 젊은 교사들이 비 온 뒤 대순같이 작은 나라에 80곳을 헤아리는 평민고등학교를 설립했다. 평민고등학교는 크리스텐 콜Christen Mikkelsen Kold, 1816~1870이 하나님, 이웃, 흙의 삼애정신三愛精神 같은 정신적 면을 강조한 데 비해, 요르겐 카를 라 쿠르Jørgen Carl la Cour, 1838~1898 등은 평민고등학교와 같이 신앙과 국민 생활을 추구하면서, 농업의 실제를 현장을 통해 배우는 농민고등학교를 세워 두 학교군이 쌍벽을 이루어 농민 인재를 길렀다. 그런 교육을 받은 청년들이 마을에 들어가 낙농, 양돈 중심의 전국적 협동조합을 일으키고 의회에 진출해 토지개혁을 완벽하게 이루어, 북구 사회에 경이로운 평등 사회를 실현하였다.

그룬트비가 국가의 종교 개입을 반대해 자유의 정신을 고취하고 역사를 통해 덴마크에 고유한 국민 문화의 틀을 세우고자 한 데 비해, 키르케고르는 집단이 아닌 개인의 하나님과의 실존적 만남 속에 진리의 체험이 있음을 강조하였고, 안데르센은 이타적 자기희생의 사랑을 아름답고 슬프게 그려, 모든 나이층 사람들의 마음을 사로잡았다. 어느새 덴마크는 학교와 마을, 사회 공동체의 연대로 경제, 사회, 문화 등 여러 분야에 성숙한 평민의 나라가 되어 있었다.

그룬트비가 영국에 네 차례 체류하는 동안 그는 영국의 사회제도나 자유사상과 함께 페스탈로치의 삶을 위한 교육사상에 영향을 받았다. 단순한 지식과 달리 삶은 자연과 사회의 복잡한 상호관계로 형성된다. 당시 영국에서는 산업혁명 후 사회개혁과 빈민 교육의 방향에 대한 사회적 관심이 높았다. 스위스의 교육자 페스탈로치의 교육소설 『린하르트와 게르트루트Lienhard und Gertrud』가 널리 읽혔고, 페스탈로치 학교에 연구자, 방문객이 줄을 이었다. 뉴래너크의 목화공장 마을에서 새 공동체와 유아교육을 실험하였던 로버트 오언Robert Owen, 1771~1858도 그중의 하나로, 1818년 페스탈로치를 방문하였다. 둘은 빈민 구제라는 교육 목적이나 방법에서는 많은 공통점을 발견하였으나, 중요한 점에 이견이 있었다. 오언은 인간성에 대한 이해가 옅고, 종교엔 무관심하였다. 좋은 이론을 제시하면 유토피아는 즉시 노동자들의 공감을 얻어 실현될 것으로 생각하였다. 페스탈로치는 인간은 사회적, 종교적 측면 외에 동물적 본성이 있으므로 사회개혁은 그 정신적 성장에 맞추어 점진적으로 진행해야 한다고 보았다. "하나님은 인류에게 도덕, 계몽, 지혜와 같은 모든 축복의 근원이다. 하나님과 인류 사이에 아버지와 어린아이 같은 감정을 잃으면, 인류는 하나님의 교육을 포기하게 된다. 고뇌와 죽음으로 하나님에 대한 인류의 감정을 회복하신 하나님-사람(God-Man)은 세상을 구원하는 제사요, 하나님을 잃은 사람과 하나님의 중개자시다"(에퍼메리디즈Die Ephemerides지의 이자크 이젤린Isaak Iselin에게 보낸 편지). 여기에 나타난 그의 신앙관과 인간관은 확고하였다. 시일이 지나 오언의 유토피아 계획도, 그것을 공상적 사회주의로 분류한 공산주의도 지속되지 못하였다.

그에게 교육의 본질은 옥좌에 있거나 초가집에 살거나 모든 사람이 잠재하거나 숨겨져 있는 타고난 능력을 드러내는 것이었다. 모든 개인에게 종교, 도덕 교육(가슴)을 중심으로 지적(머리), 기술적(손) 교육을 전인적으로 일깨울수록 사회는 더욱 교육 있고 새로워지기 때문에, 교육은 사회 향상에 중심적 역할을 한다. 즉 학교에서 교육의 본질이 이루어지면 자연히 학교와 사회공동체는 동심원적으로 연결된다. 지식은 본래 학생들 마음속에 있으므로, 교사의 역할은 그것을 드러내는 길을 찾는 데 있다. 교과서와 교육과정 중심의 주입식 교육보다 학생이 스스로 대답을 찾게 하고 실물을 통한 직접 경험(직관 교육)을 중시해야 한다. 쪼개진 교과보다 학생 발달 단계에 맞춘 교과 횡단식 삶의 교육이라야 한다는 원리는 그가 모두 교육현장에서 발견하였다.

실천 속의 관찰과 탐구로, 암기와 주입만 강조하던 이전의 교육 내용을 획기적으로 바꾼 페스탈로치는 교육학의 아버지로 불린다. 그는 교육학을 한 과학으로 분리시켰다. 조국 스위스를 비롯해 세계 여러 나라의 의무교육이나 유아교육(프뢰벨), 교원양성교육[페스탈로치 이론과 방법을 가르친 뉴욕의 오스위고 주립 사범대학Oswego State Teachers College의 교육을 NEA(미국 교육연합회)에서 전국 사범학교에 시행을 건의], 통일국가 건설의 바탕(군소 국가로 나뉘었던 독일이 통합되면 채택할 교육으로 피히테 애국 강연), 대학의 교육학까지 불후의 영향을 끼쳤다. 그만큼 성서에서 페스탈로치의 교육사상을 보고, 페스탈로치에서 성서의 교육사상이 보이게 한 이가 없다. 한편 그와 같이 교육학자와 현장 교사의 역할을 겸하면서 자기 교육 체험을 감동적인 교육소설로 쓴 이가 드물다.

『린하르트와 게르트루트』 소설의 활동 무대는 현존하는 아르가우주州의 본나르고, 실제로 거기서 페스탈로치는 부인 안나와 농사를 지으며 빈민, 고아, 장애아 등 40여 명과 함께 일하고 먹고 껴안고 가르치고 생활을 하였다. 당시 스위스는 초기 자본주의가 일어나 농촌이 무너지기 시작하는 때였다. 페스탈로치는 인성교육을 위해서만이 아니라 실제로 원예와 실 잣기, 옷감 짜기 기술을 가르쳐 지주나 악덕 업자에 시달리지 않도록 직업을 가르치며, 자영하는 중산층으로 빈민 자녀들을 육성해 사회에 진출시키고자 하였다.

소설의 주인공은 겔트루드와 그륄피, 목사 그리고 성주 아르넬. 그들 넷이서 마을의 악습과 싸우며 마침내 훌륭한 마을을 만들어 낸다. 스위스를 통치하는 후작 일행이 본나르 마을에 찾아와, 부지런함과 교육으로 이룩한 결과를 보고, 마을을 만든 원리를 온 스위스에 적용시킬, 미래의 희망에 벅차한다. 이 끝부분을 내가 근무하는 학교에서 편집한 교양국어에서 읽을 때마다, 학생들과 새로운 감동을 나누게 된다. 유럽이 나폴레옹 등 혁명으로 소용돌이칠 때, 페스탈로치는 묵묵히 시골에서 아래로부터 마을을 만들며 시대를 끌어안았던 것이다.

노이호프의 교육 시설은 현재 스위스 문화유산에 등록되어 있지만 과거의 유적 보관이 아니라 현재에도 노이호프 직업교육의 집Neuhof bildungsheim을 운영하여 빛나고 있다. 14~22세 나이의 40명 정도가 직업학교와 예비학교에서 배우고 있는데, 재적 학생들은 아르가우주에서 마약을 하다가 교정 지도를 받는 청소년들이다. 학교는 요리사, 원예사, 꽃장식사, 화훼사, 목공, 페인트공, 건축철공사, 농업인, 경영기능인 또는 기술사 자격을 얻는 과정이다. 시험은 주 안의 여섯 회사와 협약을 해서 기술사 자격자가 와서 실기 위주로 가르치는데 합격 후 원하면 그 회사에서 일한다. 기능사별 작업실이나 온실, 식당, 정원이 모두 밝고 깨끗하였다.

학생들이 재학 중 주문, 제작한 것은 동네 사람들에게 판매한다. 학교 업무는 페스탈로치 재단 산하 전무, 교장, 사감 부부 등 몇 사람 외에는 모두 자격 있는 동네 주민들이 운영하는 학교 제도다. 나는 두 차례 방문에서 설명을 들으며, 300개를 헤아린다는 한국에 특유한 대안학교나 특성화학교 가운데 몇 학교라도 지역과 직업에 바탕을 두어 마을과 학교공동체를 만드는 그런 시도를 하였으면 하고 아쉬워하였다.

미국의 대표적 교육자 존 듀이의 사상이 페스탈로치에 많이 힘입고 있다는 것은 많은 사람이 지적하는 바다. 그리스, 로마 이후 번잡한 서양의 철학적 논쟁에서 떠나 신생국가 미국의 교육자답게 그는 실용과 실제에 중심을 두어 교육의 생활화, 학교와 사회, 민주주의와 교육, 나아가 누구나 받아들일 수 있는 공동의 종교common faith를 공개하였다. 다음은 듀이와 페스탈로치 사상의 공통점, 또는 영향으로 지적되는 부분이다.

- 교육은 모든 사람에게 민주적이라야 한다. 민주시민 양성을 위하여 교실에서 토론과 문제 해결 방식은 매우 중요하다.
- 학생들이 배우는 기술과 지식은 장래 시민이자 인간인 그들의 생활에 충실히 통합되어야 한다.
- 교육은 실천으로 학습하는 곳이다. 학교에서는 학생들의 삶을 중심으로 실제 세계의 경험과 활동을 제공해야 한다. 그러기 위해 듀이는 직접 초등학교 학생들에게 기초 화학, 물리, 생물을 주변의 현장에서 조사하게 하고, 교실에서 직접 요리, 목공, 채소 가꾸기 등을 실제로 만들어 보는 수업과 결합하는 실험학교를 운영하였다.
- 학과의 암기나 추상적인 지식을 비판 없이 받아들이기보다 지적인 관심을 넓히고 문제 해결과 비판적 사고를 기르는 것이 중요하다.
- 지각知覺이나 감성 등 인간성은 공동체적 과정을 거쳐 형성된다. 개인은 그가 속한 사회공동체와 뗄 수 없는 부분으로 여겨질 때에만 의미 있는 개념이 된다. 또한 개인 구성원의 삶을 실현시켜 주지 못하는 사회공동체는 아무 의미가 없다. Silber

존 듀이는 동문수학한 후스胡適, 1891~1962의 초청으로 중국에 가서, 1919~1920년까지 전국을 순회하며 교육의 모든 분야에 걸쳐 강연을 하였다. 새 국가와 문명의 진로를 찾으려는 중국 지도자들의 열의가 높아, 사회적 반응도 컸다. 모두에서 말한 타오싱즈는 유럽을 돌아온 지구적 교육사상을 글로컬하게 중국 실정에 맞추어, 상하이공학단山海工學團과 샤오촹사범학교曉莊師範學校 등 여러 학교를 세우고 심혈을 기울여 중국 현실에 부합한 학교와 마을공동체를 발전시키는 독창적 실험을 하였다. 앞으로 사회주의 아래 어떻게, 신구대륙에서 발전한 페스탈로치와 듀이의 교육사상이 중국의 토양에서 실험되고 살려질지 같은 동북아시아 이웃으로 깊은 관심을 갖게 된다.

칼로 흥하면 칼로 망한다는 것은 성서가 말하는 평화 대선언이다. 가장 높은 가르침을 가리키는 종교 경전인 성서의 교육 대선언은 "각각 은사를 받은 대로 하나님의 여러 은사를 맡은 선한 청지기같이 서로 봉사하라"는 베드로 4장 10절의 말씀이라고 한다. 여기 "교육이란 하늘에서 타고난 유일한 천성을 학생들에게서 끌어낸다(educare의 어원)"가 있다. 각자가 타고난 선물이 카리스마인 것은 그 소질이 비교를 허락지 않는 절대성을 나타내고, 봉사, 디아코니아의 영어 표현인 steward는 항공 승무원의 친절을 연상시키는 말이다. 그런 교육의 본질 속에 공동체가 들어 있고 공동체의 연장에 마을이 있고 거기서 자기가 하고 싶은 일을 하고 그런 일을 하도록 사회 배치를 돕는 취업 사회 실현에 평등 사회의 자연스러운 전개가 있다.

주자학 이념체계에 식민지 교육이 덧씌워진 상태에서 해방이 된 후 세계를 양분하는 이념 싸움이 순식간에 한반도에 밀려 들어왔다. 좌우 진영 대립은 북한의 독재, 동족 간 참혹한 전쟁, 남한의 원칙 없는 경쟁으로 경제는 발달하였으나 사회 양극화와 생태 위기를 초래하였다. 그동안 교육은 사회를 주도하지 못하였다. 한 예로 국민학교라는 식민주의 때 쓰던 이름 하나 바꾸는 데 만 51년이 걸렸다. 교육의 원칙을 찾지 못한 것이고 찾아도 공중에 떠서 현실 풍토를 바꾸지 못한 것이다. 현실은 교육의 원칙을 가치화, 내면화, 생활화하기 전에는 변혁시킬 수 없다. 이제 교육이 시대를 품는 것은 교육의 원칙에 서서 평화와 생태를 살리는 것이다. 한국도 포함된 세계의 과제와도 연결되어 있다.

세계 역사의 무대 뒤에는 구극적 실재와 통일된 의미가 있다는 것이 모든 종교의 가르침이다. "현재 세계(와 한국)가 직면한 권력과 자본, 즉 이념의 정치적·경제적 대결은 결국 낮은 종교의 다른 형태이고 진정한 고등 종교의 대용품이다." 이렇게 말한 이가 있다. 엄청난 분량의 저술을 남긴 역사가 아널드 토인비Arnold Toynbee, 1889~1975다. 그의 사상은 1971년 일본에 와서, 와카이즈미 게이若泉敬 교수와 대화한 책에 쉽게 요약되어 있다.

토인비는 인생의 가장 중요한 목적은 사랑과 이해와 창의력이라 했다. 인간의 자기중심과 이기심은 사랑에 의해서만 극복되는 것이며, 진정한 사랑은 사람과, 자신을 초월하는 목적에 자신을 쏟으면서 우주 너머에 있는 정신적 실체에 자신을 이동시키는 정신적 현상이라고 한다. 이해는 남을 이해하고 모든 인류를 존중하는 것을 포함하며 건설적 또는 파괴를 가져오는 창의력은 모두 개인에서 비롯한다고 하였다.

그는 종교는 인생의 목적을 달성하는 열쇠며, 역사 연구에서도 구극적으로 종교의 의미와 목표가 없으면 자신의 역사 연구는 아무 의미가 없다고 확언한다. 인류 역사에서 위대한 종교들(유대교, 불교, 이슬람교, 기독교 등 고등 종교라고 한다)은 "구극적 정신의 실체"의 존재와 그에 반사된 인간 본성의 정신적 측면을 나타내는 것이라 한다.

역사에서는 불행하게도 고등 종교가, 부도덕한 전쟁이나 잔혹 행위를 국민에게 부추기는 국가라는 권력, 흥망성쇠를 거듭하는 낮은 종교 집단의 힘에 밀리는 경우가 자주 있는데, 그때 국가는 신격화되고 국민들에게 그 우상을 위해 희생을 강요한다. 로마를 비롯해 역사적으로 그런 국가 권력이 역사에서 부침을 거듭하였다. 국가주의의 유일한 효과적 대안은 세계 정부, 곧 세계의 정치적 통일인데 그것이 이루어지려면 먼저 "세계적인 정신적 혁명이 일어나야" 한다. 문명의 쇠퇴기에 세계종교가 일어나는데 대표적 세계종교는 그 원형에 모두 '인류를 위해 자신을 희생한 구세주'의 모습이 있다. 그 모습이 어떻게 차이와 유사성을 가지고 미래에, 공존 또는 통합될 것인가? 역사의 진로 방향은 하나님 나라고 역사는 "하나님이 자신을 드러내는 것"이다[〈뉴욕타임스〉 토인비 서거 특집호, 1975년 10월 23일, Alden Whitman].

역사의 종국에 대한 토인비의 예언은 바울이 그리스, 로마 문명의 중심지였던 아테네의 아레오파고스 신전에서 세계에 여러 국경과 연대가 있는 것은, 여러 민족이 하나님을 찾고 발견하게 하기 위한 배려라고 한 연설과 맥락을 같이한다.^{행전 17: 22-31}

토인비는 교육이 건설적 변화의 도구가 될 수 있다고 말한다. 교육은 역사, 종교, 문학, 예술을 가르쳐야 하며 "온 인류를 하나의 가족으로 결합하는 일을 도와야 한다"는 것이다. 함석헌 선생이 교육이 아니라 구제救濟, 곧 허위와 탐욕으로 얼룩진 현실에서 구원되어 깨달음을 현실화하는 세계로 건너가는 불교 용어, 학습이 아니라 신애信愛, 곧 믿음과 사랑의 바탕으로 지식과 인격과 실천이 통일되는 기독교 용어, 그런 종교적 정신에 닿아야 진정한 교육이 이루어진다는 말씀과도 상통하는 말이다. 결국 교육은 마을과 시대와 역사와 종교를 품는 것이다.

강 선생은 요즘 친구분들과 독서 모임을 한다고 했는데, 머리말에 부버와 본회퍼를 인용하였다. 교육학자들이 깊은 책을 읽는 것은 우리 교육이 깊어지고 있음을 보여 준다. 정신적 진보나 종교 활동은 아이스킬로스를 다시 인용하지만 '고난 속에서 깨우치'는 것이다. 부버나 본회퍼는 고난의 현장과 현실 속에서 철학을 한 분들이다. 유대인 박해가 심했던 1935~1938년 부버는 헤펜하임의 전원교육사 정문 앞 흰 벽의 검소한 집에서 살면서 학교와 교육에 대한 의견을 교환하였다고 게롤드 베커 Gelold Becker, 재임 기간 1969~1985 교장은 회상하였다. 오덴발트 전원교육사에서 교장부터 전 교사와 학생이 자유롭게 대화하는 전교 회의나, 교사와 학생이 상의하며 공동으로 진행하던 공동 학습은 글쓴이의 학교에 곧 도입되었다. 대학 과정과 기술교육을 병행하는 것이나 교사와 함께 여러 나이층 학생들 5~10명이 분산해서 마을처럼 기숙사 생활하는 것도 인상적이었다. 유감스럽게도 최근에 폐교되었다.

본회퍼는 신념에 따라 독재자 제거에 실패했으나 진리로 생각하는 일에 목숨을 건 사람이며, 그의 저술 『공동체의 삶Gemeindes Leben』국역 말씀 아래 더불어 사는 삶, 곽재일 옮김, 빌리프 출판은 시대와 국경을 넘어 호소력이 강하다. 공동체하면 교회를 연상하는데 진리와 사랑이 중심이 되어 학교가, 마을이, 그리고 학교와 마을이 일상생활에서 일과 정신생활을 함께하는 공동체는 실현될 수 없을까?

현실의 한국 마을을 보면 고령화되고 활기가 없다. 젊은 기운이 없다. 빈 들판에 바람이 스쳐 간다. 이런 판국에 무슨 마을을 어떻게 누가 품나? 여기서 세 번째 아이스킬로스를 인용한다. 고난은 깨닫게 한다. 도산, 남강에서 페스탈로치나 그룬트비, 평민고등학교를 창립한 크리스텐 콜, 듀이에서 일리치 등 무수한 유명, 무명의 인류 교육에 공헌한 이들은 순풍에 돛을 단 생애와 시대를 타고나지 않았다.

우선 몇 명이라도 시대를 앓는 이들이 같이 모이자. 마을에 평민을 위한 대안학교도 대학교도 만들거나 돕자. 거기서 학문과 기술을 평생 배우고 실천하는 사람을 기르자. 사회 변화는 언제고 창조적 소수에서 시작하였다. 그들이 작은 범위로 교육과 마을공동체를 동심원으로 형성하여 농축수산임업 유기농 먹을거리를 생산·가공·유통하고, 에너지, 정보를 중심축으로 직접민주주의, 여러 형태의 협동조합, 금융, 교육, 문화, 인터넷, 복지, 교통 등의 모든 면에서 아래에서부터 경제, 사회, 문화적으로 자립을 목표로 하면서 바깥 마을공동체와 손을 잡고, 도시공동체와 필요하면 세계와도 교류 연대하자. 거기 교육을 통한 평등과 생태 사회를 포함한 평화 실현의 열쇠가 있다. 지금은 그런 쪽으로 바닥에서 온 세계가 움직이고 있다.

강 선생은 책에서 긴 노고가 끝나고 연구가 끝 무렵에 이르렀다고 했는데, 한국 교육이 마을과 세상과 역사를 품고 사상과 현장이 하나가 되고 진리와 사랑이 혼이 되어 마을과 시대와 역사를 바꾸는 일은 끝나지 않았다. 시작이다. 마을과 시대를 품는 교육이 나라를 살린다. 속편을 기대한다.

"나는 '너'와의 관계를 통하여 진정한 '나'가 되고, 내가 '나'가
됨에 따라 '나'는 너를 '너'라고 부르게 된다. 모든 참된 삶은
만남이다." 마르틴 부버, 『나와 너』

"(기독교) 공동체의 꿈을 (기독교) 공동체 자체보다 더 사랑하
는 사람은, 그 자신이 아무리 정직하고 진실하며 헌신적인 사람
이라 해도, 결국 모든(기독교) 공동체의 파괴자가 되고 만다."

디트리히 본회퍼, 『성도의 공동생활』

긴 여정의 종착역이 가까워지고 있는 느낌이다. 이 여정은 짧게는
2013년에 시작되었고, 길게는 1997년까지 거슬러 올라간다. 2013년은
한국연구재단의 저술출판지원사업(3년 사업)에 선정되어 『마을을 품
은 학교공동체』 저술 작업을 시작한 해이다. 2017년 책이 출판된 뒤
남는 아쉬움으로 2018년 『마을교육공동체의 역사적 탐구』과제 번호: NRF-
2018S1A6A4A01033435란 제목으로 두 번째 저술출판지원사업에 지원했는데

운 좋게 선정되어 2022년 올해까지 그 여정이 이어지게 된 것이다.

지난 7년 내내 글 쓰는 작업을 한 것은 아니었지만 나의 머리에서 마을, 교육/학교, 공동체가 떠나지 않은 것도 사실이다. 앞에서 1997년을 언급한 것은 교육공동체와 관련해서 나의 첫 연구물인 석사 논문이 완성된 해이기 때문이다. 그 이후 마을, 교육, 공동체는 수시로 나의 의식 위로 떠올라 2006년 완성한 박사학위 논문과 그 후 몇몇 학술지 논문으로 그 모습을 드러내었다.

그렇게 본다면 짧게는 7년, 길게는 24년 동안 이 주제들을 품고 살아온 셈이다. 지금도 여전히 공동체에 대한 공부를 이런저런 형태로 하고는 있지만 이제 글을 써야 한다는 부담감에서 벗어나고 싶다. 혹여나 내 속에서 이들이 왜 이 정도로밖에 표현하지 못했느냐고 거칠게 항의해 온다면 변명거리를 준비해 두고 있다. '교육이니 마을이니 공동체니 하는 것들은 말/글로는 절반도 표현하지 못하니, 그 본체는 삶으로 나타내는 것이어'라고 말이다. 그러나 솔직히 고백하건대 나는 이런 주제들에 대해 글로 표현하는 것보다 삶으로 더 잘 살아낼 자신이 없다.

오랜 세월 특정 주제에 관심을 지니고 있었다는 사실이 그 분야에 전문적 지식을 갖추었음을 의미하지는 않는다. 더구나 그 주제를 삶으로 잘 살아내고 있다고도 할 수 없다. 하지만 최소한 나를 지탱해 온 희망과 염원 속에 그 주제가 묵직하게 자리를 잡고 있음은 사실일 것이다. 부버Martin Buber가 말한 것처럼 인류 역사가 진정한 공동체를 이루려는 인간의 열망으로 점철되었다고 한다면 나의 삶도 그러하다고는 할 수 있다.

그런데 인간의 염원과는 달리 사람들이 현실에서 만들어 가는 세상은 더욱 개인주의적이고 파편화된 사회에 가깝다. 이처럼 모순된 역사의 흐름 속에서도 인간은 다시금 타인과의 만남을 통해 '나와 너'의 관계를 형성하고 이런 관계들로 이루어진 마을, 공동체를 꿈꾼다. 우리는 머리로는 공동체를 사유하고 흠모하나 우리의 몸은 자신만의 공간을 확보하여 홀로 있음의 평안을 즐기고 싶어 한다. 이 모순과 역설을 어떻게 할 것인가?

최근 우리 사회에 불고 있는 마을교육공동체 열풍은 그 성격이 복잡하긴 하지만 여전히 참된 공동체를 향한 인간들의 염원이 담긴 것이다. 그러므로 마을교육공동체가 사업으로든, 교육정책으로든, 교육운동으로든, 새로운 교육 패러다임으로든 성공적으로 정착하기 위해서는 공동체에 대한 깊은 이해와 더불어 이에 대한 우리의 모순된 성향을 인식할 필요가 있다. 이는 마을교육공동체 논의에서 주안점을 마을공동체에 두든지, 학교공동체 혹은 교육공동체에 두든지 마찬가지다.

우리는 개인적 자유와 욕망을 희생하면서까지 원대한 이상적 공동체를 이루려는 시도가 성공하기 어렵다는 것을 안다. 어쩌면 그것은 바람직하지 않다고도 생각할 수 있다. 공동체를 생각하고 말할 때 늘 경계해야 할 점은 우리가 이루려고 하는 것이 공동체의 모습을 가장한 자기 자신의 꿈이거나 전체주의가 아닌가 하는 점이다. 혹은 이상적 공동체에 대한 관념의 유희에 빠져 실제의 삶은 전혀 공동체적이지 못하면서 공동체를 추구하고 있다고 착각하는 것이 아닌가 하는 점이다.

그러므로 이제는 마을교육공동체나 공동체를 생각하고 논의할 때 인류나 시대를 거론하는 거대 담론에 머물러 있기보다는 우리가 서 있는 구체적 장소에서 공동체적 삶을 생각하고 실천하는 것이 중요하다. 만일 내가 학교 교실이나 마을에서 만나는 학생, 이웃에 대해 무관심으로 일관하면서 내가 필요할 때 그들을 대상화하여 관계를 맺는다면 학교공동체든 마을공동체든 이는 참된 공동체가 아닐 것이다.

공동체는 '내'가 '너'를 만나 관계를 이루고 이 관계들이 확장될 때 만들어진다. 그 관계는 나와 네가 만나 이루어지는 상호 호혜적 관계이다. 인격적 주체로서의 내가 인격적 주체인 너를 만나 만들어지는 인격적 관계이다. 내가 전 존재를 들여 나의 말을 하고 내가 전 존재를 들여 너의 말을 듣는 대화적 관계이다. 그러므로 학교든 마을이든 이들이 공동체가 되려면 구성원 누구나 자기 삶의 이야기를 할 수 있는 공간이 있어야 하고, 그의 이야기를 마음으로 듣는 사람이 있어야 한다. 이러한 관계로부터 만들어지는 공동체가 우리의 머리와 몸이 원하는 바일 것이다.

두 권의 책을 저술하는 동안 다양한 사람들을 만나 많은 것을 배울 수 있었다. 교육(지원)청이 주최하는 모임에서 교육공동체에 관심 있는 공무원들과 교사들을 만났고, 시민단체가 주최하는 모임에서는 학부모들과 시민들을 만났다. 한 심포지엄에서는 학자들과 전국의 마을공동체 운동가들을 만났고, 지역의 한 공부 모임에서는 마을을 사랑하는 주민들을 만났다. 모임의 성격에 따라 그들의 관심 분야, 공동체에 대한 이해나 태도가 달랐지만 동일한 점은 학교공동체나 마을공동체에 대한 깊은 관심과 공동체가 우리의 문제들을 해결할 것이라는 믿음이었다. 그들은 점차 활성화되는 (마을교육)공동체가 가져올 사회의 바람직한 변화에 대한 기대를 이야기했고, 그러면서 거대한 변화를 가져올 마을교육공동체 형성에 필요한 비용과 인력 부족을 안타까워했다. 그들에게 (마을교육)공동체는 단지 자신들이 맡은 업무나 의무사항이 아니라 우리의 학교와 사회가 지향해야 하는 새로운 방향이었다. 그래서 많은 어려움과 난관이 있어도 이를 극복하고 가야 하는 길이라 믿고 있었다.

그런데 그들은 공동체를 이루는 핵심 기반이 되는 개개인의 삶의 태도나 우리의 관계성에 대해서는 주목하지 않았다. 즉, 함께 그러나 종종 혼자이고 싶은 인간 내면의 역설을 간과하였고, '나와 너'의 인격적 관계가 우리의 일상에서 형성되지 않으면 진정한 의미의 마을교육공동체는 요원하다는 사실을 애써 상기하려 하지 않았다. 우리의 구체적인 삶에서 경험하는 만남과 관계에 대한 깊은 성찰이 없이 어찌 우리가 진정한 공동체를 만들 것을 기대할 수 있겠는가?

이 책을 쓰는 작업은 즐거우면서도 힘겨운 일이었다. 늘 그렇듯 초기에는 여유롭게 있다가 연차보고서를 제출할 때가 가까이 오면 몸에 고통을 가하며 컴퓨터 자판을 두드려야 했다. 다행스럽게 2020년 연구년을 받아 미국 미시간에서 1년을 지낼 수 있었다. 평소와는 달리 일정에 쫓기지 않으면서 글을 쓸 수 있었다. 그해에 세상은 코로나로 인해 침묵으로 덮였고 그 틈에 언어를 길어 올려 그동안 비어 있던 원고를 채워 갔다. 그러나 여유를 부리다 그곳에서 책을 완성하지 못하고 한국으로 온 것은 나의 실수였다.

사람의 일이란 게 대개 그런 것처럼 글을 쓰는 작업도 타인의 도움이 없으면 거의 불가능하다. 학교나 기관 그리고 정책에 대해 수고롭게 조사하고 연구하여 보고서로 정리한 학자나 교사들이 없었다면, 지금은 존재하지 않는 과거를 되살리기 위해 작은 기록물 하나하나 세심하게 수집하느라 애쓴 역사가들이 없었다면, 학교를 방문하여 자료를 요청할 때 선뜻 질문에 응해 주고 다양한 문서들을 제공해 준 담당자들이 없었다면, 언어가 다른 낯선 지역에 있는 학교를 방문할 때 친절하게 안내하고 연락을 취해 준 중재자가 없었다면, 공동체 공부란 머리뿐 아니라 가슴과 손발로 하는 것임을 몸으로 가르쳐 준 가족과 교회 공동체 식구들이 없었다면, 이 작고 보잘것없는 책 한 권도 제대로 완성되지 못했을 것이다.

그러므로 이 책은 많은 이들의 공동 노력의 소산물임이 분명하다. 도움을 준 많은 분 가운데 특히 클로디아 비버슬뤼스Claudia Beversluis 교수와 소일나Surina 선생, 그리고 홍순명 선생님께 특별한 감사를 표하고 싶다. 칼빈대학교의 부총장이었던 클로디아 교수는 칼빈대학교가 지역사회의 안녕을 위해 적극 참여하도록 한 장본인으로 친절하게 중요한 자료들을 제공해 주었다. 또한 관련 업무의 실무 책임자들을 소개해 주어 좋은 자료들을 받고 많은 것을 배울 수 있게 해 주었다. 소일나 선생은 중국 북간도의 명동학교를 방문하고 자료들을 수집하는 모든 과정에서 안내와 통역을 맡아 큰 도움을 주었고, 연변대학에서 명동학교 연구학자들과의 만남도 주선해 주었다. 우리나라 마을교육공동체운동의 산 역사라 할 수 있는 홍순명 선생께서는 팔순이 훌쩍 넘은 연세에도 불구하고 피 끓는 청년의 필치로 동서양의 교육사를 꿰뚫는 혜안으로 귀한 옥고를 써서 추천사로 주셨다.

이 책을 쓰는 동안 도움받은 이들을 '타인'에서 '타자'로 확장한다면 이 감사의 글은 책의 절반 정도 분량으로 늘려도 부족할 것이다. 우리의 삶이 공동체적으로 이루어짐을 이 작은 작업 가운데서도 크게 배우게 된다. 우리가 살아가면서 이룬 작은 성과라도 있다면 이는 우리를 둘러싼 여러 사람과 자연/사물의 도움 때문이었을 것이다. 그래서 우리의 삶은 보이지 않는 공동체의 결과요 은총의 소산이다. 살아 있음이 감사하다.

2022년 7월 전주에서
강영택

차례

2부 마을교육공동체의 과거

1부

마을교육공동체의 개념과 역사적 개관

1장
들어가는 글

공동체에는 심각한 역설이 존재한다. (이상적) 공동체는 인류 역사의 초기부터 인류가 추구했던 오랜 염원이자 갈망의 대상이었다. 그러나 사람들은 실제 삶의 현장에서는 공동체적 삶의 방식을 외면하기 일쑤였다. 그래서 공동체는 사람들의 마음속에 관념적으로 존재하지만, 실제 우리가 발을 딛고 사는 이 땅 위에서는 찾기 어려운 것이 되었다. 특히 인간 개인의 권리와 자기 이익을 중요시하는 개인주의적 성향이 강한 현대 사회에서 공동체를 말하고 실천하려는 시도는 어리석거나 아니면 매우 급진적인 것으로 보이게 되고 말았다.

그런데 최근 우리 사회에서 새로운 흐름이 보이기 시작했다. 관념 속에만 존재하던 공동체를 우리 삶의 현장에 구현하려는 시도가 곳곳에서 일어나고 있다. 그것도 서서히 일어나는 것이 아니라 봇물 터지듯 전국적으로 갑자기 퍼지고 있다. 이처럼 예기치 못한 현상을 만나게 되면 당연히 여러 가지 질문이 제기된다. 이런 현상들을 어떻게 해석하고 이해할 것인가? 오랫동안 결핍되었던 공동체적 경험을 향한 갈망이 더는 억누를 수 없을 정도로 증대되어 폭발적으로 표출된 것인가? 아니면 공동체에 대한 오해 혹은 피상적 이해로 인해 공동체란 용어를 일시적으로 무분별하게 남용하고 있는 것인가?

이 책은 이러한 문제의식을 바탕에 깔고 있다. 이런 문제의식은 다음과 같은 구체적인 질문들을 제기한다. 우리 사회에서 유행처럼 번지는 공동체, 교육공동체, 학교공동체, 마을공동체라는 용어는 그 의미가 정확하게 이해된 채 일관성 있게 사용되고 있는가? 이러한 다양한 공동체를 형성하고 구현하려는 노력은 과연 교육과 학교와 마을을 근본적으로 변화시키고자 하는 의도와 의지를 지니고 있는가? 이 책의 주제인 마을교육공동체라는 용어를 하나의 사업이나 정책의 이름으로만 보는 것은 아닌가? 아니면 이를 넘어 교육과 학교에 대한 근본적인 변화를 지향하는 새로운 교육적 패러다임으로 보고 있는가?

이러한 질문에 답하기 위해서는 공동체와 마을교육공동체의 개념에 대한 깊이 있는 고찰이 필요하다. 그리고 현재 우리 사회에서 이 용어들이 어떤 의미로 사용되는지를 면밀하게 살펴보아야 한다. 따라서 '공동체'를 비롯한 다양한 용어들이 그 본래의 개념에 맞게 사용되는지도 알아보아야 한다.

공동체에 대한 연구들은 공동체가 학교에서건 마을에서건 인위적으로 단시간 내에 형성되는 것이 아니라고 한다. 대신 공동체를 이루고자 하는 구성원들의 자발적 의지와 공동체적 문화 형성에 필요한 시간이 요구된다고 한다. 그러므로 마을교육공동체에 대한 관심과 논의가 조급한 성과를 내려는 정책 시행으로 가려는 경향은 위험하다.

이러한 위험을 예방하기 위해서는 마을교육공동체에 대한 다각적이고 깊이 있는 연구와 이해가 필요하다. 마을교육공동체에 대한 깊은 이해가 결여되면 이에 대한 논의는 단지 정책 수립과 이행의 편이를 위해서 마을교육공동체가 형성, 운영되는 메커니즘을 지나치게 단순화시키게 된다. 그러다 보면 자칫 마을교육공동체가 본질적으로 지닌 다양한 성격들을 놓치게 된다.

이러한 상황에서 이 책이 구상되었다. 지금까지 이 주제에 관해 연구된 내용을 토대로 현재의 마을교육공동체 논의를 검토하여 미래를 위한 방향을 모색하는 작업은 적극적으로 해 오지 않았던 일이다. 이 책의 저술에는 일차적으로 역사적 연구 방법을 사용할 것이다. 마을교육공동체의 개념이 시대에 따라 어떻게 변천해 왔는지, 그리고 어떤 과정을 거쳐 오늘의 형태를 띠게 되었는지 살펴볼 것이다. 조선시대부터 구한말과 일제강점기에 이르기까지 마을교육공동체와 유사한 현상들이 어떤 형태로 존재했는지를 살펴보고자 한다. 특히 구한말의 어려운 시기에 마을과 함께하는 학교를 설립 운영하고자 했던 그 정신과 열정을 오늘날 우리의 마음에 새길 필요가 있다.

또한 당시 학교의 운영방식과 마을과의 상호작용, 사회에 끼친 영향 등도 살펴보아야 한다. 해방 후 지속되어 온 평생교육에 대한 관심과 교육공동체를 구축하려던 문민정부의 정책, 풀뿌리운동으로서의 대안학교 열풍 등은 오늘날 마을교육공동체의 형성에 직간접적으로 영향을 끼쳤다. 시대의 흐름에 따라 변천 혹은 발전해 온 마을교육공동체의 다양한 형태에 대한 역사적 고찰은 현재의 논의와 정책에서 무엇이 간과되고 있는지를 발견하는 데 도움을 줄 것이다.

이 책이 갖는 중요한 목적 중 하나는 마을교육공동체의 미래 방향을 모색하는 것이다. 마을교육공동체가 미래교육을 견인하는 개념으로 발전하려면 과거의 역사로부터 배워야 하고, 또 미래 예측을 신중하게 해야 한다. 이를 위한 방법은, 먼저 여러 기관에서 제시하는 미래 사회를 위해 학교가 교육해야 하는 미래핵심역량을 살펴보는 것이다. 그래서 미래 사회가 요구하는 핵심 역량을 교육하는 데 적합한 환경으로 마을교육공동체를 제시할 수 있다.

또한 현대 사회의 문제들을 비판적으로 고찰함으로 미래를 전망할 수도 있다. 이의 한 예로, 현대의 과도한 경쟁과 성과주의에 대한 비판으로 쉼 혹은 여가scole의 중요성을 제기하기도 한다.조영태, 2017; 한병철, 2013; Pieper, 1952 그러므로 쉼의 교육적 의미를 잘 살리는 것이 미래교육에서 중요하게 대두될 수도 있다. 마을교육공동체는 장차 학생과 성인들에게 쉼을 통한 배움의 경험을 얻을 수 있는 좋은 환경이 될 수 있어야 한다.

이 책은 네 부분으로 구성되었다. 1부는 '마을교육공동체의 개념과 역사적 개관'이다. 여기서는 이 책을 저술하는 이유를 밝히고 마을교육공동체에 대한 지금까지의 논의를 종합해서 그 개념과 필요성을 간략하게 제시할 것이다. 그리고 마을교육공동체의 역사를 서구와 우리나라로 나누어 개괄적으로 제시하고자 한다. 2부는 '마을교육공동체의 과거'로 일제강점기에 마을과 유기적 관계를 이루었던 학교 사례들을 소개하고 분석할 것이다. 구한말에 시작된 근대 학교들 가운데 특히 마을과 깊은 관계를 맺었던 학교들에 초점을 맞추어 이 학교들이 당시 어려운 시대적 상황에 어떻게 대응했는지 고찰하고자 한다. 일제강점기의 학교 실태를 알아보고, 당시 마을학교라 할 수 있는 오산학교, 명동학교, 송산고등농사학원에 대해 자세하게 살펴볼 것이다. 3부는 '마을교육공동체의 현재'이다. 최근 마을교육공동체에 대한 논의가 늘어나는 배경을 짚어 보고, 그 논의를 범주화하여 앞으로의 방향을 살펴볼 것이다. 그리고 최근 중요한 마을교육공동체 사례들 가운데 국내와 해외 사례를 두 군데씩 소개할 것이다. 4부는 '마을교육공동체의 미래'이다. 여기서는 마을교육공동체가 일시적인 유행으로 끝나지 않고 미래에도 지속가능하기 위해서는 어떤 모습을 갖추어야 할 것인지를 논의한다. 이를 위해 미래 세대에게 요구되는 미래핵심역량이 무엇인지, 이를 교육하기에 적합한 환경으로서 마을교육공동체는 어떻게 구성되는지 등을 논의할 것이다. 그리고 미래를 향해 학교와 마을이 지속가능한 성장을 이루려면 마을교육공동체는 어떤 역할을 해야 하는지 그 방안을 모색할 것이다.

2장
마을교육공동체란 무엇인가?

마을, 교육, 공동체란 단어들은 우리에게 익숙하고 친근하다. 많은 사람에게 중요한 의미로 와닿는 말들이기도 하다. 그런데 이 단어들의 결합체인 '마을교육공동체'라는 합성어는 뭔가 손에 잡히지 않는 낯설고 모호한 느낌을 준다. 이 말이 의미하는 바를 짐작은 하지만 정확하게 그 개념을 설명하기는 어렵다. 마을교육공동체라는 말이 우리 사회에서 본격적으로 사용된 계기는 경기도교육청의 마을교육공동체 정책 시행과 관련되어 있다. 그 시작은 2014년 전후인데, 그 말이 본격적으로 사용된 지 20년이 채 되지 않았다. 그러므로 아직은 이 말에 관한 개념 연구와 토론이 지속적으로 이루어져야 한다. 그래서 그 말에 우리의 상황에 적합한 의미를 부여하여 이를 정착시킬 필요가 있다.

그런데 마을교육공동체란 말을 이루는 '공동체', '마을공동체', '교육공동체', '학교공동체' 등에 대해서는 비교적 오래전부터 연구와 토론이 이루어졌고, 현장에서 다양한 실천이 행해져 왔다. 따라서 마을교육공동체를 이해하는 한 방법은 먼저 그 구성 요소인 학교공동체, 마을공동체, 교육공동체의 의미를 각각 살펴보는 것이다. 각 공동체가 갖는 의미

의 종합이 마을교육공동체의 의미와 관계될 것이기 때문이다. 마을교육
공동체를 이해하는 또 다른 방법은 마을교육공동체를 구성하는 핵심
요소인 학교(공동체)와 마을(공동체)의 다양한 연계 형태를 살펴보는 것
이다. 마을교육공동체의 성격은 이 두 요소가 어떤 관계로 연결되느냐
에 따라 달라질 것이기 때문이다.

1. 학교, 마을, 교육 공동체

1) 학교공동체

먼저 마을교육공동체의 기본 요소가 되는 '학교공동체'의 의미를 살
펴보자. 학교공동체는 학교가 공동체라는 형태로 존재하는 것을 일컫는
말이다. 그렇다면 학교공동체는 일반적인 학교와 어떤 차이가 있는가?
이를 이해하려면 사람들의 모임의 두 가지 형태인 공동체와 조직의 특
성과 차이를 알아야 한다. 서지오반니는 학교를 이해하기 위해 두 가지
비유, 즉 조직과 공동체를 사용한다.[Sergiovanni, 1994] 조직은 합리성과 효율
성을 기반으로 구성원들의 계약에 의해 성립·유지되며 구성원들은 목
표 달성을 위한 수단으로 이해된다. 반면 공동체는 유대감과 상호의존
성을 기반으로 구성원들의 책임과 헌신에 의해 성립·유지되며 구성원들
존재 자체가 목적이 된다.

오늘날 학교는 대개 조직의 형태로 존재한다. 그래서 높은 학업 성취
라는 목표를 달성하기 위해 가능한 모든 효과적인 방안을 강구한다. 그
러다 보니 학생들은 친구와 친밀한 관계를 맺기 어렵게 되고, 학교에 대
한 소속감이 약해진다. 즉, 학교에서의 공동체적 경험이 결핍되는 것이

다. 아동과 청소년 시기에 공동체적 경험의 부재는 정서적 불안감을 유발하고 정체감의 혼란을 가져올 수 있다. 그래서 서지오반니는 조직으로서의 학교가 공동체로서의 학교로 이행될 필요가 있다고 주장했다.

경쟁이 과도하게 치열하고 개인주의적 성향이 강한 우리나라 학교 상황에서 학교가 공동체로 이행해야 한다는 주장은 타당하다. 그러나 여기서 주의할 점이 있다. 공동체에 대한 우리의 전통적 이해에 내재된 두 가지 위험성을 주의해야 한다. 첫째는 공동체를 집단주의적 관점으로 이해하는 경향이다. 과거에는 구성원 개인을 집단의 목표 달성을 위한 수단으로 이해하는 경우가 있었다. 특히 여성, 평민, 유아 등 취약한 부류의 사람들은 문중과 같은 집단의 이익을 위해 희생되는 것이 묵인되기도 하였다. 이러한 집단주의는 공동체(주의)와 분명히 구분되어야 한다. 이 책에서 사용하는 공동체의 의미는 구성원들이 공동의 가치와 목표를 공유하고 이를 위해 노력하며 서로 간의 친밀한 관계성을 추구하지만 동시에 구성원 개인의 개체성에 대한 존중이 내포된 개념이다. 다시 말하면, 진정한 공동체는 '공동체적 가치와 개인의 개성을 함께 존중하는 다양성 속의 일치'를 근간으로 삼는다고 할 수 있다.

두 번째로 주의해야 할 점은 공동체를 다른 집단과 구별 짓기 위해 테두리를 지나치게 높게 쌓아 폐쇄성과 배타성을 보이는 일이다. 공동체가 안과 밖을 구분하기 위해 경계를 갖는 것은 자연스러운 일이다. 그러나 그 경계가 너무 견고하여 안과 밖의 소통과 이동을 막는 역할을 한다면 그 공동체는 머지않아 폐쇄적으로 되고 곧 외부에 배타적 태도를 취하게 되어 지속가능성을 갖기 어려워질 것이다. 그러므로 바람직한 공동체의 모습은 공동체 내부에서는 공유된 정신으로 통일성Unity을 유지하면서도 외부 세계를 향해서는 열려 있어 언제든지 새로운 것을 수용하는 다양성Diversity을 추구하는 공동체여야 한다. 이럴 때 공동체는 스스로를 끊임없이 성찰하여 지속가능성을 확보할 수 있다.

우리나라에서 학교가 위에 제시한 공동체의 성격을 가지려면, 학생들이 좋은 성적과 상급학교 진학이라는 목표를 향해 친구들과 과도하게 경쟁하며 고통스럽게 공부만 하는 공간이 되어서는 안 된다. 공동체로서의 학교는 학생과 교사가 함께 비전과 핵심 가치를 형성하고 공유하며 상호 간 인격적 관계 속에서 상호작용을 통해 각자의 개성에 맞는 배움을 이루어 가는 공간이어야 한다. 그래서 학교공동체는 학교의 비전과 핵심 가치를 공유하고 그 비전에 따라 학교를 운영하기 위해 학교 구성원 간에 대화와 토론이 활발하게 일어나는 민주적 공동체여야 한다. 또한 학교공동체는 학생과 교사의 다양한 개성이 억압되지 않고 오히려 격려되고 개발되어 다양성이 아름다운 조화를 이루어 내는 배려의 공동체여야 한다. 무엇보다 학교공동체는 교사, 학부모, 학생 등 구성원 모두가 다양한 상호작용을 통해 각자의 특성에 맞는 배움이 일어나며, 그 배움의 장은 교실에 제한되지 않고 학교 밖으로 확장되는 배움의 공동체여야 한다는 점이 중요하다. 학교공동체는 학교 울타리 밖을 향해 열려 있는 개방적 공동체이므로 마을에 관심이 크다. 이제 학교공동체가 관계를 맺어야 하는 마을공동체는 어떤 특징이 있는지 살펴보겠다.

2) 마을공동체

대개 마을village이라 하면 농산어촌 같은 시골의 작은 지역을 떠올리지만, 여기서는 시골의 작은 마을만을 의미하기보다 우리 각자가 살고 있는 인근 지역을 나타내는 지역사회local community/society를 의미한다. 그러므로 시골이나 대도시 모두 사람들이 사는 지역은 마을이 된다. 마을의 중요한 속성은 그 마을이 어디에 위치하는가에 있지 않고 마을 주민들이 어떤 상호관계를 맺는가에 있다. 주민들이 서로 친분이 있거나 알수 있을 만한 범위에 사는 지역이 마을이 된다. 농산어촌은 마을의 경계가 비교적 분명하나 도시는 그렇지 못하다. 그렇지만 넓게 보면 도시에서도 사람들의 일상생활이 이루어지는 인근 지역에서부터 차를 이용해 출퇴근하는 어느 정도 거리가 있는 지역사회까지가 마을에 속한다. 물론 아파트 생활을 주로 하는 현대 도시 생활자들은 같은 아파트 건물에 살지만 서로 알지 못하는 경우가 많으니, 엄밀하게 말하면 도시에는 마을이 없다고도 할 수 있다. 그런 면에서 현대 도시처럼 공동체성을 상실한 지역과 일부의 농촌 지역처럼 마을의 공동체성을 여전히 지닌 지역과는 구분할 필요가 있다. 따라서 이 책에서 '마을'은 모든 곳에 존재하는 지역사회를 의미하지만, 그 가운데 공동체성을 지닌 마을은 종종 '마을공동체'라고 호명한다.

오늘날 우리나라는 도시 지역은 물론이고 농촌 지역에서도 공동체성이 약화되고 있다. 공동체성을 비교적 잘 유지하고 있는 마을이라도 앞에서 지적한 것처럼 전통적 관점의 공동체가 갖는 위험성에 노출된 경우가 많다. 마을은 개인에 대한 존중과 타 지역에 대한 개방성을 염두에 두면서 공동체성을 확보하기 위해 노력을 기울여야 한다. 그러므로 마을이 진정한 의미의 마을공동체가 되어야 한다는 주장은 도시와 농촌이라는 지역의 구분 없이 적용되어야 한다. 학교가 학교공동체 형성을 위해 노력해야 하는 것처럼 마을 역시 마을공동체가 되기 위해 노력해야한다. 이 책의 주제인 마을교육공동체운동은 학교와 마을이 공동체가되려는 이러한 노력과 깊은 관련이 있다.

오늘날 우리 사회에서 마을공동체는 어떠해야 하는가? 과거의 전통적인 농촌 마을공동체의 모습과는 다를 수밖에 없고, 달라야 한다. 전통적인 마을공동체는 그 형성 토대와 과정이 오늘날과 다르기 때문이다. 즉, 과거 마을공동체는 혈연이나 지역의 공통점 위에 자연발생적으로 형성된 경우가 많아서 마을의 구성원이 잘 바뀌지 않고 지속성을 갖는다. 마을공동체의 주민들은 이러한 공통점과 지속성을 기반으로 상호 간에 개인적인 관계성을 형성하고 있다. 반면 현대의 마을은 주민들의 인위적인 선택에 따라 형성되며 이동이 빈번하여 관계의 지속성이 약하다. 그리고 주택의 형태나 생활 패턴의 영향으로 주민들 사이에 개인적 관계를 맺기가 어렵다. 그러므로 현대의 마을이 마을공동체가 되기 위해서는 과거와는 다른 노력이 요구된다. 현대 마을공동체의 토대는 지역과 혈연이라는 공통점이 아닌 정신적 가치나 삶의 방향성이 공유되어야 한다. 예를 들어, 자녀들에 대한 전인적 교육, 생태적 삶, 사회적 경제, 주민들의 평생교육, 생명과 평화사상 등을 공유하는 것이 마을공동체의 토대가 될 수 있다. 이러한 마을공동체의 형성은 대개 두 가지 방식으로 일어날 수 있다. 첫째는 한 지역에서 공동의 가치를 공유함 없이 살던 사람들이 어떤 특별한 계기로 특정한 정신적 가치를 중요하게 여기고 이를 공유하면서 마을공동체로 성장해 가는 경우이다. 둘째는 위에서 제시한 것과 같은 특정 가치나 삶의 방향성에 공감하는 사람들이 서로 교류를 하다가 점차 가까운 지역에 모여 살게 되면서 하나의 마을공동체를 형성하는 경우이다.

이처럼 현대의 마을공동체는 그 형성의 토대가 과거와 다를 뿐 아니라 형성 과정이나 방법 역시 차이가 있다. 과거에는 마을공동체의 형성 과정에서 자연스럽게 형성된 주민들 상호 간의 인간적 관계가 중요했다.

그에 비해 현대의 마을공동체에서는 마을의 공유된 가치와 목표를 향해 지역의 기관과 단체들이 네트워크를 형성하여 협력해 가는 것이 중요하다. 오늘날에는 마을공동체를 이루는 주체가 주로 주민 개개인이었던 과거와 달리 학교, 대학, 가게, 기업, 종교기관, 도서관, 각종 센터, 시민단체, 그리고 교육(지원)청과 (기초)지자체와 같은 정부조직도 해당된다. 이러한 기관과 단체들이 각자의 목표에만 신경을 쓰고 타 기관에는 관심을 두지 않다가 마을의 공통된 중요 사안에 관심을 보이면서 다른 단체들과 협력적 관계를 맺게 된다. 이러한 과정은 마을이 마을공동체로 성장하는 중요한 과정이 된다. 마을교육공동체 논의는 이와 같이 마을이 어떻게 교육을 중심으로 공동체로 형성되는지를 보여 준다. 어디에서 주도적 역할을 하는지 어떤 단체들이 어떤 협력관계를 맺는지는 지역에 따라, 경우에 따라 달라질 수 있다.

오늘날 마을공동체에 대한 관심이 증대하는 것은 한 지역에 있는 개인이나 단체가 타자와 연결되고 싶은 욕구나 연계해야 할 필요성이 더 커졌기 때문일 것이다. 그래서 서로 관심 없이 제각각 살던 삶의 태도에서 서로 연결되고 공유하는 공동체적 삶의 태도로 변화를 추구하고 있다. 특히 아동과 성인들의 교육에 대한 욕구와 필요가 점차 증대되고 복잡해지는 상황에서 학교나 특정 기관이 이를 모두 수용하기는 어렵다. 그러므로 교육 문제를 해결하기 위해 학교를 비롯해 마을의 주민들과 다양한 단체와 기관이 상호 협력관계를 형성하여 교육을 중심 화두로 삼는 마을공동체가 된다. 이는 다음에 논의할 교육공동체와 밀접한 관계를 갖는다.

3) 교육공동체

교육공동체는, 문자 그대로 보면 교육을 주요 활동으로 하는 공동체이다. 가장 쉽게 떠오르는 예는 학교이다. 학교는 구성원들이 동일한 공간에서 교육을 목적과 주요 활동으로 삼는다는 점에서 교육공동체의 대표적인 예다. 그러나 교육공동체를 학교에만 제한해서는 안 된다. 마을의 어떤 기관에서 주민들을 위한 교육 프로그램을 운영할 때 주민들이 그 공간에서 같은 프로그램에 참여하면서 상호 간에 관계성이 형성된다면 이 역시 교육공동체라 할 수 있다. 이처럼 교육공동체는 공동체의 전통적인 특징인 특정 공간을 공유하기도 한다. 하지만 때때로 공동체의 현대적 특징인 특정 가치나 방향성을 공유함으로써 공간의 공유와 관계없이 교육공동체가 성립되기도 한다. 수업 방식을 고민하고 연구하는 교사가 자신의 수업을 개선하기 위해 다른 교사와 함께 인터넷을 통해 수업을 공개하고 대화를 나누면서 모임을 하는 경우가 종종 있다. 이는 공간의 공유를 덜 중요시하고 가치나 목표의 공유를 중시하는 교육공동체의 좋은 예라 할 수 있다.

교육공동체의 개념을 좀 더 체계적으로 이해하기 위해 목적론과 수단론의 관점에서 살펴볼 수 있다. 즉, 교육공동체는 교육활동을 통해 궁극적으로 이루고자 하는 목표일 수도 있고, 또는 교육의 다양한 문제들을 해결하기 위한 중요한 수단이나 방법일 수도 있다. 목적론적 관점에서는 여러 가지 교육적 문제들과 이슈로 인해 분열과 갈등이 심화되고 있는 교육계가 지향하고 도달해야 하는 목표가 교육공동체인 셈이다. 수단론적 관점에서는 교육개혁을 위한 다양한 교육정책이 성공하기 위해서 구체적인 방법으로 제시되는 대표적인 아이디어가 교육공동체의 형성이다. 수단론에서의 관심은 교육의 문제를 해결하기 위해 교육공동체를 제

도적, 정책적으로 구체화할 수 있는 실현 방안을 모색하는 데 있다.신현식,
2004: 136

여기서 우리는 왜 한동안 잠잠하고 논의가 없던 교육공동체가 최근
다시 부각되는지 생각해 볼 필요가 있다. 이는 몇 년 전부터 관심이 고
조되고 있는 마을공동체(만들기)와 관련이 있는 듯하다. 마을공동체에
대한 논의가 여러 방향에서 이루어지고 있지만 가장 중요하게는 교육을
중심으로 형성되고 있다. 그러므로 마을공동체에 대한 관심과 논의는
자연스럽게 교육공동체에 관한 것으로 확장되어 간다. 그래서 이 책의
주된 관심은 마을공동체에서 이루어지는 교육공동체이다. 즉, 한마을에
사는 젊은 부모들이 함께 모여 시도하는 공동육아 활동이나 마을의 여
러 단체와 기관들이 네트워크를 형성하여 학교 밖 청소년들에게 교육
서비스를 제공하는 활동은 여러 지역에서 볼 수 있는 교육공동체의 대
표적인 예들이다. 이와 함께 마을의 여러 단체와 기관들이 학교와 연계
하여 학생들의 진로 탐색을 지도하는 활동 역시 어렵지 않게 볼 수 있
는 교육공동체의 사례들이다. 이처럼 최근에 활발해지는 교육공동체의
효과성과 지속성을 생각할 때 두 가지 점에 유의해야 한다.

첫째는 교육공동체는 단순히 사람들이나 단체가 함께 모여 하는 교
육활동과는 구별되어야 한다. 교육이라는 활동을 매개로 하되 개인이나
단체가 공동체를 형성해야 교육공동체가 된다. 이 말은 마을에서 몇 개
의 단체가 공동 주최로 교육 프로그램을 운영했다고 해서 교육공동체
라 할 수 없다는 것이다. 프로그램에 참여한 학생들과 주민들 상호 간,
나아가 교사들과도 유기적 관계가 형성되어 서로가 유대감, 소속감, 상
호의존성 같은 공동체성을 경험할 때 교육공동체라 할 수 있을 것이다.
이런 교육공동체에서는 배움의 과정에서도 공동체성을 중시하는 '배움

의 공동체learning community' 또는 '공동체적 배움community learning'이 주요 특성으로 나타난다. 배움의 공동체 혹은 학습 공동체는 공동체 구성원 모두가 배움을 중요한 목적이자 활동으로 생각하고 이를 추구하되, 배움이란 개별적으로 일어나기보다 공동체적으로 일어난다는 전제 위에 구성원들의 상호작용을 중시하는 공동체이다. 공동체적 배움은 학습에 참여하는 교사, 학생, 주제(학습 대상) 사이에서 활발한 상호작용 혹은 대화를 통해 일어나는 배움이다. 교육공동체는 공동체적 배움을 통해 형성된 배움의 공동체들을 품고 있는 공동체여야 할 것이다.

둘째는 교육공동체를 전적으로 수단론적 관점으로 보는 경향에 주의해야 한다. 이런 관점에서는 마을교육을 마을학교나 마을 재생 혹은 마을 만들기를 위한 방편으로 이해하고, 이를 학교교육을 보완하기 위한 수단으로 본다. 그래서 지역의 교육공동체는 학교가 필요로 하는 교육적 자원들을 제공하는 것을 주요 사명으로 삼는다. 그리고 지역 주민들의 요구에 따라 기술교육이나 취미교육 등 평생교육 프로그램을 제공하기도 한다. 이러한 일들은 마을의 교육공동체에서 마땅히 해야 할 일들이다. 그러나 교육공동체가 지역의 학생과 주민들의 필요와 요구를 충족시켜야 하는 수단 혹은 방안으로만 이해된다면 지속가능성을 확보하기 어려워진다. 수단은 목표 수행에 효과적이지 못한 경우에 언제든지 폐기될 수 있다. 마찬가지로 교육공동체 역시 제공하는 교육 서비스가 이를 이용하는 사람들을 만족시키지 못하면 와해될 수 있고, 이런 경우에는 교육 서비스를 제공하는 사람들과 이를 이용하는 사람들이 구별되기 쉽다. 이는 구성원들의 유기적 관계를 본질로 하는 공동체적 성격을 잃기 쉽다는 말이 된다. 그러므로 교육공동체는 어떤 목적을 달성하기 위한 수단의 역할을 할 수는 있지만 동시에 그 자체가 목적으로 이해될 필요가 있다. 공동체는 우리가 함께 건강하게 살아가는 삶의 방식이자 사회의 이상적 형태이다. 또한 교육은 개인의 삶이나 사회의 구성에 없어서는 안 되는 필수요인이기 때문에 교육공동체는 우리가 지향해야 하는 목적일 수 있다. 이렇게 볼 때 마을을 교육공동체로 만든다는 것 자체가 마을 만들기 운동의 핵심이다. 마을이 교육공동체로 변한다면 마을 주민들의 유대감과 연대의식이 강화될 뿐 아니라 마을의 교육력도 높아져 마을의 활성화를 가져오는 결과를 기대할 수 있을 것이다.

이상에서 마을교육공동체를 구성하는 중요 요소인 학교공동체, 마을공동체, 교육공동체에 대해 살펴보았다. 마을교육공동체는 이 세 가지 혹은 두 가지 개념을 연계하여 융합해 낸 것이다. 그래서 마을교육공동체는 학교공동체, 마을공동체, 교육공동체의 긍정적인 점들을 종합하여 유지하면서 이 셋의 결합을 통해 새로운 면들을 창출하고자 한다. 이 형성 과정을 살펴보면, 먼저 학교와 마을이 각기 학교공동체와 마을공동체가 되려는 노력과 함께 양자가 상호 간 연계를 통해 각자의 공동체성을 강화하게 된다. 나아가 이런 상호 연계를 통해 학교공동체와 마을공동체의 융합체인 마을학교공동체를 형성해 낸다. 마을학교공동체는 학교공동체 안에 마을의 요소들이 들어와서 교육이 더욱 활성화되고, 마을공동체 안에 학교교육이 영향을 끼쳐 마을의 교육력이 향상되는 경우이다. 마을학교공동체는 마을교육공동체와 비슷한 개념이지만 강조점에서 차이가 있다. 마을학교공동체는 각 단체의 연계 과정에서 학교의 역할을 중시하고 최종적으로 학교의 형태로 존재하는 특징을 보인다. 그래서 이를 '마을을 품은 학교공동체'라 부르기도 한다. 반면 마을교육공동체는 학교를 마을의 여러 단체와 기관 가운데 하나로 보며, 이들의 연합을 통한 최종적인 형태 역시 학교가 아닌 마을의 형태이다. 즉,

마을이 학교와 같이 교육적 기능을 하는 교육공동체가 된 것이다. 그래서 마을교육공동체는 마을이 교육적 기능을 하여 그 마을의 아동과 청소년 그리고 성인에 이르기까지 그들이 필요로 하는 교육적 요구와 필요를 채워 주기 위해 그들 스스로가 협력하여 그 일을 가능하게 하도록 기획된 마을공동체이다.

2. 학교와 마을의 관계 맺기

1) 학교가 마을이요, 마을이 학교다

마을교육공동체를 이해하는 두 번째 방법은 마을교육공동체의 핵심적인 구성 요소인 학교(공동체)와 마을(공동체)의 연계 방법을 살펴보는 것이다. 양자가 어떻게 연결될 때 유기적 관계가 되어 마을교육공동체로 성장하는지가 논의의 핵심이다. 본격적인 논의에 앞서 이 둘의 관계를 암시하면서 마을교육공동체 혹은 마을학교공동체의 특성을 집약적으로 보여 주는 것이 '학교가 마을이요, 마을이 학교다'란 표현이다. 이는 교육의 세 가지 중요한 측면에서 마을교육공동체의 개념을 이해하는 데 도움을 준다. 이 말을 통해 알 수 있는 마을교육공동체의 특성을 살펴보겠다.

첫째, 교육 공간과 시간의 확대이다. 학교가 마을로 확장될 때 교육은 학교라는 공간에 머무르지 않고 마을의 넓은 공간 곳곳에서 일어나게 된다. 또한 교육이 학교교육에 한정될 때는 하루 중 수업 시간에만 교육이 발생하지만, 마을로 확장되면 마을에서 학생의 생활이 이루어지는 모든 시간, 즉 하루 종일 교육이 발생할 수 있다.

둘째, 교육하는 주체와 교육받는 주체의 확대이다. 마을이 학교가 될때 가르치는 이는 학교 교사를 넘어 마을의 주민들이 된다. 오늘날 마을 주민 가운데는 학생들의 교과 지도나 비교과 지도를 지원할 수 있는 역량을 가진 이들이 많다. 또한 배우는 이들이 학교의 학생으로부터 학교 밖 청소년과 마을의 성인 주민으로 확장될 수 있다. 고령화 추세에 주민들의 교육에 대한 필요와 욕구가 증가하기 때문에 성인 학생의 중요성은 더욱 부각될 것이다.

셋째, 교육과정과 교수 방법의 변화이다. 학교가 마을이 된다는 것은 가르쳐야 할 내용이 달라져야 함을 의미한다. 학교는 삶의 현장과 분리된 공간으로 지식이 집약된 교과서를 통해 교육하는 데 적합하다. 이에 비해 마을은 삶이 이루어지는 현장으로 교과서를 통해 배운 지식을 검증하거나 실천하는 데 적합하다. 그래서 마을이 학교이든 학교가 마을이든 교육의 내용은 삶의 현장에 더욱 밀착되어 실제적이고 실천적인 특성을 띠게 된다. 이러한 교육과정의 변화는 자연스럽게 교수 방법의 변화를 가져온다. 현실의 문제를 공부하기 위해 프로젝트 수업PBL을 진행하거나 토론과 발표 수업을 활용하게 된다.

2) 학교공동체와 마을공동체의 연계 방식

마을교육공동체는 학교공동체와 마을공동체의 연계를 통해 형성된다. 그러므로 이 둘이 어떤 연계 방식을 갖는지가 중요하다. 연계 방식은 결합하는 정도에 따라 느슨한 형태의 연계부터 강력한 형태의 연계까지 다양할 것이다. 여기서는 결합의 정도와 내용을 고려하여 세 가지 방식을 제시하고자 한다. 첫째는 학교와 마을이 별도로 존재하면서 서로에게 필요한 것들을 상대로부터 제공받아 활용하는 '상호 활용'의 연계 방식이다. 이를 '효용적 협력관계'라 부를 수도 있다. 둘째는 양자의 연계가 더욱 체계화되어 서로 간에 소통과 협력이 정기적으로 일어나는 '파트너십partnership' 연계 방식이다. 셋째는 학교와 마을이 각자의 고유한 속성을 유지하면서도 서로가 유기적 관계를 이루어 하나의 새로운 융합체를 이루게 되는 '유기적 협력관계' 방식이다.

먼저, 많은 학교와 마을들이 상호 활용의 연계 방식을 통해 각자의 고립된 울타리를 벗어나게 된다. 상호 활용의 연계는 학교나 마을이 각자의 필요에 따라 상대에게 있는 교육자원들을 이용하는 것이기 때문에 학교든 마을이든 부담 없이 연계하게 된다. 종종 볼 수 있는 예로는 학교에서 배운 역사적 사건을 실제 눈으로 확인하기 위해 마을의 유적지로 나가거나, 더 많은 자료를 찾기 위해 마을 도서관을 이용하는 경우이다. 또한 마을 주민들이 학교 운동장에서 체조를 배우기도 하고, 학교 시청각실에서 상영하는 영화를 보는 일도 있다. 이처럼 상호 활용의 연계는 학교와 마을이 서로의 인적·물적 자원을 이용하거나 학교가 마을 주민들에게 교육과 문화적 기관의 역할을 하는 단계이다. 이런 유형의 연계 활동이 일시적으로 일어나고 어느 한쪽이 일방적으로 상대를 이용한다면 이는 마을교육공동체라 하기 어렵다. 그러나 이런 활동들을 통해 양자가 연계의 중요성을 자각하고 더욱 두터운 연계로 나아간다면 이는 마을교육공동체 형성의 시작점이 될 수 있다.

두 번째 연계 방식은 학교와 마을이 파트너십 관계를 맺는 것이다. 상대를 이용하고 활용하는 단계를 넘어 공통의 목표를 달성하기 위해 상대와 동반자적 관계partnership를 맺는 단계이다. 이 단계에서는 학교와 마을 양자가 비록 개별적으로 존재하지만 연결망networking을 통해 여러 주체가 서로 연결되어 있다. 그래서 정례적으로 소통이 이루어지고 이를 기반으로 협력하여 학교와 마을의 교육적 필요를 충족시키는 활동을 한다. 이런 관계를 형성하고 지속하려면 학교와 마을 구성원들의 목표와 가치의 공유가 중요하다. 공유하는 목표의식과 가치를 위해 서로를 동반자로 인식하게 된다. 예를 들어, 한 지역에 학교를 다니지 않는 청소년이 많이 있는 경우 이들에 대한 관심과 교육은 학교 관계자와 마을 주민 모두의 관심사가 될 수 있다. 이럴 때 학교 밖 청소년에 대한 교육을 양자의 공통된 목표로 삼아 네트워크를 구성할 수 있다. 동반자 관계에서는 구성원들의 참여적 의식과 함께 전문가적 조정의 역할이 중요하다. 여러 종류의 목적을 위해 네트워크를 구성하고 이를 관리하는 데는 전문적인 인력이 필요하다. 그래서 전문적 소양을 지닌 코디네이터나 중간지원조직을 준비하고 갖추는 것이 이 과정에서는 중요하다.

세 번째 연계 방식은 학교와 마을이 유기적 관계를 맺어 융합체를 이루는 것이다. 이 단계에서는 학교와 마을의 결합 정도가 가장 강하다. 그러나 결합이 강하다고 해서 양자의 고유한 속성을 상실하는 것은 아니다. 오히려 양자 간의 유기적인 관계로 인해 각자의 속성이 더욱 분명해지는 것을 추구한다. 즉, 학교와 마을의 유기적 협력은 학교가 교육적 기능을 더 효과적으로 수행하는 학교공동체로 성장하는 데 기여한다. 동시에 마을 역시 학교와 유기적 협력을 통해 마을의 교육력이 증가해서 마을의 기능을 더 능숙하게 수행하는 마을공동체로 성장하게 된다. 유기적 관계 속에 있는 마을과 학교는 각자의 기능을 더 잘 수행할 뿐아니라 자신을 둘러싼 경계를 넘어 상대와 융합체를 이룬다. 이 융합체가 엄격한 의미의 마을교육공동체이다. 이렇게 볼 때 학교는 학교공동체로 존재하면서 동시에 마을교육공동체의 중요한 요소가 되는 것이다. 이때 학교공동체와 마을공동체의 구분은 모호해진다. 이런 상태에는 '학교가 마을이요, 마을이 학교이다'라는 표현이 적절해 보인다.

학교와 마을의 유기적 관계가 체계적으로 지속되는 데는 거버넌스 governance, 협치가 필요하다. 새로 생성된 융합체인 마을교육공동체가 운영되려면 새로운 의사결정 구조가 생성되어야 한다. 여기는 공동체에 참여하는 관계자들이 함께 논의하고 결정하는 공론의 장이 되어야 한다. 구체적으로 민·관·학의 다양한 단체 구성원들이 함께하는 협의체가 필요하다. 거버넌스 구축과 효과적인 운영은 쉽지 않은 일이지만 그 자체가 유기적 관계를 형성하는 과정이므로 매우 중요하다.

3) 학교공동체와 마을공동체의 호혜적 관계

앞에서 학교와 마을의 연계 방식을 결합의 정도에 따라 살펴보았다. 여기서는 연계 방식의 방향성에 따라 살펴보겠다. '학교에서 마을로' 혹은 '마을에서 학교로'와 같은 일방적인 연계가 있고, 학교와 마을 상호 간에 오고 가는 쌍방적 연계 혹은 호혜적 연계가 있다. 학교에서 마을로 가는 일방적 연계의 예는 학교가 공간과 시설을 주민들에게 개방하거나 학교에서 주최하는 음악회, 강연회, 기타 공연에 주민을 초청하는 경우가 이에 속한다. 마을에서 학교로 가는 일방적 연계의 예는 학생들이 마을 도서관, 수영장, 텃밭 등 마을의 시설을 이용하여 수업을 진행하고 마을의 전문가들을 초청하여 진로 지도와 동아리 지도를 받는 경우다. 쌍방적 연계는 학교 교사와 마을 기관의 대표자들이 학교 졸업생들의 대도시 유출을 막기 위해 교육과정의 지역화 작업을 함께하는 일이 그 예가 될 수 있다. 마을 축제를 마을공동체 형성의 중요한 과정으로 삼기 위해 학교 관계자들과 마을 주민들이 협의체를 구성하는 것 역시 쌍방적 연계의 예가 된다.

공동체는 구성원들의 상호관계성을 중시한다. 이와 같이 마을교육공동체에도 쌍방적 연계가 중심이 되어야 한다. 물론 지역적 특성에 따라 주로 일방향으로 연계가 일어날 수도 있지만, 그러한 현상이 장기적으로 일어나 고착화된다면 이는 문제이다. 학교와 마을 중 어느 한쪽이 일방적으로 도움을 받기만 한다면 이러한 연계는 지속가능하지 못할 것이다. 그러므로 건강한 마을교육공동체의 형성과 지속을 위해서는 쌍방적 연계를 통한 상호 호혜적 관계가 성립되어야 한다. 물론 마을교육공동체 형성 초기에는 한쪽이 연계의 주도권을 가지고 자원이나 서비스를 주로 제공할 수 있다. 하지만 공동체가 지속됨에 따라 이러한 현상은 의도적으로라도 교정되어야 한다. 상대로부터 받은 지원을 통해 역량을 키워 자립하거나 상대를 지원하는 수준으로 성장하기 위해 노력해야 한다. 이러한 노력을 통해 학교와 마을이 서로 도움을 주고받는 호혜적 관계를 이룰 때 비로소 마을교육공동체의 지속가능성과 학교와 마을의 상생이 가능해진다. 마을교육공동체의 지속가능성과 학교와 마을의 상생은 양자의 연계를 통해 지향하는 궁극적인 목표라 할 수 있다.

3. 학교공동체와 마을공동체의 상생

학교와 마을이 연계하여 마을교육공동체를 만드는 일이 어떻게 쇠락해 가는 학교와 마을을 다시 활성화할 수 있는가? 마을교육공동체가 일시적이지 않고 지속가능하기 위해서는 학교와 마을 양자 간 연계가 어떻게 이루어져야 하는가? 이러한 질문에 대한 답을 찾는 일이 마을교육공동체의 중요한 본질을 보여 주는 작업이 될 것이다.

먼저, 마을교육공동체는 교육을 주요 활동으로 삼는다는 점을 기억해야 한다. 학교와 마을의 상생을 위해서 우선 학교 학생들과 학교 밖 청소년들을 대상으로 그들에게 부족한 교육적 필요를 채워 주는 일이 우선되어야 한다. 아동과 청소년의 교육적 필요와 요구는 다양하다. 학업 부진을 겪고 있어 기초학습 지도가 필요한 학생, 진로 탐색에 대한 지도가 필요한 학생, 정서적·사회적 안정이 필요한 학생, 폭력과 도벽에 노출되어 치료가 필요한 학생, 신체적 건강을 위해 운동이 필요한 학생 등 학교나 가정에서 독자적으로 해결하기 어려운 교육적 필요들이 다수 존재한다. 청소년들의 이러한 필요를 해결하지 못하면 학교와 마을 모두 여러 가지 어려움을 겪게 된다. 학교에 만족하지 못하는 학생은 다른 지역의 학교로 빠져나갈 수 있고, 청소년의 불만은 학교와 마을에서 폭력과 같은 사회문제를 야기하는 원인으로 작용할 수도 있다. 반면 마을과 학교의 협력으로 학교교육이 더욱 효과적으로 이루어지면 학부모들이 그 학교에 자녀를 보내기 위해 학교가 있는 마을로 이사를 하는 경우가 종종 있다. 그러므로 학교와 마을의 아동과 청소년을 위한 적절한 교육 지원은 학교와 마을의 상생에 꼭 필요한 활동이다.

학교와 마을의 아동과 청소년 교육에 초점을 두는 동시에 마을의 성인들 역시 중요한 학습자로 인식하고 교육 서비스를 제공해야 한다. 마을 주민들의 수명이 길어지고 학력이 높아짐에 따라 주민들의 교육적 욕구도 증가한다. 마을교육공동체는 마을 주민들의 평생교육의 장이 되어야 한다. 전통적으로 이루어지던 노래, 악기, 그림, 서예, 요리, 사진 등과 같은 취미생활을 위한 교육은 지금도 여전히 중요한 평생교육의 내용이다. 그런데 요즘은 인문학적 소양과 관련한 철학, 문학, 역사 등에 대한 요구도 증가하고 있다. 한편 수명의 연장으로 사람들이 재취업의 기회를 반복해서 갖게 되므로, 마을교육공동체의 평생교육도 주민들을 위한 직업기술과 관련한 교육 프로그램을 포함해야 할 것이다. 학교와 마을의 협력으로 형성된 마을교육공동체에서 실시하는 주민들을 위한 교육은 주민 개인에게 유익을 줄 뿐 아니라 마을 전체에 큰 유익을 미치게 된다. 즉, 마을의 지속가능성을 위해 중요한 요소가 되는 마을의 교육력을 향상시킨다. 마을의 교육력이란 "지역 아동이나 주민들의 인격, 역량, 사회화를 이루어 가는 힘"김영철 외, 2016: 82으로, 이를 바탕으로 지역의 새로운 가치를 창출하고 주민들의 성장을 이루어 주민 스스로 지역의 당면 과제들을 해결하게 된다.

마을교육공동체의 학생을 대상으로 한 교육활동이 학교의 부족한 부분을 보완하여 학교교육의 발전에 도움을 주고, 주민들을 대상으로 한 교육으로 지역의 교육력을 강화시키면 학교와 마을의 상생에 도움이 된다. 이제 마을교육공동체가 지속가능성을 확보하기 위해 주의해야 할 점을 한 가지 제시하고자 한다. 그것은 학교와 마을의 연계에서 그 목적과 방식은 공동체성의 강화에 초점을 두어야 한다는 점이다. 마을이 교육공동체로서 지속하려면 주민과 다양한 기관과 단체들이 공유된 가치 아래 서로 연결되고 의존하는 공동체로 존재하는 것은 필수적인 요소이다. 예를 들어, 학교와 마을이 상호 협력으로 지역의 아동과 청소년을 대상으로 방과후교육을 실시한다고 하자. 그러면 학생들의 필요에 맞는 교육 프로그램을 짜고 이를 전문가들이 우수하게 교육하는 것을 중요하게 생각한다. 그러나 마을교육공동체에서는 방과후교육 프로그램을 계획하고 실시하는 전 과정에 구성원들이 함께 참여하는 것 역시 매우 중요하다고 본다. 그러므로 마을의 아동과 청소년 교육을 위해 관련자들의 협의체 구성이 필요할 수도 있다. 협의체에는 교육청 관계자, 학교 교원, 지역아동센터 교사, 지역 대안학교 교사, 지역 시민단체 관계자, 지역 기업인, 학부모, 그리고 청소년 등 다양한 부류의 사람들이 참여해야 한다. 특히 당사자인 학생과 학부모가 협의체에서 중요한 역할을 할 수 있어야 한다. 관계자들의 협의를 거쳐 교육과정을 편성하고 프로그램을 운영해야 한다. 마을교육공동체에는 프로그램 제공의 주체와 대상이 명확하게 분리되기보다 관련자 모두가 주체가 될 필요가 있다. 프로그램 기획에서 실천까지 전 과정에 참여하여 주인의식과 소속감, 책임감을 기르는 것이 공동체 유지에 필요하다. 공동체에서는 구성원 모두가 주체가 되어 서로 협의하여 마을의 현안을 자신의 문제로 인식하고 해결책을 찾아가게 된다.

이러한 공동체성의 강화는 한 사회의 발전에 중요한 역할을 하는 사회적 자본social capital을 형성하게 한다. 사회적 자본이란, 사람들 사이에 형성되어 있는 유대감이나 신뢰적 관계와 같은 것이 마치 자본처럼 어떤 일을 하는 데 실제적인 힘을 발휘하는 것이라고 한다. 사회적 자본이 많은 사회가 그렇지 않은 사회에 비해 발전 가능성이 크다는 연구도 있고[Putnam, 1994], 미국 도심지 슬럼가의 유색인종 학생들에게 사회적 자본이 형성되게 하자 학업을 비롯한 여러 방면에서 성장을 이루었다는 연구도 있다.[Bryk, et. al., 1993] 그런데 사회적 자본이 가장 잘 형성될 수 있는 환경은 구성원 간의 유대감을 토대로 하는 공동체와 같은 환경이다. 그러므로 마을교육공동체에서도 공동체성을 강조함으로써 사회적 자본을 많이 형성할 수 있다. 이렇게 형성된 사회적 자본은 취약 계층의 학생들에게 특히 중요하게 작용한다. 그들은 교과와 비교과에서 교육 기회의 결핍을 경험한다. 이런 경험의 결과 나타나는 낮은 학업성취도나 높은 결석률, 중퇴율 같은 부정적인 결과를 사회적 자본이 줄이거나 긍정적인 것들로 바꾸어 준다. 그러므로 학교와 마을의 연계해서 공동체성 형성을 주요 목표로 삼는 것은 양자의 상생을 위해 중요한 일임을 알 수 있다.

학교와 마을의 상생을 위해 양자는 어떻게 연계할 것인가. 이 질문에 대한 마지막 답변은 마을교육공동체가 마을의 인구 유출 문제와 미래에 대한 대비를 함께해야 한다는 것이다. 이 두 문제는 밀접하게 연결되어 있다. 농어촌 지역이나 소도시에서 학교와 마을이 쇠락하여 미래가 어둡게 느껴지는 것은 주로 인구 감소 때문이다. 자연적 인구 감소는 어쩔 수 없다 하더라도 대도시로의 인구 유출은 심각한 문제가 된다. 특히 학령기 아동을 둔 가정이 교육 문제 때문에 대도시로 이주하는 경우가 많다. 또 지역에서 공부를 마친 청년들이 자기 지역에서 일자리를 찾지 못하고 대도시로 나가는 경향이 강하다. 이와 같은 인구 유출이 계속된다면 마을은 지속되기 어려울 것이다. 동일한 차원에서 마을교육공동체역시 지속가능성을 확보하기 위해서는 이런 문제를 해결해야 한다. 전자는 앞에서도 언급한 것처럼 지역의 교육자원을 체계적으로 발굴하고 효과적으로 활용하여 학교교육의 질을 향상시킴으로써 해결책을 찾을 수있을 것이다. 이런 사례들은 전국적으로 적지 않다.

여기서는 후자의 문제를 좀 더 생각해야 한다. 어떻게 하면 학교를 졸업한 사람들을 지역사회에서 살아가게 할 것인가. 이를 위해서는 먼저 학교의 교육과정에 지역적 특성을 반영하려 노력해야 한다. 그래서 학생들이 지역을 깊이 있게 알고 지역에 대한 애정과 자부심을 지니는 것이 중요하다. 더 나아가 프로젝트 수업 등을 통해 지역사회의 현안을 다룸으로써 지역사회에 대해 좀 더 전문적인 지식과 기술을 갖추어야 한다. 지역사회의 중요한 이슈를 교과과정에 포함시키는 것은 마을의 현재 과제들을 해결할 방도를 찾고 마을의 미래 산업 방향과 일자리 모색에 도움이 될 것이다. 이와 같은 지역화 교육과정에 따라 학습한 학생들은 자기 마을의 생태를 깊이 이해하고 마을 주민들과도 친밀한 관계를 맺을 수 있다. 이러한 상황은 학생들이 학교를 졸업한 뒤 타지로 가지 않고 자기 마을에서 자리를 잡고 살아갈 수 있는 기반을 마련하게 한다. 이러한 사례들은 아직 우리나라에서 활발하지는 않지만 충남 홍성군의 홍동 마을교육공동체나 의정부시의 마을교육공동체에서 그 예를 찾아볼 수 있다.

마을교육공동체의 지속가능성을 확보하여 학교와 마을의 상생을 이루는 일은 궁극적 지향점이지만 매우 어려운 목표이다. 그러나 학교와 마을이 각자 구성원 사이의 인격적 관계를 중시하는 공동체 형성에 노력하고 교육을 매개로 상호 유기적 관계를 맺어 간다면 결과적으로 학교와 마을 모두가 활성화되는 일이 불가능하지는 않을 것이다.

3장
왜 마을교육공동체인가?

　　마을교육공동체가 최근 우리나라에서 전국적으로 큰 관심을 끌고 있다. 시도 지자체와 기초지자체, 교육청과 교육지원청까지 관련 공공기관들이 나서서 적극적으로 사업을 추진한다. 이에 발맞추어 현장의 학교 등과 지역 교육시민단체들도 부지런히 관련 사업을 시행하고 있다. 마을교육공동체 관련 정책과 실천의 적극성에 비해 연구와 담론은 조금 뒤처져 있지만, 이 역시 최근 활성화 조짐을 보인다. 마을교육공동체에 대한 높은 관심은 비단 우리나라에만 국한되지 않는다. 용어는 다르지만 미국, 영국, 독일, 핀란드, 일본 등 해외 선진국에서도 지속적인 관심을 보이고 있다. 이에 자연스럽게 질문이 제기된다. 우리에게 여전히 낯선 마을교육공동체라는 개념이 왜 이토록 중요하게 대두되는가? 마을교육공동체의 근본적인 필요성은 어디에서 오는가? 이 책에서는 그 답을 네가지로 나누어 제시하고자 한다. 그것은 마을교육공동체는 현대 학교체제의 한계에 대한 대안이며, 현대 사회의 심각한 문제인 교육격차를 해결할 방안이고, 미래 사회에 필요한 핵심역량을 교육하기에 적절한 장이며, 쇠락해 가는 마을을 활성화하는 원천으로 기능할 수 있다는 점이다.

1. 현대 학교체제의 한계에 대한 대안

1) 관계의 단절

오늘날 학교는 근대 학교의 성립 이후 몇 가지 면에서 큰 성과를 이루었다. 무엇보다 일부 계층의 전유물이었던 교육을 전 국민이 누릴 수 있는 보편적인 권리로 확장한 것은 매우 의미 있는 일이다. 또한 인류가 오랜 세월 동안 축적한 문화유산을 체계적으로 압축하여 짧은 시간에 후세대에 전승하여 역사와 전통이 계승되도록 한 일은 근대 학교의 중요한 공헌점이다. 그러나 이러한 성과에도 불구하고 근대 학교의 한계가 현대로 올수록 더 심각한 문제점으로 표출되고 있다. 우선 지적할 것은 학교에서 나타나는 관계의 단절인데, 그것은 다양한 형태로 나타난다. 먼저 학생과 교사, 학생과 학생 사이에 있어야 하는 인격적인 관계성, 즉 친밀감과 유대감, 상호책임과 헌신 등이 결핍되어 있다. 이는 현대의 학교가 학생들의 학업 성취라는 목표를 달성하기 위한 수단적인 조직으로 이해되기 때문이다. 이런 관점에서는 구성원 간의 협동이나 유대감보다는 상호 경쟁을 통한 효율성 추구가 중요하다. 교사는 계약에 의해 일을 하게 되고 학생은 교사를 지식을 가르치는 전문기술자로 인식하고 다른 학생을 경쟁자로 본다. 여기에는 친밀감, 소속감, 연대감, 책임과 헌신 같은 공동체의식이 자리 잡기 어렵다. 구성원들 사이에 쉽게 볼 수 있는 관계의 단절은 구성원, 특히 학생에게는 관계적·소속의 욕구를 충족시키기 어렵게 하여 정서적 불안감을 느끼게 한다. 이러한 불안감은 청소년에게 정체성의 혼란을 가져오기도 한다.

학교에서 구성원 간 관계의 단절은 학생들에게 정서적인 문제뿐 아니라 학습적인 면에서도 장애 요인으로 작용한다. 학습은 상호작용에 의해 일어나는 경우가 많다.사토 마나부, 2008; Palmer, 1993 즉, 교사와 학생, 학생과 학생, 학생과 학습 대상(주제) 사이의 상호작용 혹은 대화가 활발할수록 학습은 적극적으로 일어난다. 그러나 현대 학교에서는 사람들 사이의 관계가 단절되어 있거나 계약에 의해 연결되어 있어 상호작용이 수동적일 수밖에 없다. 이처럼 관계의 단절이 가져오는 부정적인 영향을 극복하려면 구성원 상호 간에 인격적 관계와 상호 소통을 기반으로 하는 공동체성을 회복하는 것이 중요하다.

2) 지식과 삶의 괴리

앞에서 학교 구성원 간 관계의 단절이 현대 학교에 나타나는 중요한 한계임을 지적했다. 여기서는 관계의 단절이 학생과 교직원 같은 학교 내 구성원들 사이에만 나타나는 것이 아님을 제시하고자 한다. 오늘날에는 학교와 학교를 둘러싼 지역사회와의 단절, 또한 학습 과정에서 볼 수 있는 교수·학습자와 학습 대상 혹 학습 주제와의 단절 역시 중요한 의미를 지닌다. 학교와 지역사회의 분리와 학습자와 학습 주제의 분리는 결국 지식과 삶의 분리를 가져온다. 지식이 그럴듯한 논리로 이 땅에서 자행되는 권력의 횡포를 뒷받침하는 도구로 전락하고 마는 것도 삶과 지식이 괴리되어 있기 때문이다.

현대 사회에서 지식을 형성하고 습득하는 과정은 인식/학습 주체가 객관적 관점 위에서 논리적 사고와 같은 과학적 방법으로 사물/대상을 인식하는 것이다. 이 경우 사물에 대한 인식 곧 지식은 인식 주체와 분리된다. 주체와 대상이 일정한 거리를 갖는 것이 과학적이라 간주된다. 이를 우리는 객관주의적 지식관이라 부를 수 있다. 이런 관점에서 본다면 지식을 습득하는 효율적인 방법은 객관적 지식이 집약된 교과서를 공부하는 것이다. 교과서를 공부하는 데는 학교가 최선의 장이 된다. 굳이 학교가 지역사회와 연결될 필요가 없어진다. 오늘날 우리가 만나는 현실은 학생들이 삶의 현장과 분리된 학교에서 교과서에 기록된 것을 지식으로 습득하는 모습이다. 이렇게 습득된 지식은 그것을 습득한 학생 자신의 존재와 구분되는 무엇이 된다. 즉, 지식은 학생의 존재 혹 삶을 구성하는 본질적인 요소라기보다 도구 혹은 소유로 인식된다. 이와 같이 학생들이 지식을 삶과 분리된 소유로 인식할 때 지식의 습득은 내면적 동기를 갖기 어렵다. 내적 동기가 결여된 학습은 흥미를 갖고 지속하는 게 쉽지 않다. 최근 많은 청소년이 학교를 떠나 학교 밖에 머무는 현상과 이것이 무관하지 않을 것이다. 이는 OECD에서 실시하는 국제학력평가PISA의 결과에서도 잘 드러난다. 한국 학생들이 학력은 최상위권인데 비해 학업에 대한 흥미도와 같은 정의적인 면에서는 최하위권에 속했다. 학교와 마을의 단절과 지식과 삶의 괴리 현상은 현대 학교체제의 보편적인 문제이지만, 우리나라는 그 현상의 극단에 있음을 알 수 있다.

학생이 흥미를 갖고 공부를 지속하려면 공부의 의미와 가치를 알아야 한다. 공부하는 의미와 가치는 습득하고자 하는 지식이 그들의 삶과 어떤 관련성이 있는지를 알 때 생겨난다. 지식과 삶의 관련성을 발견하고 확인하는 길은 삶의 경험이 결여된 학교에서보다는 삶의 터전인 마을에서 일어날 가능성이 크다.

3) 적성과 진로 탐색의 어려움

오늘날 학교에서 볼 수 있는 문제점으로 학교와 사회의 단절, 인식 주체와 대상의 단절로 인한 지식과 삶의 괴리 현상을 꼽았다. 지식과 삶의 괴리는 학습의 의미와 학습하는 흥미를 떨어뜨릴 뿐 아니라 학생들이 적성과 진로를 탐색하는 데 어려움을 겪게 하는 요인이 된다. 적성과 진로 탐색은 청소년기에 해야 할 중요한 작업인데, 그 일이 삶의 현장인 마을과 단절된 학교에서 효과적으로 이루어지기는 어렵다. 한 사람의 적성은 다양한 경험을 하면서 서서히 발견된다. 그리고 적성과 관련하여 자신의 진로를 결정하기 위해서는 다양한 직업군을 알아야 하고 되도록 그것들을 직접 경험해 보는 것이 좋다. 이러한 일들은 모두 학교 안에서 이루어지기가 어렵다. 학교를 나와 마을로 들어서야 한다.

현재 우리나라에서 전면적으로 시행하고 있는 자유학기제는 기존의 학교체제 내에서는 학생들의 진로 적성 탐색이 어렵다는 사실을 인정하고 일반 학기와는 다른 특별한 학기를 도입한 것이다. 그러나 자유학기제가 시행된 지 수년이 지난 지금, 자유학기제가 성공적으로 운영되고 있다고 말할 수 있겠는가? 그 답이 부정적일 수밖에 없는 이유는 학교가 여전히 마을을 향해 높이 담을 쌓고 있기 때문이다. 자유학기제가 성공적으로 운영되기 위해서는 학교와 마을의 협력이 필수적이다. 학교가 먼저 문을 열어 학생들을 데리고 밖으로 나가야 한다. 그리고 지역사회의 많은 기관이나 단체들 역시 그 지역의 학생들에게 문을 열어야 한다. 청소년이 자신의 적성에 따라 특정 기관을 방문했을 때 그곳에서 학생들을 위한 진로 관련 교육 프로그램을 준비하여 학생들을 안내하는 성실함과 책임감을 지녀야 한다.

2. 교육 불평등 해소 방안

교육의 불평등 문제는 오늘날 전 세계가 겪고 있는 위기 가운데서도 간과할 수 없는 것이다. 국가 간 경제적 불평등의 심화와 한 국가 내의 과도한 부의 편중 현상은 오늘날 전 세계의 안녕을 위협하는 요인이다. 교육의 불평등이 경제적 불평등의 원인이자 결과이기 때문에 교육 불평등 문제를 해결하는 것은 매우 중요하다. 현재 학교체제에서도 교육 불평등 해소에 노력을 기울이고 있다. 의무교육제도나 무상교육제도 등은 교육 평등성 성취에 크게 기여한 근대 교육제도의 예들이다. UNESCO에서 강조하는 '평등한 교육권Everyone has the right to educate'이나 미국의 중요한 교육개혁 모토이자 교육개혁 법안 이름인 '아동 낙오 방지No Child Left Behind' 등은 국제사회가 교육의 평등을 얼마나 중시하는지를 보여준다. 그럼에도 현실은 교육격차가 더욱 심화되고 있고, 많은 나라가 교육 양극화 해소를 교육정책의 중요한 목표로 삼고 있다. PISA 결과에 따르면 학교 간 학력 격차가 가장 적어서 세계에서 교육 평등성이 잘 이루어지고 있다는 핀란드에서도 최근 나타나는 교육격차를 심각하게 보고 이를 해소하기 위한 정책들을 모색하는 실정이다.류선정, 2017

우리나라에서도 교육격차 문제는 점차 더 심각해지고 있다. 그 심각성은 학생 간 학력 차이가 더 벌어진다는 사실보다 학력에 영향을 주는 주요 요인이 학생의 집안 배경이 되고 있다는 사실에 있다. 이는 대한민국 헌법 제31조에서 강조하는 교육 기회의 평등성이 훼손되고 있는 현실을 보여 준다. 교육 기회의 불평등은 교육을 통한 사회적 계층이동을 어렵게 하여 불평등한 사회를 만드는 주요 원인으로 작용한다. 이처럼 현재 학교체제는 의도하든 의도하지 않든 교육 양극화 문제 해결을 심화시키는 역할을 한다.

교육 양극화 문제를 해결하기 위해 우리나라를 비롯해 여러 국가가 다양한 방안을 모색하고 있다. 그 가운데 하나가 마을교육공동체 관련 정책이다. 물론 우리나라나 일본처럼 마을교육공동체를 교육 불평등보다는 다른 이슈와 더 관련 짓는 경우도 있다. 그러나 미국이나 영국 등 서구의 나라들에서는 교육 불평등 해소 방안으로 마을교육공동체를 활용하는 경우가 많다. 이제 마을교육공동체가 어떤 측면에서 교육 불평등 문제 해소에 기여할 수 있는지 살펴보겠다.

1) 교과 및 비교과 교육 프로그램 제공

현대 학교의 교육 불평등 문제로는 먼저 교육 기회의 불균등을 지적할 수 있다. 이는 두 가지 영역에서 나타난다. 먼저, 공교육 내의 학교 간 교육자원의 분배에서 질적 차이가 존재하는 것이 현실이다. 다른 국가들과 비교한 자료에서는 우리나라 교사의 학력, 교사 일인당 학생 수 등을 기준으로 볼 때 지역에 따른 자원 분배의 차이가 없다고 한다.[OECD, 2014] 그러나 우리가 경험적으로 지각하는 바는 학교 간의 외형적인 균등성에도 불구하고 질적인 차이가 있다는 사실이다. 예를 들어, 특수목적고등학교나 자립형사립고등학교, 자율형고등학교 같은 특정 유형의 학교들과 강남지역 등 특정 지역의 학교들은 다른 학교들에 비해 우수한 자원을 갖춘 학교라 할 수 있다. 그런데 소위 '명문'이라는 학교들은 등록금을 비롯하여 학교에 들어가는 비용이 일반 학교에 비해 높고, 학교 근처의 집값이 비싸 중산층 가정이 아니면 이런 학교에 자녀를 보내기 어려운 실정이다. 그러므로 집안의 경제적 형편이 어려운 학생은 어쩔 수 없이 명문 학교 대신 일반 학교를 다녀야 한다. 이처럼 가정의 사회경제적 배경에 의해 학생이 선택할 수 있는 교육의 질이 달라진다면 이는 분명 불평등하다고 말할 수 있다. 그러나 다행스럽게도 우리나라의 학교 간 학력 격차는 다른 OECD 국가들에 비해서는 크지 않은 편이다.[OECD,

2014 특히 미국에서는 교육자치의 영향으로 각 지역 학교의 재정이 대개 주정부와 학교가 위치한 교육구의 예산으로 조달된다. 따라서 주민들의 경제적 지위와 학교교육의 질은 밀접한 상관관계가 있음을 알 수 있다. 이런 상황에서는 학교 간 학력 격차가 더욱 심해지고 가난한 학생들은 오래되고 열악한 교육시설에서 교육을 받으며 불평등을 경험하게 된다.

우리나라에서 교육 불평등을 더욱 심하게 경험하는 곳은 학교 안이 아니라 바깥이다. 학교 바깥에서의 교육은 전적으로 학생 가정의 재정적 상황과 관계하기에 교육 기회가 균등하지 못한 것이 당연하다. 우리나라처럼 교과 학습을 사교육에 의지하는 비율이 높은 나라에서는 학생들이 경험하는 불평등이 더욱 심할 것이다. 그러나 미국처럼 교과 학습보다는 비교과 학습을 학교 밖에서 주로 받는 경우도 학생들이 느끼는 불평등은 마찬가지일 것이다. 어릴 때부터 오케스트라에서 악기를 연주하고 스포츠 클럽에서 운동을 배운 아동과 청소년은 학교생활에 자신감 있게 빨리 적응하고 정서적으로 안정될 가능성이 크다. 학교 밖 교육이 거의 전적으로 교육 서비스에 대한 부모의 구매력에 의존한다면 이는 교육 불평등을 야기하는 주요 요인이 될 것이다.

마을교육공동체가 교육격차를 좁히는 방법은 그 지역의 취약 계층 아동과 청소년에게 교과 및 비교과 교육 서비스를 제공함으로써 결핍된 교육을 보완하는 것이다. 현재 우리나라에서 시행하고 있는 방과후학교를 더 확장하여 학교와 마을에서 다양한 교육 프로그램을 제공하되, 특히 기초학습이 부족한 학생을 위한 교육 프로그램을 세심하게 설계하여 시행할 필요가 있다. 서구 나라들처럼 가난한 가정 학생들에게 음악이나 스포츠 강습을 제공하여 집단생활을 경험하고 정서적으로 안정감과 자신감을 갖게 하는 것도 교육격차를 극복하는 좋은 방법이다. 미국이나 캐나다에서 마을교육공동체의 성격을 갖는 커뮤니티 스쿨이나 커뮤니티 리소스 센터Community Resource Center를 운영하는 중요한 이유는 취약 계층 아동과 청소년에게 부족한 교육적 기회를 제공하여 교육 불평등을 해소하고자 하는 의도를 갖는다고 할 수 있다.김영철 외, 2016

2) 공동체적 경험을 통한 사회적·인지적 성장

마을교육공동체의 주요 활동은 교과 및 비교과 교육 프로그램을 기획하여 그것을 필요로 하는 사람들에게 제공하는 것이다. 이러한 교육활동을 통해 달성하고자 하는 바는 두 가지다. 첫째는 교육을 필요로 하는 사람들, 특히 취약 계층에게 교육 내용을 효과적으로 가르치는 일이다. 둘째는 교육활동 중에 교육공동체를 형성하여 참여하는 모든 구성원이 공동체의 경험을 하게 하는 것이다. 교육 프로그램에 참여하면서 단순히 교육의 내용을 이해하고 숙지하는 것으로 끝날 수 있다. 그러나 교육 프로그램을 마을교육공동체가 제공한다면 교육은 그 자체가 공동체적 활동이며, 동시에 교육을 통해 공동체는 더 강화된다. 그러므로 이러한 교육에 참여하는 사람들은 공동체적 경험을 하게 되고 동시에 교육의 내용을 배움으로써 그 배움은 인지적 측면을 넘어 전인적으로 이루어진다.

공동체적 경험을 할 곳이 별로 없는 현대인은 외로움과 단절감, 소외감 속에서 살아가곤 한다. 공동체적 경험의 결핍은 아동과 청소년에게 더 큰 어려움으로 다가가 정서적 불안감과 정체성의 혼란을 일으킨다. 관료적 시스템에서 현대 학교는 지식의 효율적인 전수에는 유능한 모습을 보이지만 구성원의 관계성을 강화하는 공동체 형성에는 별 관심이 없다. 그러므로 학생들에게 정서적인 안정감을 주는 공동체적 경험을 제공하려면 학교가 현재의 체제를 넘어 마을과 함께 만들어 가는 마을교육공동체로 나아가야 한다. 마을교육공동체에서 수시로 공동체적 경험을 하는 아동과 청소년은 정서적 안정감을 지니게 되고 이는 사회성 발달의 기반이 된다. 정서적·사회적 성장은 인지적 발달과도 관계가 깊어 학생들의 교육공동체에서의 배움은 학업성취도 향상에도 영향을 준다.[Bryk et al., 1996] 이처럼 마을교육공동체를 형성하고 거기에서 공동체적 경험을 하는 일은 그 자체로 매우 중요한 의미가 있다.

마을교육공동체에서 취약 계층 학생들을 위해 실시하는 비교과 교육 프로그램이 이루어지는 교실 풍경은 일반적인 학교의 모습과는 사뭇 달라야 한다. 학습 과정에서 학생과 교사는 활발한 대화를 통해 친밀한 관계를 형성해야 한다. 교사와 학생이 수업에 적극적으로 참여하는 것은 그들이 공유하는 목표와 가치가 있기 때문이다. 학생들이 자신의 적성과 진로를 고려하여 학교 교사와 마을의 전문가와 함께 계획하고 운영하는 프로그램에는 학생들의 의사가 많이 반영되어 있어 더욱 열심히 참여하게 될 것이다.

교육공동체에서는 구성원들의 공동 목표와 가치를 추구하면서도 개인의 개성을 존중한다. 무엇보다 구성원들 사이에 상호작용이 활발하여 친밀감과 유대감이 형성되어 결국 신뢰 관계가 만들어진다. 타인과의 관계에서 친밀감, 유대감, 신뢰감을 느끼는 것은 공동체적 경험이다. 이러한 경험은 이전에 진정한 인격적 관계를 경험해 보지 못했던 학생들에게 매우 큰 영향을 준다. 다른 사람들과 유대감과 신뢰 관계를 형성하고 나면 자신에 대한 신뢰와 존중감도 향상된다. 건강한 자아상은 정서적 안정감을 느끼게 하고, 나아가 사회성 발달에 긍정적인 영향을 준다. 자기 신뢰 위에 정서적인 안정을 찾게 되면 공부에 집중력이 높아진다. 사회적 관계의 향상은 학습에 효과적으로 작용한다. 학습은 기본적으로 관계 속에서 상호작용을 통해 일어나기 때문이다. 이처럼 공동체적 경험은 사람들, 특히 아동과 청소년의 성장을 촉진한다. 따라서 공동체의 성격이 분명한 마을교육공동체의 형성은 너무나도 중요한 일이다.

3) 사회적 자본 형성에 기여

아동이 성장하여 자신이 바라는 일을 하며 사회에서 살기 위해서는 교육이 필수적이다. 교육의 기회가 모든 아동에게 균등하게 주어진다면 아동은 자신의 적성과 능력에 따라 원하는 교육을 받을 수 있을 것이다. 공교육 안에서 주어지는 교육의 기회는 큰 차이를 보이지 않는다. 그러나 학교 밖에서는 교육의 기회가 한쪽으로 심하게 기울어진 형태를 취하게 된다. 그것은 교육 서비스를 돈으로 사는 구매력의 크기에 따라 결정되기 때문이다. 오늘날 교육 기회의 평등성은 세계의 많은 나라가 추구하는 바이고, 외형적으로는 어느 정도 달성된 것으로 보고된다. 그러나 사교육의 영향이 지대한 상황에서 사교육 기회의 극심한 차이는 교육 평등성이란 이상이 허구임을 드러낸다.

가정의 재정 형편이 아동의 교육 기회 획득에 영향을 주는 물적 자원의 역할을 하는 것은 사실이지만, 이와 더불어 아동 가정의 인적 자원 역시 중요한 역할을 한다. 인적 자원이 중요한 이유는 아동의 학습에 도움을 줄 수 있는 사람이 가정에 있다면 공부가 훨씬 효과적으로 진행될 것이기 때문이다. 그러나 취약 계층의 아동 가정에는 물적 자원이 부족할 뿐 아니라 인적 자원의 결핍도 일반적인 현상이다. 이처럼 물적·인적 자원의 결핍은 취약 계층 아동의 배움과 성장에 매우 불리하게 작용할 수밖에 없다. 그들에게는 교육에 투입할 자원이 부족하고, 상대적으로 열악한 교육기관에 다닐 수밖에 없고, 그 결과 학업성취도라는 교육의 성과 역시 낮게 나온다. 즉, 투입input, 과정process, 산출output의 교육전 과정에서 교육은 평등하게 이루어지지 않고 있는 셈이다.

이러한 교육의 불평등을 조금이나마 해소하는 방안은 교육의 투입과 과정에서 부족한 부분들을 보완하는 것이다. 그 역할을 마을교육공동체가 담당할 수 있다. 앞에서 제시한 교육 프로그램 제공이나 공동체적 경험 등은 취약 계층 아동에게 교육의 과정 영역에서 부족한 부분을 보완하는 것으로 이해할 수 있다. 여기서는 마을교육공동체가 교육 불평등을 완화시키는 한 방안으로 취약 계층 아동에게 인적·물적 자원과는 다른 투입 요소인 사회적 자본social capital을 제공하는 과정을 설명하고자 한다. 사회적 자본이란 "협력적 행위를 촉진시켜 사회적 효율성을 향상시킬 수 있는 신뢰, 규범, 네트워크 등과 같은 사회조직의 속성"Putnam, 1994: 281이다. 사회적 자본은 한 사회가 민주적으로 발전하는 데 크게 기여한다. 마찬가지로 개인의 성장에서도 그가 가진 사회적 자본은 중요한 역할을 한다. 그런데 사회적 자본은 개인주의적 관점에서 살아가는 사람에게는 잘 형성되지 않는다. 마을교육공동체와 같이 공동체적 삶속에서 사회적 자본은 풍부하게 생성된다. 그러므로 취약 계층 아동과 청소년이 마을교육공동체에서 학습을 하며 공동체적 경험을 자주 갖는 것은 사회적 자본을 형성하는 길이 된다. 사회적 자본은 이들에게 결핍된 인적·물적 자원을 보완해 줄 것이다. 마을교육공동체에서 상호 소통하며 친밀한 관계를 맺은 다른 학생들과 주민들은 이들의 든든한 지원군이 될 것이다. 마을에서 만들어진 사람들과의 신뢰 관계와 네트워크는 사회적 자본이 되어 다른 투입 요소와 마찬가지로 이 학생들이 배우고 성장하는 데 중요한 역할을 할 것이다.

3. 미래핵심역량 교육을 위한 장

학교교육은 무엇을 목적으로 삼아야 하는가. 이것은 매우 어려우면서도 중요한 문제이다. 최근 들어 미래 사회를 향한 관심이 고조되면서 미래교육의 방향과 목적에 관한 질문이 빈번하게 제기되고 있다. 그 답은 관점에 따라 다양하게 제시될 것이다. 그중에 대표적인 논의가 역량교육에 관한 것이다. 즉, 미래 사회에는 오늘날과는 다른 능력을 요구하게 되니 미래 사회에 살아갈 학생들을 교육하는 학교에서는 그들이 가르치고 싶은 것을 가르치는 것이 아니라 학생들이 필요로 하는 것을 가르쳐야 한다는 것이다. 미래 사회에서 살아가는 데 필요한 능력을 미래핵심역량이라 한다. 그것이 무엇인가는 조사기관에 따라 조금씩 다르다. 이제 미래핵심역량을 소개하고, 미래핵심역량 교육에 기존의 학교체제보다 마을교육공동체라는 새로운 체제가 더욱 적절한 이유를 설명하고자 한다.

1) 미래핵심역량

역량 기반 교육competency based education이 소개된 지는 오래되지 않았다. OECD에서는 미래 사회에 필요한 역량을 탐구하기 위해 PISA와 연계하여 다양한 전문가들과 함께 '역량의 정의와 선택DeSeCo' 프로젝트를 5년간 수행하여 2003년 최종 보고서를 발표했다. 이 보고서는 역량을 "특정한 상황 속에서 지식과 기술, 태도를 포함하여 심리·사회적 자원들을 활용하여 복잡한 요구에 부응할 수 있는 능력"으로 정의한다.OECD, 2003: 4 역량은 학생들이 졸업 후 새롭게 맞이하는 사회 환경에서 삶을 성공적으로 영위할 수 있는 능력이기도 하다. 그러므로 학교가 학생들에게 역량을 갖추도록 교육하는 것은 당연하다. 역량은 시대와 사회에 따라 요구하는 바가 다를 수 있으니, 학생들이 졸업 후 살아갈 가까운 미래에 요구받게 될 역량이 무엇인지 살펴볼 필요가 있다. 미래핵심역량에 대한 소개 가운데 대표적인 것들은 다음과 같다.

먼저 OECD의 보고서는 미래핵심역량을 세 가지로 제시한다. 첫째는 상호 교호적으로 지식, 기술, 정보, 언어, 기호 등 도구를 사용하는 능력이다. 둘째는 인생을 설계하고 개인적인 계획들을 세워 그에 따라 자율적으로 행동하는 능력이다. 셋째는 이질 집단에서 타인과 소통하며 갈등을 관리하고 팀워크를 이루어 협력하는 능력이다. 그리고 이 세 가지 핵심역량을 유지하는 결정적인 능력을 '성찰reflection'이라고 한다. 성찰은 반성적인 사고와 실천인데, 이는 자기 안의 세계와 자기 밖의 세계 그리고 이 둘의 관계에 대해 온전히 자각하는 것이다.Scott Peck, 1987: 84 그러므로 성찰을 통해 자기의 사고와 행동을 계획할 수 있고 사회적 맥락 안에서 이것의 의의를 찾고 평가하고 조정할 수 있게 된다. 나아가 성찰은 역설적인 상황, 즉 상호 모순되는 것처럼 보이는 상황에서 양자택일의 선택을 넘어서 그들을 통합함으로써 복잡한 긴장들을 적절하게 관리하는 능력이 되기도 한다.OECD, 2003 OECD는 DeSeCo 프로젝트 이후 2015년부터 '교육 2030' 프로젝트를 수행하고 있다. 이에 대한 소개는 이 책의 13장 '학생의 미래역량과 마을교육공동체'에서 했다.

다음으로 세계경제포럼WEF, 2015에서는 다가오는 시대에서 성공적인 삶을 위해 필요한 능력을 '21세기 핵심 기술'이라는 이름으로 세 범주로 나누어 제시했다. 여기에는 문해literacy와 수해numeracy, ICT 문해, 과학 문해 등을 주 내용으로 하는 기초 문해가 있고, 호기심, 주도성, 도전정신 등을 주요 내용으로 하는 인성 자질이 있다. 그리고 기초 문해와 인성 자질과 함께 갖추어야 할 역량이 있다고 한다. 21세기에 필요한 핵심

역량에는 비판적 사고능력, 문제해결 능력, 창의성, 의사소통, 협력 등이 있다고 한다.

우리나라에서도 역량 기반 교육에 대한 관심이 급속도로 증가하여 지금은 정책적인 측면에서는 역량교육이 주류적인 자리에 있는 셈이다. 교육부는 2015년 개정 교육과정을 만들면서 역량교육을 도입하여 교육과정이 추구하는 핵심역량 여섯 가지를 제시했다. 그것은 자기관리 역량, 지식 정보 처리 역량, 의사소통 역량, 창의적 사고 역량, 심미적 감수성 역량, 공동체 역량 등이다. 2022년 개정 교육과정에서는 의사소통 역량을 협력적 소통 역량으로 수정했다. 해외의 두 기관에서 제시한 미래핵심역량은 우리나라 교육부가 제시한 핵심역량과 큰 차이를 보이지 않는다. 역량은 지적 역량, 인성 역량(개인적 역량), 사회적 역량으로 분류할 수 있는데, 세 기관에서 제시한 핵심역량을 이 범주에 따라 분류하면 다음과 같다.

[표 1] 미래핵심역량 비교

분류	OECD(2003; 2018)	WEF(2015)	2022년 개정 교육과정
지적 역량	도구 사용 능력: 새로운 가치 창출	비판적 사고 능력 문제해결 능력 창의성	지식 정보 처리 역량 창의적 사고 역량
인성 역량 (개인적 역량)	자율적 행동 능력: 책임감 갖기	(협력)	자기관리 역량 심미적 감수성 역량
사회적 역량	이질 집단에서 상호 소통 능력: 모순과 딜레마 조절하기	협력 의사소통	협력적 소통 역량 공동체 역량

2) 미래핵심역량과 마을교육공동체

앞에서 본 바와 같이 미래 사회가 요구하는 역량은 조사 기관과 관계없이 유사함을 알 수 있다. 지식, 정보, 도구 등을 활용하여 문제를 해결하는 능력과 자기정체성과 자신감을 갖고 자기 인생을 스스로 설계하며 필요한 지식과 기술을 습득하여 자기주도적으로 삶을 살아가는 능력이 기초가 되어야 한다고 믿는다. 이에 더하여 폭넓은 기초지식을 바탕으로 다양한 분야의 정보와 경험을 융합하여 새로운 것을 만들어 내는 창의적 능력, 그리고 다양한 상황에서 자신의 생각과 감정을 효과적으로 표현하며 나와 다른 타인의 의견도 경청하며 차이와 긴장을 잘 조정할 수 있는 소통 조정 능력이 필수적이다.

이러한 미래핵심역량을 어떻게 효과적으로 교육할 수 있을까? 전통적인 지식 중심 교육과정은 교실에서 교사의 설명에 따라 좋은 교과서를 통해 지식을 습득하는 데 큰 문제가 없어 보인다. 그러나 역량 기반 교육은 지식 습득을 넘어 다양한 상황에 맞게 지식을 활용하는 능력을 가르쳐야 한다. 그러므로 역량교육에서는 지식, 정보, 기술 등을 실제 활용하게 되는 상황이 필요하다. 그 상황은 학교에서도 가능하겠지만 학생들이 실제 삶을 살아가는 학교 밖 사회가 될 가능성이 크다. 무엇보다 중요한 것은 학교 구성원을 포함한 다양한 사람들과의 상호작용이다. 다시 말하면 역량 기반 교육을 효과적으로 하려면 교육의 장을 학교로부터 학교를 포함한 마을로 확대하여 교육공동체를 형성해야 한다.

핵심역량 가운데 창의성이나 소통 조정 역량을 개발하고자 할 때 학생들이 다양한 상황에서 새로운 경험을 많이 하는 것이 중요하다. 창의성은 기초지식의 토대 위에 새로운 경험이나 지식이 부과될 때 형성될 가능성이 크다. 소통 조정 역량 역시 자신과 다른 사람과의 만남과 상호작용의 경험이 중요하게 작용한다. 그런데 학교라는 공간은 유사한 사람들이 모인 곳으로 자신과 아주 다른 사람을 만날 가능성이나 예기치 않은 경험을 하게 될 가능성이 크지 않다. 그에 비해 마을에는 연령, 직업,

계층, 인종, 생각, 생활규범 등이 매우 다양한 사람들이 살고 있어 역량 강화에 좋은 교육의 장이 될 수 있다. 물론 이러한 역량 개발에는 공간의 확장보다 어느 공간이든 활발한 상호작용으로 공동체적 성격을 형성하는 것이 중요하다.

역량 기반 교육과정을 일찍이 2001년부터 시행하고 있는 캐나다 퀘벡주에서는 역량교육을 성공적으로 운영하기 위해 학교와 교육청이 적절한 행정체계와 지원 시스템을 갖추는 데 노력을 기울였다. 그 가운데 중요한 것이 학교와 교실을 학습공동체로 바꾸는 일이었다. 역량은 각 교과에서 배운 지식을 통합적으로 활용하는 것이기에 이를 위해서는 협력과 통합이 필요했다. 그래서 학교는 교실과 교실 사이의 벽과 학교와 마을 사이의 울타리를 허무는 작업에 힘을 쏟았다. 즉, 같은 교과를 넘어서서 교사와 교사 간, 교사와 학생 간, 학생과 학생 간, 그리고 학교 구성원과 마을 주민들 간 상호 소통이 오가도록 하였다. 이를 바탕으로 협력적인 학습문화를 형성하도록 지원을 아끼지 않았다.강영택, 2014 이처럼 미래 사회가 학교에 요구하는 교육이 역량 기반 교육이라 한다면 그 교육은 전통적인 방식보다는 학교와 마을이 협력하여 형성하는 마을교육공동체에서 효과적으로 이루어질 가능성이 크다고 할 것이다.

4. 마을 활성화의 원천

마을교육공동체는 학교공동체와 마을공동체의 유기적 관계를 통해 형성된다고 앞서 이야기했다. 그리고 학교와 마을은 일방적이 아닌 쌍방적 방식으로 연결되어야 그 둘은 호혜적 관계가 되고, 이는 마을교육공동체가 지속가능성을 확보할 수 있는 기본 요인이 된다. 지금까지 마을교육공동체의 필요성으로 제시된 것은 주로 학교와 관련된 것들이었다. 현대 학교체제의 한계에 대한 대안, 교육 불평등의 해소 방안, 미래핵심역량 교육의 장 등과 같은 요인들이 마을교육공동체의 필요성이 된다. 여기서는 마을 역시 마을교육공동체를 통해 큰 영향을 받게 됨을 제시하고자 한다. 앞에서 설명한 세 가지가 마을교육공동체의 필요성에 당연히 중요한 요인이지만, 마을 활성화의 원천으로서의 마을교육공동체에 대한 논의가 빠진다면 온전한 설명이 되지 못할 것이다.

마을이 학교와 협력하여 마을교육공동체를 이루며 이를 통해 양자가 상생의 길로 나아가고자 하는 것이 그들이 추구하는 바이다. 그런데 이일을 이루는 방식은 매우 다양하다. 마을과 학교의 특성이나 여건에 따라 양자의 협력 형태가 달라지는데, 특히 마을이 대도시인지 농어촌인지는 매우 중요한 요소로 작용한다. 우리나라에서 서울과 경기도의 마을교육공동체운동이 가장 활발하다는 사실은 도시에서의 마을교육공동체의 가능성을 보여 준다. 그렇지만 여기서는 점점 쇠락해 가는 농어촌 지역이나 소도시의 마을을 염두에 둔 것이다. 이러한 곳들은 인구 감소 등으로 점차 쇠퇴하여 그대로 두면 결국 사라질 위험이 있기에 마을재생을 위한 노력이 필요하다. 이제 마을교육공동체가 어떻게 마을을 활성화할 수 있는지 살펴보자. 그 전에 우리나라 농어촌 지역 마을들이 마을교육공동체로 가는 데 유리하거나 불리하게 작용할 현실태를 소개하고자 한다.

1) 농어촌 마을의 실태

한 마을이 학교와 파트너가 되어 호혜적 관계를 이루려면 어느 정도

교육적 자원을 소유해야 한다. 무엇보다 중요한 자원은 역량 있는 사람들이다. 하지만 지금 농어촌에는 인구가 급격하게 줄 뿐 아니라 주민들의 노령화 속도도 가파르다. 인구 1,000명당 65세 이상 노인 인구 비율로 따지는 노령화 지수는 농어촌 지역이 2000년 79에서 2016년 171로 두 배 이상 증가했다.^{한국농촌경제연구원, 2017} 노인 인구 증가는 아동 인구가 감소한다는 것을 나타낸다. 이는 곧 농어촌에서 학생 수 감소와 그로 인한 학교 간 통폐합을 가져온다. 통계에 따르면 1982년에서 2010년까지 학교 간 통폐합으로 문을 닫은 학교가 3,639개교였다. 이는 학교 전체의 24%에 해당하지만, 농어촌 학교는 50~60%나 되는 것으로, 30년이 안되는 기간에 학교의 절반이 사라진 것이다. 폐교는 농어촌 마을의 쇠락을 가속화하는 요인으로 작용한다.

이처럼 여러 면에서 불리한 요인의 등장으로 농어촌 마을의 해체가 가속화되는 것처럼 보인다. 그런데 최근 들어 나타나는 새로운 현상들은 농어촌 마을이 마을교육공동체로 변화하는 데 긍정적으로 작용할 것으로 보인다. 먼저 귀촌 및 귀농 인구의 증가이다. 농촌에서 도시로 이주한 인구가 2012년 (전체 이사 인구 대비) 10.2%에서 2016년 9.6%로 감소한 반면, 도시에서 농촌 지역으로 이주한 인구는 2012년 10.6%에서 2016년 11.1%로 증가했다.^{한국농촌경제연구원, 2017} 이 귀촌 귀농 인구의 증가는 단순히 사람 수의 증가 이상의 의미를 지닌다. 귀촌 귀농한 사람들 가운데는 고학력자들이 많고 전문 기술을 가졌거나 교육에 관심이 깊은 사람들이 많아 마을교육의 훌륭한 인적 자원이 될 수 있다.

또 하나의 긍정적인 현상은 최근 들어 농촌 지역에 사회적 경제조직이 늘고 있다는 사실이다. 이는 사회적 기업, 마을기업, 협동조합과 등과 같이 일자리 창출, 양극화 해소, 민주적 참여, 생태의 지속가능성과 같은 사회의 공공성을 실현하기 위해 설립한 조직을 말한다. 이러한 사회적 경제조직이 농촌 지역에 2007년에는 6개에 불과했는데, 2016년에는 3,502개로 급증했다.한국농촌경제연구원, 2017 사회적 경제조직은 그 속성상 그 마을의 공동체성 형성에 도움을 주거나 지역사회의 교육활동에 기여할 가능성이 크다. 또 귀촌 인구나 사회적 경제조직의 증가는 농촌 지역 주민들의 평생교육에 관한 관심 증대와 관련이 있다. 그러므로 최근에 농촌 지역에 새롭게 등장한 이러한 현상들을 잘 활용한다면 마을에 있는 학교들과 함께 마을교육공동체를 형성할 수 있고, 이를 통해 마을을 활성화하는 방안을 찾을 수 있을 것이다.

2) 마을교육공동체와 마을 활성화

마을교육공동체 형성이 어떻게 마을 활성화에 기여할 수 있는지는 앞 장에서 이미 논의했으므로, 여기서는 농촌 지역에서 할 수 있는 몇 가지 방안을 제시해 보겠다. 먼저 필요한 것은 마을에 있는 교육적 자원을 발굴하고 구조화하는 일이다. 농촌 지역에는 바로 활용할 수 있을 만큼 체계화되어 있는 자원은 많지 않지만, 좀 더 깊이 생각하거나 다른 관점에서 보면 얼마든지 교육자원으로 이용할 수 있는 것이 널려 있다. 그러므로 학교와 마을 주민들이 함께 교육에 활용할 수 있는 것들을 발굴하여 '교육자원지도'를 만들 수 있다. 지도에는 그 마을에서 어떤 내용의 교육이 가능한지, 교육이 필요할 때 어디로 가면 되는지, 누가 어떤 교육을 필요로 하는지 등이 나와 있다. 이는 마을교육공동체에서 교육활동을 하고자 할 때 중요한 기초자료로 사용될 수 있다.

다음으로 자원지도를 토대로 학교 안과 밖에서 방과후학교와 같은 교육 프로그램을 운영하여 마을의 교육력을 향상시키고 공동체성을 강화해야 한다. 마을 주민들이 마을교육공동체에서 제공하는 교육에 개인적으로 참여하여 자기에게 필요한 지식과 기술을 습득하는 것으로 끝나서는 안 된다. 이러한 개인적 차원의 교육이 모이고 서로 공유되어 결국에는 마을의 교육력 향상에 기여해야 한다. 마을의 교육력이란 앞에서 말한 것처럼 마을의 자원을 활용한 학습과 협력을 통해 마을이 당면한 과제를 주민 스스로 해결하고 주민의 성장과 발전을 실현하는 힘이다. 그러므로 마을의 교육력은 마을이 성장하고 발전하는 데 필수적인 요소이다.

마을의 교육력은 마을이 공동체로 형성될 때 더 강화될 수 있다. 공동체는 교육력을 강화하는 요인일 뿐 아니라 마을의 지속가능성을 위한 중요한 조건이 되기도 한다. 마을에서 공동체는 단순히 교육 프로그램을 많이 운영한다고 만들어지는 것이 아니다. 교육 프로그램의 기획부터 운영과 평가까지 관련자들이 가능한 한 많이 처음부터 참여하여 상호 소통을 하며 의사결정을 해야 한다. 구성원 모두가 주체로 참여할 때 공동체로 설 수 있다. 그리고 교육을 시행하는 동안에는 다양한 연령층의 사람들이 함께 학습에 참여하도록 유도하고, 이들이 활발한 대화를 통해 친밀한 인간관계를 맺을 수 있는 분위기를 만들어 가야 한다. 이처럼 주민들에게 교육을 통해 공동의 목표와 관심, 친밀한 인간관계가 생긴다면 마을은 서서히 공동체로 변화할 것이다. 그러면 농촌 지역이 도시에 비해 인적·물적 자원이 풍부하지 못해도 마을의 교육력 강화와 공동체성 확보로 부족한 자원을 보완할 수 있을 것이다. 마을의 교육력과 공동체성 강화는 마을의 지속가능성을 위한 핵심 요소이므로 이를 통해 마을 활성화가 가능해질 것이다

4장
마을교육공동체의 역사적 개관

1. 우리나라 마을교육공동체의 역사

우리나라에서 마을교육공동체의 시작 시점을 정하는 것은 어려운 문제이다. 마을교육공동체라는 용어와 개념이 최근에 생성되었는데 이에 해당하는 현상을 과거의 역사에서 찾겠다는 것은 논리적이지 못할 수도 있다. 그럼에도 불구하고 마을교육공동체와 유사한 특성을 가진 현상들이 조선시대에도 있었고, 최근까지 그 성격이 변천, 발전하면서 이어져 왔다. 조선시대를 시작으로 잡은 것은 그 이전 시대에 대한 저자의 무지가 작용하기도 했지만, 서당이라는 지역사회 밀착형 교육기관이 중요한 역할을 했다는 사실 때문이기도 하다. 조선시대 서당은 마을의 특성과 요구를 반영하여 운영되고 마을의 중요한 기관의 역할을 했다는 면에서 오늘날 마을교육공동체의 특성을 갖추고 있다. 조선시대 다음으로 구한말과 일제강점기를 중요한 한 시기로 구분한 것은 오늘날의 마을교육공동체가 지향하는 바를 그 시기에 구체적으로 실천했던 사례들이 발견되기 때문이다. 그리고 세 번째 시기로 해방 후부터 현재까지를 잡은 것은 마을교육공동체의 이상이 근대 학교 개념에 밀려 희미해졌다가 재생되어 우리나라 교육의 중요한 화두로 떠오른 시기이기 때문이다.

마을교육공동체의 역사 개괄에서 주목하여 살펴보고자 하는 것은 마을육공동체 형성의 주체와 동기이다. 마을교육공동체가 누구에 의해 어떤 동기로 시작되었는지는 마을교육공동체의 성격을 결정하는 데 핵심적인 요인이 된다. 생성 주체에 따른 분류는 다양할 수 있지만 여기서는 '정책적 차원top-down'과 '풀뿌리 운동 차원down-up'으로 크게 나누어 본다. 정책적 차원은 중앙정부나 지방정부의 필요에 의해 정책적으로 권력을 이용하는 경우이다. 풀뿌리 운동 차원은 민간에서 먼저 필요성을 느껴 민간 차원에서 자발적으로 운영하는 경우이다. 마을교육공동체의 역사는 이 두 가지 유형이 혼재한 채 이어져 왔다. 이제 우리나라에서 마을교육공동체가 어떻게 형성·운영되었는지, 시대에 따라 그 성격이 어떻게 변화되었는지 등을 세 시기로 나누어 살펴보고자 한다.

1) 조선시대 마을교육공동체

조선시대에 마을교육공동체와 유사한 현상 혹은 공동체를 찾는 것은 쉬운 일이 아니다. 더욱 정밀한 조사와 연구를 통해 조선시대 마을교육공동체에 대한 깊이 있는 분석과 논의가 필요하지만, 그 일은 다음으로 미루고 여기서는 조선시대 대표적인 사학인 서당의 마을교육공동체적 특성을 살펴보겠다. 조선시대 지방에는 국가에서 설립하고 운영하는 중등 교육기관인 향교가 있었고, 민간에서 설립하고 운영한 초·중등 교육기관인 서당이 있었다. 서당은 시기와 지역에 따라 다양한 형태로 존재했기 때문에 일률적으로 말하기 어려운 점이 있다. 하지만 향교와 달리 지역사회의 필요와 요구를 반영하여 그 용도와 성격을 변화시켜 갔다는 점은 중요한 특징이다. 서당은 기본적으로 학문을 가르치는 강학소講學所의 기능을 했지만, 동시에 그 마을 사람들이 함께 모이는 공회처公會處의 역할도 했다. 때에 따라서는 선조에 대한 제사를 드리는 기능도 담당했다.한국민족문화대백과사전 서당의 교육은 마을의 특성에 맞추어 교육 수준 및 내용을 다르게 할 수 있었다. 처음 공부를 시작하는 아동에게는 문자학습을 시키고, 이미 공부에 매진하고 있는 청소년에게는 높은 수준의 성리학책 강론을 하는 식이었다.

서당에서의 주된 교수 방법은 '강講'인데, 이는 이미 배운 글을 소리 높여 읽고 그 뜻에 대해 질의응답을 하는 전통적인 교수 방법이다. 학생들은 교사와 일대일로 질의응답을 하면서 인격적 관계를 맺을 수 있었고, 그러한 관계로 이루어진 서당은 학습공동체라 할 수 있다. 무엇보다 서당의 교육은 건물 안에 갇혀 있는 교육이 아니었다. 자연과의 조화를 추구하고 학생들의 상황을 고려한 교수 방법을 모색하기도 했다. 서당 교육에서 자연과 조화를 추구한 계절 학습은 학습의 내용 및 방법을 계절과 조화시키는 것이다. 예컨대, 겨울에는 경사經史와 같은 어려운 과목을 공부하고, 여름에는 시율詩律과 같은 재미있는 학습을 하며, 봄·가을에는 사기나 고문 같은 글을 읽게 하여 선비로서의 뜻을 세우도록 했다. 특히 여름철에는 마을의 시원한 산사로 가서 시를 읽고 짓는 피서 교육도 있었다. 공부하는 아동의 나이가 어릴 때는 다양한 놀이를 활용하여 학습을 하는 유희 학습을 시행했다.한국민족문화대백과사전

이처럼 서당 교육의 일반적인 특징인 공동체 지향성과 마을 친화적 성격은 마을교육공동체와 어느 정도 닮았다고 할 수 있다. 서당 가운데서도 특정 유형의 서당은 마을교육공동체의 성격을 더욱 강하게 띠고 있다. 서당은 설립 유형에 따라 훈장 자영自營 서당, 유지 독영獨營 서당,

유지조합 서당, 촌조합村組合 서당 등 네 가지가 있다.차석기, 1986[1] 이 중에서 촌조합 서당이나 유지조합 서당은 마을 전체 혹은 문중들이 연합하여 공동으로 훈장을 초빙하여 자녀들을 교육시키는 서당이다. 마을 주민들이 학계學稧나 학전學田을 조직하여 서당 운영에 필요한 경비를 충당하기도 한다. 촌조합 서당이나 유지조합 서당이 있는 마을에서는 교육이 마을 주민 공동의 관심사가 되기 쉽고 서당은 마을의 중요한 기관이 된다. 서당과 마을의 관계는 상호 간 밀접하게 의존하는 유기적 관계가 되어 마을교육공동체를 형성할 가능성이 있다.

조선 후기로 갈수록 서당은 쇠퇴해 갔다. 동족 마을이 서당 설립의 중요한 주체가 되어 문중 서당이 주류를 이루게 되었다. 문중 서당에서는 교육적 기능 외에 문중의 대소사를 맡아 하고 문중의 사회적 신분 유지를 위해 제사 기능까지 담당하기도 했다. 이렇게 되자 교육 내용의 질이 부실해지고 서당이 외부인에 대해 폐쇄적으로 되었다. 시간이 갈수록 서당의 쇠퇴는 가속화되었다. 그 당시 사회에는 매관매직으로 인한 출세 분위기가 만연하여 서당에서 열심히 공부해야 할 이유가 사라져 갔다. 이런 현상들은 조선시대 각 지역 마을들의 발전에 기여할 수 있는 마을교육공동체가 퇴보하게 되는 배경이 되었다.

2) 구한말 및 일제강점기 마을교육공동체

구한말에 들어서면서 비로소 우리나라에도 오늘날의 마을교육공동체와 매우 근접한 개념의 현상들이 나타났다. 물론 이는 당시 우리나라 전역에 큰 영향을 줄 만큼 전국적인 현상은 아니었다. 일부 지역에서만 일

---

1. 네 가지 유형을 훈장 자영 서당, 독서당(사숙), 문중 연립 서당, 동계(洞契) 서당 등과 같이 부르기도 한다(한국민족문화대백과).

어났던 소규모 현상이었지만 우리나라 사회운동사나 교육사에서 중요한 의의가 있는 사건이었다.

구한말과 일제강점기에 마을교육공동체라 할 수 있는 현상은 두 가지 배경을 가지고 발생했다. 첫 번째 배경은 유교의 영향에 따른 이상적인 마을공동체에 대한 동경이다. 이러한 동경을 가진 사람들이 문중 사람들을 모아 한 마을을 이루었고 그곳에서 서당과 같은 교육기관을 만들어 유교적 가치를 가르치고 실천하고자 했다. 그런데 구한말에 들어와서는 이상촌이 추구했던 정신이 유교적 가치에서 민족정신과 근대사상으로 변모하는 경향을 보였다.

두 번째 배경은 당시로서는 너무나 먼 나라였던 덴마크의 그룬트비라는 사람의 사상과 실천이었다. 작은 농업국가인 덴마크를 살기 좋은 낙농업 국가로 발전시키는 데 결정적인 영향을 준 그룬트비의 교육관에 당시 우리나라 지식인들은 크게 매료되었다. 그가 덴마크에서 주장하여 운영되고 있던 평민대학이라는 평생교육기관이 우리나라 마을교육공동체 형성에 영향을 주었다. 사뭇 다른 이 두 요소가 구한말과 일제강점기 우리나라에 마을교육공동체가 형성되고 발전하는 데 직간접적으로 영향을 끼쳤다.

이 시기에 마을교육공동체라 할 만한 것에는 무엇이 있는지, 이들이 어떤 영향 관계 속에서 발생하고 변천되어 갔는지 몇 가지 사례를 들어 설명하겠다.

구한말에 이상촌에 대한 열망으로 마을공동체를 건설하기 위해 자신들이 살던 곳을 떠나 이주를 결정한 몇몇 무리가 있었다. 이들이 살던 곳을 떠나기로 한 것은 그만큼 살기가 어려웠기 때문이다. 조선 말 탐관오리의 학정에 고통이 심했거나 일제의 무자비한 통치로 인한 어려움이 컸던 탓이다. 그런데 이상촌을 건설하고자 했던 이들은 공통적으로 교육을 중시했다. 그들이 건설하고자 했던 이상적 마을공동체에는 학교가 중요한 기관으로 자리 잡았고, 그 마을은 마을교육공동체의 성격을 띠게 되었다. 이러한 대표적인 사례가 남강 이승훈의 평북 정주의 오산학교와 용동마을이며, 김약연의 북간도 지역의 명동학교와 명동촌이고, 일가 김용기의 경기도 남양주군 봉안마을이다. 이들 중 오산학교와 마을 그리고 명동학교와 마을에 대한 자세한 설명은 사례 소개 부분에서 하고, 여기서는 역사적 흐름을 중심으로 소개하고자 한다.

평북 오산 지역에 이상촌을 세우고자 했던 남강 이승훈의 첫 의도는 여주 이씨 집안의 문중마을을 만드는 것이었다. 남강은 1899년 고향을 떠나 평북 정주의 용동마을에 땅을 사서 이주를 하고 문중 사람들을 불러 모아 근면, 청결, 협동하고 화목한 마을을 이루기 위해 노력했다. 서당을 열어 아이들에게는 글을 가르치고 어른들에게는 자신의 공장에서 생산한 유기를 팔아 생계를 잇도록 했다. 남강의 이상적인 문중마을의 꿈은 도산 안창호를 만나면서 교육구국敎育救國을 위한 마을교육공동체의 꿈으로 바뀌어 갔다. 1907년 유교적 가치가 아닌 근대사상과 민족정신을 가르치는 오산학교를 개교하면서 이후 학교는 오산 지역 마을공동체의 중심센터 역할을 했다. 오산학교가 마을에 개방하여 학교와 마을이 유기체적 관계를 이룬 것처럼 마을공동체 역시 외부의 사람들을 환대하여 오산 지역은 당시 독립운동의 근거지 역할을 했다. 구체적으로 학교 운동장, 병원, 목욕탕 등의 시설이 주민들에게 개방되었고, 학교에서 주최하는 강연이나 공연에는 주민들이 언제나 초청되었다. 학교의 교사들은 마을에 살면서 마을자치회나 협동조합 등 마을의 중요한 일들을 담당했고, 전국에서 유학 온 학생들 역시 주민들 집에 기거하면서 마을 아동들을 돌보는 형 노릇을 즐겁게 했다. 그리하여 학교와 마을은 긴밀한 협력관계를 이루며 한 공동체로 형성되어 갔다. 남강은 이곳에서 교육(학교)과 신앙(교회)과 산업(농장과 공장)이 조화로운 이상적인 마을 공동체의 꿈을 이루고자 했다.

이처럼 남강이 추구한 바가 이상적 마을공동체를 넘어 마을교육공동 체로 발전하게 된 데는 도산 안창호와 함께 그룬트비의 영향도 컸다. 그 룬트비가 주장하고 실천한 농민의 의식개혁을 위한 교육, 주민자치, 협 동조합 등은 오산마을공동체에서 그대로 실천되었다. 일제 탄압의 결과 남강이 1930년 일찍 세상을 떠나면서 마을교육공동체에 대한 그의 꿈 이 온전히 이루어지지는 않았지만, 오산학교에 대한 소문은 전국으로 퍼져 남강의 꿈이 다른 곳에서 조금씩 영글어 갔다.

남강이 이상적 마을을 꿈꾸며 고향을 떠나 정주에 이주한 그해 1899 년 유학자였던 규암 김약연 역시 문중 사람들을 데리고 다른 유학자 집 안의 사람들과 함께 고국을 떠나 중국 땅 북간도 명동촌으로 이주를 했 다. 이후 규암서숙이라는 교육기관을 열어 마을 아이들에게 글을 가르 치다 1908년에는 민족교육과 근대 교육을 가르치고자 명동서숙을 열었 고, 이후 명동학교로 개명했다. 명동학교는 명동촌의 중심이 되는 기관 으로, 명동학교의 교사와 졸업생 가운데는 나라의 독립운동에 투신한 민족지도자들이 다수 나왔다. 규암은 남녀평등 사상을 강조하기 위해 여성 교육을 중시했고, 교사 양성의 중요성을 깨닫고 사범학교 과정과 교사 연수 프로그램을 만들었다. 명동촌과 명동학교는 민족교육과 근대 교육의 본거지 역할을 충실하게 수행했다. 이처럼 명동학교로 인해 명동 촌은 당시 민족교육과 독립운동의 중심지가 되었다.

명동학교도 명동마을의 적극적인 지지와 후원으로 명문 학교로서의 이름을 널리 알리게 되었다. 마을에서 학전學田이라는 공동재산을 만들어 그곳에서 수확한 곡물로 주민들이 직접 밥을 지어 학생들을 먹였다. 이처럼 명동학교와 명동촌은 떼려야 뗄 수 없는 밀접한 관계로 한 공동체를 이루었다. 하지만 북간도의 우리 민족에게 민족해방과 독립의 꿈을 심어 주었던 명동학교도 지속되지 못하고 1925년 문을 닫게 된다. 일제의 끊임없는 탄압과 운영상의 어려움 때문이었다. 폐교에도 불구하고 윤동주, 송몽규 등의 졸업생을 통해 명동학교의 꿈은 널리 퍼져 나갔다.

오산과 규암은 이주를 결정한 배경이나 이주 후 추구했던 이상적인 마을공동체의 성격에서 공통점이 많다. 특히 둘 다 교육을 마을의 중심에 두어 그들이 만들고자 했던 마을공동체가 마을교육공동체였다는 점은 특기할 만하다. 오늘날 가까스로 발견한, 대단한 발명품인 양 호들갑스럽게 대하는 마을교육공동체가 지금부터 무려 백 년 전에 우리의 선조에 의해 이 땅에 구체화되고, 마음에 뚜렷한 청사진으로 존재했다는 사실은 놀라운 일이 아닐 수 없다.

이제 여기에 소개할 사례는 앞의 두 곳과는 성격이 조금 다르다. 이곳이 중요한 이유는 일제강점기인 1931년에 시작하여 지금까지 중단 없이 면면히 이어져 오고 있기 때문이다. 일가 김용기가 경기도 남양주군 봉안마을에 이상촌을 만들고자 마음먹은 것은 도산과 남강 등 당시 지도자들의 이상촌 건설에 대한 열망에 영향을 받은 탓이 컸다.최혜석, 2006 이상촌 봉안마을을 시작으로 광복 이후 가나안농군학교의 개교와 해외진출에 이르기까지 김용기의 마을교육공동체에 대한 이상은 독특한 특성을 지낸 채 계승되고 발전해 왔다. 여기서는 총 3기의 가나안농군학교 역사[2] 가운데 1기의 첫 부분에 해당하는 1931년부터 해방까지의 '봉안마을 이상촌 건설 시기'에 대해 소개하겠다.

일가 김용기는 그와 뜻이 맞는 열 가정과 함께 봉안마을에서 이상촌 건설을 꿈꾸며 실천에 들어갔다. 여기서 일차적으로 한 일은 마을 농민들의 생계 문제를 해결하는 것이었다. 일제의 약탈을 피하여 농사지을 품목을 정하고 우수한 농사법을 전수받는 등 주민들의 필요에 부응하기 위해 노력했다. 그 마을에서 지속적으로 한 일은 황무지 개척, 농사 개량, 협동조합 운영, 소비조합 운영, 공제상호조합 운영 등과 농촌청소년 교육, 성인교육 등이다. 그리고 마을의 공동체 형성을 위해 매월 한 번 전체 마을 주민들의 모임을 했다. 함께 모여 음식을 먹고 주민들이 각자 자신의 의견을 발표하고 이에 대해 토론하는 시간을 가졌다. 이런 모임은 공동체 형성에 기여하면서 교육의 효과도 있었다. 1936년에는 봉안 청년회를 조직하여 야학을 개설하여 교육활동을 했다. 교육활동을 보다 체계적으로 하기 위해 마을회관을 만들어 연령에 따라 필요한 교육을 실시하기도 했다.[오혁진, 2006] 교육 내용은 문맹 퇴치를 위한 한글 교육을 비롯해 일반교양, 농업기술, 민족정신, 위생보건, 오락 등 다양하게 이루어졌다. 이런 교육활동은 1962년 이후에 개교하는 가나안농군학교들이 끊이지 않고 추구한 마을교육공동체의 좋은 예들이다.

그런데 이와는 조금 성격을 달리하는 마을교육공동체도 존재했었다. 그룬트비의 영향을 받아 농촌계몽운동의 일환으로 시도된 농업학교들이다. 대표적으로 평남 송산의 송산고등농사학원, 황해도 신천의 신천농업학교와 경남 마산에 설립된 마산복음농업실수학교이다. 이들 학교 모

---

2. 가나안농군학교의 역사는 3기로 나눌 수 있다. 제1기는 1931년 1차 개척지 봉안 이상촌 시대로부터 2차 개척지 삼각산 농장과 3차 개척지 에덴 향에 이르는 '이상촌 시대 가나안의 농촌 계몽교육 시기(1931~1961)'이다. 제2기는 제1농군학교와 제2농군학교를 세워 사회개혁 운동과 농민지도자 육성을 하였던 '개발연대 가나안의 국민정신교육 시기(1962~1989)'이다. 제3기는 가나안농군학교의 바탕이 되고 교육의 궁극적 목적이 되는 복민운동을 아시아 지역으로 확대하여 복지의 공동체를 이루기를 실천하고 있는 '국제화 시대 가나안의 민주시민교육 시기(1990~현재)'이다(최혜석, 2006).

두 그룬트비의 평민대학의 성격과 유사하게 농민들에게 의식개혁과 농업기술을 교육했으며, 지역사회의 발전에 이바지하도록 했다. 신천농업학교는 황해도 신천의 여갑부 왕재덕이 1929년 설립했다. 세 학교 가운데 송산고등농사학원에 대해서는 이 책의 8장에서 자세히 살펴볼 것이다. 그룬트비의 영향을 받아 농민계몽을 목표로 하는 평생교육기관의 성격을 지녔다. 오산학교의 남강과 오산학교 교사였던 함석헌과 교류하며 학교를 준비했다. 학교 개교 후 처음에는 1년제 농업학교로 시작했는데, 1939년에는 5년제 (갑종)농업학교로 승격했다. 농민지도자 양성을 목표로 농업교육을 주로 했다. 학교는 지역사회와 밀접한 관계를 맺으며 발전해 갔다. 학교 운동장에서 운동회를 할 때는 마을 주민들도 참여했고, 학교에서 농업 관련 강연이 있을 때는 주민들도 함께 참석했다.

마산복음농업실수학교는 우리나라 장로교와 호주의 선교부에 의해 설립되었다. 의식계몽과 종교훈련을 통한 농촌지도자 육성을 목표로 하는 1년 과정의 교육기관이었다. 학생들은 20세 이상으로 모두 기숙사에 수용되어 함께 생활했다. 교육 내용은 종교, 농촌경제, 협동조합, 농촌 사회활동 등에 대한 것이었다. 학교 운영의 책임을 맡은 윤인구는 하나님사랑神愛, 이웃사랑仁愛, 땅사랑土愛의 3대 교육 이념을 세우고 지역사회를 위한 공동체로서의 학교를 일구어 갔다. 1939년 학교를 김해로 옮기고 결국 운영상의 어려움을 극복하지 못하고 1943년 폐교되고 말았다.[7]

독신문 http://www.kidok.com

3) 해방 후 대한민국의 마을교육공동체

해방 후 우리나라에는 마을교육공동체라 할 만한 것이 많지 않았다. 2010년대 중반 이후 우리나라에 불고 있는 마을교육공동체에 대한 과

열된 관심은 예기치 못한 일로 보인다. 그러한 관심이 구한말 이후 지속되어 온 결과라기보다 오랜 침묵 후 갑자기 터져 나온 울음보 같은 성격이 강했다. 마을교육공동체에 대한 구한말 일부 지도자들의 관심과 열정은 일제강점기를 지나면서 단절된 것처럼 보인다. 그래서 해방 이후 1990년대 중반까지는 마을교육공동체와 관련하여 특기할 사항들이 별로 없었다. 단지 한 가지 언급할 것은 해방 이후 지금까지 꾸준하게 지속되어 온 사회교육적 평생교육운동이다. 평생교육은 조용하게 시행되었지만 이후 마을교육공동체운동의 중요한 토대가 되었다. 1990년대에는 '교육공동체'를 주제로 삼은 교육개혁 정책을 당시 정부가 주도하여 교육공동체에 대한 담론이 한동안 유행하기도 했다. 바로 그 직후 우리나라에서 들불처럼 일어난 대안학교 운동 역시 마을교육공동체의 생성에 큰 영향을 주었다. 2010년 이후 혁신학교, 혁신교육지구, 마을교육공동체 정책들이 교육청 차원에서 시행되면서 오늘날의 마을교육공동체 담론과 실천이 교육계에서 중요하게 대두되었다.

해방 이후 현재까지의 평생교육운동

마을교육공동체의 중요한 기능 하나는 지역 주민들에게 평생교육 서비스를 제공하고 이를 통해 마을의 공동체성을 강화하는 것이다. 이러한 측면은 평생교육론에서 말하는 지역공동체 평생교육의 개념과 유사하다. 지역공동체 평생교육을 간단히 말하면 '지역을 기반으로 공동체를 지향하는 평생교육'이라 할 수 있다. 그래서 지역공동체 평생교육은 지역 주민들의 교육적 욕구를 충족시킬 뿐 아니라 지역사회를 변화시키는 운동 지향적 성격이 강하다고 할 수 있다.오혁진, 2006 이러한 예는 앞에서 기술한 일제강점기 오산학교나 가나안농군학교 등의 예에서 찾아볼 수 있다. 그러나 지역공동체 평생교육의 전통은 해방 이후 미미하게 이어져 오고 있어 그 역사적 흐름을 찾기가 쉽지 않다. 그래서 여기서는 해방 이후 우리 사회에서 뚜렷하게 존재하면서 마을교육공동체와 관계 있는 (지역)사회교육적 평생교육에 대해 살펴보고자 한다.

사회교육적 평생교육은 일제강점기부터 현재까지 이어져 오고 있다. 지역 주민들을 위한 평생교육 활동은 정부 차원과 민간 차원에서 이원적으로 이루어졌다. 해방 직후 문교부는 관 주도로 문맹 퇴치와 국민계몽을 주요 목적과 내용으로 하는 평생교육에 주력해 왔다. 이후 1960년대까지 사회적 평생교육은 주로 관 주도하에 이루어졌다. 이 시기에 평생교육은 체제 유지적 성격이 강하여 이에 부합하는 국민정신교육을 주로 했다. 구체적으로는 경제성장을 위한 인력 양성, 공민적 자질 함양, 사회통합적 측면 강조, 국가사회 건설 등이 추구되었다. 이러한 교육은 개인의 성숙과 자발적 참여를 중시하기보다 집단의식화를 위한 강제적 참여를 강조하는 경향이 강했다.최혜석, 2006

1970년대에는 민간단체들에 의한 평생교육에의 참여가 서서히 증가했다. 1930년 이후 대표적인 사회교육기관의 역할을 하고 있는 한국 YMCA를 비롯하여 YWCA, 크리스챤 아카데미, 지역사회학교후원회, 대한여성단체협의회 등이 사회교육적 평생교육을 하는 대표적인 민간기관들이었다. 이 시기에 이러한 기관과 단체들은 비로소 개인의 의식화를 위한 교육 프로그램을 본격적으로 실시했다. 사회적응력, 즐거운 생활 영위, 인격 형성, 자주적 자기학습, 교양 함양, 삶의 질 향상 등의 교육이 이루어졌다. 하지만 여전히 주류의 교육은 집단의식화 함양 프로그램이었다. 이러한 집단의식화 프로그램은 민주시민의식을 함양하고 경제 건설에의 참여를 위한 정신계몽 활동이 주요 내용이었다. 이렇게 볼 때 우리나라에서 사회교육적 평생교육은 해방 이후부터 1970년대까지 관 주도이든 민간 주도이든 공통적으로 개인적 측면의 강조보다는 사회적 측면에 대한 강조, 즉 사회계몽형 평생교육을 강조해 왔음을 알 수 있다. 이는 지역사회 개발과 국가의 경제 발전을 위한 수단으로 평생교육이 활용된 측면이 강했음을 보여 준다.

1980년대에는 헌법에 평생교육 조항을 삽입했고 사회교육적 평생교육에 대한 다양한 논의들이 소개되고 표출되었다. 관 주도 기관에서는 국민적 자질 형성을 강조했고, 종교단체 차원에서는 자아실현과 건전 청소년 육성을, 기업과 언론 차원에서는 교양과 자질 함양을, 대학에서도 전문적 지식과 교양에 대한 교육을 제공했다. 그리고 이와 함께 사회의 구조적 모순 해결을 위한 비판의식 함양과 인간해방을 위한 교육 등이 실시되었다.최혜석, 2006

1990년대 후반 학교운영위원회 제도의 등장

해방 이후 우리나라 학교의 역사에서 지역 주민이 단위학교의 주요 의사결정에 참여하도록 제도화된 것은 1995년 제정된 학교운영위원회가 처음이 아닌가 싶다. 오랜 세월 동안 지역사회에 문을 닫고 있던 학교가 지역을 향해 문을 열기 시작한 것이다. 그것도 학교의 사소한 활동에 참여시키는 것이 아니라 학교의 중심 되는 일들을 결정하는 데 지역 주민들을 초청한 것이다. 이는 학교와 마을을 연결하는 높은 수준의 연계 형태라 할 수 있다. 학교운영위원회에 지역을 대표하는 지역 인사가 위원으로 들어와 지역사회의 요구와 필요를 제시하여 학교 교육과 운영이 지역의 특성을 반영하도록 했다면, 이는 마을교육공동체 형성에 직접적으로 기여하는 요인이 되었을 것이다. 우리나라 학교운영위원회와 유사한 일본의 학교운영협의회는 그러한 역할을 하고 있다. 일본 마을교육공동체의 대표적인 사례인 커뮤니티 스쿨이란 학교운영협의회를 구성한 학교를 일컫는다. 이처럼 학교운영위원회는 우리나라에서도 마을교육공동체를 형성할 가능성이 있는 제도였다. 그러나 1995년 시범 실시와 1999년 공사립 모든 학교의 전면 실시 이후 20년 넘는 세월이 지났지만, 지금까지 학교운영위원회는 마을교육공동체와 관련하여 기대에 부응하지 못하고 있다. 물론 학교운영위원회는 나름의 성과를 내고 있다. 학교 운영의 투명성 제고, 학교(장)의 독단적 운영에 대한 견제 강화, 다양한 의견 수렴 및 반영 기회의 확대 등은 학교운영위원회 제도가 가져온 중요한 성과라 할 수 있다. 그러나 이러한 학교조직 운영의 변화는 표면적인 것에 머무는 경향이 있다고 분석한다.전수현·박상완, 2005 더구나 학교운영위원회는 학교교육의 개념을 근본적으로 바꾸고 교육의 장을 학교에서 마을로 확대하는 마을교육공동체의 개념에까지 나아가지 못하고 있다.

그렇다면 '왜 우리나라의 학교운영위원회는 일본의 경우처럼 마을교육공동체 형성의 원인이 되지 못했는가'라는 질문이 제기된다. 이를 역으로 생각해 보면 '학교운영위원회를 어떻게 이해하고 시행하면 학교와 마을을 마을교육공동체로 변화시킬 수 있는가'라는 질문이 된다. 그 답을 두 가지 차원에서 생각해 볼 수 있다.

첫째, 학교운영위원회 제도의 도입 배경과 관련되어 있다. 학교운영위원회는 1995년 교육개혁위원회에서 '초중등교육의 자율적 운영을 위한 학교공동체 구축 방안'의 일환으로 제안되었던 제도이다. 교육개혁위원회의 보고서에 따르면 학교운영위원회 제도의 성격은 다음과 같다.

교육의 주민자치 정신을 구현하고 단위학교의 자율성을 확대
하여 학교교육의 효과를 극대화하기 위해서는 교직원, 학부모,
지역사회 인사 등이 자발적으로 책임지고 학교를 운영하는 학
교공동체 구축이 절실하다. 따라서 단위학교의 자치를 활성화
하고 지역의 실정과 특색에 맞는 다양한 교육을 창의적으로
실시할 수 있도록 단위학교별로 학교운영위원회를 구성 운영하
도록 한다. 교육개혁위원회, 1995: 89

보고서에 제시된 바를 요약하면 학교운영위원회의 궁극적 목적은 '학
교교육의 효과성 증대'에 있다. 이 목적을 이루기 위해서는 지역 주민을
포함하는 학교공동체 구축이 필요하고, 이 공동체를 통해서 학교의 민
주적 운영과 지역의 특성에 맞는 교육을 실시할 수 있다는 것이다. 학
교운영위원회의 등장 배경에는 교육 민주화, 학교자치, 지방교육자치 등
의 개념들이 중요하게 자리 잡고 있다. 이처럼 학교운영위원회의 제도화
는 1990년대 우리 사회의 민주화와 자치에 대한 강한 열망과 같은 당시
우리나라의 분위기를 반영한 것이다. 이와 함께 학교운영위원회의 배경
이 된 또 하나의 요인은 1980년대 중반 이후 이어져 온 교육의 분권화
와 자율화 논의이다. 그 논의의 중심에는 '학교단위 책임경영SBM: School
Based Management'이 있었다. 김별희, 2014 학교 단위 책임경영이란 단위학교의
구성원들에게 학교 운영의 자율권과 책무성을 동시에 부여하여 학교를
자율적으로 경영하게 하는 것이다. 학교운영위원회가 단위학교의 교육자
치를 활성화하고 학교의 의사결정 구조에 변화를 야기한다는 점에서 학
교 단위 책임경영과 유사성을 갖고 있다고 하겠다. 그래서 학교운영위원
회의 제도화는 학교 단위 책임경영을 구현하는 한 방식일 수도 있는 것

이다.^{김별희, 2014}

교육정책이나 제도는 시대적 산물이다. 1990년대 대한민국에는 교육 민주화와 자치가 무엇보다 중요했고, 중앙집권의 방만한 관료제적 교육행정 조직의 획기적인 개혁이 필요했다. 그런 면에서 학교운영위원회의 도입은 적절했을 수도 있다. 그러나 이 제도가 목표로 한 만큼 성과를 내지 못하고 있는 것과 별개로 여기서 지적하고 싶은 것은 학교운영위원회가 마을교육공동체로 나아가지 못한 점이다. 분명히 "지역의 실정과 특성에 맞는 다양한 교육"을 실시하는 것도 학교운영위원회의 목표로 설정되어 있는데, 실제로는 두드러진 성과를 보이지 못했다. 이 점에 좀 더 관심을 두고 실천했다면 마을교육공동체의 개념을 부분적으로나마 우리 사회에 앞당겨 소개했을 것이다. 결국 학교운영위원회란 제도는 교육의 민주화와 학교의 효과성 증진에 실질적인 초점을 두고 있다. 학교를 넘어 마을의 문제에 이르기까지 시선을 돌리고 품에 안기에는 학교 내의 문제가 너무 시급했다고 생각해 두자.

둘째, 당시 정부가 추구한 5·31 교육개혁 정책들에 내포된 교육관과 관계있다. 문민정부가 입안한 교육정책의 중요한 토대가 '수요자 중심의 교육'이다. 수요자 중심의 교육을 강조한 것은 그동안 우리나라의 교육이 공급자 중심 교육이었고, 이러한 교육이 가져온 폐단이 컸다는 인식 때문이다. 이것은 일정 부분 타당하다. 과거 우리나라의 교육은 학교와 교사가 중심이 되는 교육이었다. 당연히 교사가 중요하고 학교가 중요하다. 하지만 이 말이 교사와 학교가 마음대로 교육을 해도 된다는 의미는 아니다. 교육에는 상대가 있기에 상대를 고려하여 교육해야 한다. 또한 일정 기간 교육 후 교육의 성과에 대한 책무성을 가져야 한다. 교육에 대한 이러한 기본 요소들이 잘 지켜지지 않았기에 그동안 소외되어 왔던 학생과 학부모를 중요하게 보고 학교에 교육 성과에 대한 책무성을 부여하는 것은 정당성이 있다.

여기서 제기하고자 하는 점은 교사를 교육 공급자로 보고 학생, 학부모, 지역 주민을 교육 수요자로 보는 관점에 관한 것이다. 이러한 관점은 동일한 교육정책에서 강조하는 '학교공동체'나 '교육공동체' 구성과 병립하기 어려운 것으로 보인다. 제품이나 서비스의 공급자와 수요자의 관계는 이해관계가 상충하기 때문에 합리적인 조정의 절차나 쌍방의 합의에 따른 계약을 필요로 한다. 이러한 특징들은 공동체의 속성보다는 조직의 속성에 가깝다고 할 수 있다.Sergiovanni, 1996 공동체는 공유된 목표의식과 가치를 토대로 유대감과 상호의존성을 중시하는 반면 조직은 합리성과 효율성을 중시한다. 그래서 공동체 구성원들은 상대에 대한 애정과 헌신에 기초하여 일을 하고, 조직 구성원들은 계약에 의거하여 자신의 책임을 수행한다. 이렇게 본다면 '수요자 중심 교육'이 그동안 교육활동에서 소외되어 왔던 학생과 학부모를 계약의 파트너로 삼은 점은 의의가 있으나 교육공동체를 구성하는 한 주체로 세우는 데는 부족하다고 보인다.

이런 관점에서 볼 때 학교운영위원회는 교육과 관련된 이해 당사자들이 모여 토의를 통해 협상을 이끌어 내는 장이 되도록 의도되었다. 교육 공급자가 교육 수요자의 요구를 들어 교육적 서비스를 그들에 맞도록 구성하는 절차인 셈이다. 이러한 식의 접근은 마을교육공동체와는 차이가 있다. 마을교육공동체의 모든 구성원은 '학생과 주민들의 배움과 성장'이라는 공통의 목표의식을 갖고, 구성원들이 공동체를 이루는 주체가 되어 참여한다. 학생을 교육받는 대상 혹은 교육적 서비스의 수요자로 보기보다는 학습의 주체로 인식한다. 학교 교원, 학생, 학부모, 지역 주민 모두가 가르침의 주체이자 배움의 주체가 되는 것이 교육공동체이자 학습공동체이다. 학교운영위원회가 학교를 마을과 연계시킬 좋은 기회를 가졌지만 그렇게 하지 못한 것은 학부모나 지역 주민을 교육의 수요자로 보았기 때문이기도 하다. 공급자 입장에서는 서비스를 각자의 방식대로 요구하는 사람들이 많을수록 머리 아파지기 때문에 반길 리가 없다. 그러나 공동체에서는 학부모와 지역 주민들은 수요자가 아닌 파트너가 된다. 아동과 청소년 교육에 학교와 가정 그리고 마을은 한마음으로 힘을 합해서 노력해야 한다. 그러므로 학교에만 갇혀 있기보다는 마을로 나가 도움을 얻을 수 있는 사람을 찾고자 할 것이다. 이러한 관점을 가질 때 학습의 장은 학교뿐 아니라 학교 울타리를 넘어 마을로 확장되고 그곳에서 배움이 삶과 밀착될 때 학교와 마을은 마을교육공동체로 변화를 경험하게 될 것이다.

2000년대 대안학교 운동

1990년대 말부터 불기 시작한 대안학교 운동은 우리나라 교육의 전통적인 지형을 바꾸어 놓았다. 1998년 간디학교, 영산성지학교, 한빛고등학교 등의 설립을 시작으로 2000년대 들어와서는 대안학교의 증가 속도가 빨라졌다. 대안학교는 그 성격의 다양성으로 인해 일률적으로 특징을 규정하기는 어렵다. 하지만 많은 대안학교가 미인가로 있음에도 불구하고 학생들이 기존의 학교 대신 대안학교를 찾는 것은 기존 학교가 지닌 한계점 때문일 것이다. 「초·중등교육법」 제60조의 3에는 대안학교를 "학업을 중단하거나 개인적 특성에 맞는 교육을 받으려는 학생을 대상으로 현장 실습 등 체험 위주의 교육, 인성 위주의 교육 또는 개인의 소질·적성 개발 위주의 교육 등 다양한 교육을 하는 학교로서 각종학교에 해당"한다고 정의 내린다. 이러한 법적 정의는 대안학교가 갖는 실제의 다양성을 지나치게 단순화시킨 감이 있다. 어떤 대안학교는 학생의 자주성과 자율성을 학교의 핵심 가치로 삼고, 다른 학교는 생태적 가치와 평화정신을 학교의 모토로 삼기도 하고, 또한 어떤 학교는 종교적 가치와 영성 수련을 학교의 주요 목표로 삼기도 한다.

이 대안학교들이 추구하는 바가 이처럼 다양하지만 대개 일치하는 측면이 있는데 그것은 공동체성의 강조이다. 대안학교는 일반 학교가 보이는 삶과 유리된 지식 중심 교육, 교사 중심의 주입식 수업 방식, 학생들 사이의 지나친 경쟁적 분위기, 경직된 관료적 행정체계 등의 문제점들을 극복하려고 한다. 이러한 문제점들은 공동체적 정신의 결여와 관계한다. 지식과 삶의 관계 단절과 학생과 교사, 학생과 학생, 교사와 행정가의 관계 단절이 가져온 결과들이다. 이들을 극복하기 위해서는 결국 공동체의 복원이 필요하다. 물론 모든 대안학교가 이러한 문제의식을 지니고 공동체성을 강조하는 것은 아니다. 대안학교는 대개 작은 규모로 운영되기 때문에 학교 구성원 사이의 인격적 관계가 중요시되고, 기숙사 생활을 통해 더불어 살아가는 삶의 훈련을 강조한다. 그래서 대안학교들이 강조하는 일반적인 공동체성은 학생들 사이의 친밀한 관계와 학생과 교사 사이의 인격적 관계 등을 의미한다고 볼 수 있다. 이러한 점들을 보더라도 대안학교는 그동안 우리나라 일반 학교에서 상실해 버린, 아니면 변두리로 밀려나 있던 공동체성을 학교교육의 중심으로 다시 불러온 공헌을 했다는 점을 인정해야 한다.

더구나 간디학교, 민들레학교, 푸른꿈고등학교, 성미산학교 등과 같은 대안학교는 학교 내의 공동체성을 강조할 뿐 아니라 학교와 지역사회의 관계성도 중시한다. 즉, 그들이 추구하는 공동체란 학교 울타리에 갇혀 있는 폐쇄적인 공동체가 아니라 학교를 둘러싼 마을에 열린 공동체 혹은 마을을 품은 공동체라 할 수 있다. 그래서 이들 학교의 학생들은 학교에서 구성원 간의 친밀한 관계성을 가지는 동시에 마을과의 긴밀한 연계도 중시한다. 학생들은 마을 봉사를 정기적으로 하며 학교에서 발표회나 공연이 있으면 마을 주민들을 초청하여 함께한다. 다양한 일을 하는 마을 주민들이나 마을의 시설들과 같은 다양한 교육자원들을 학교교육에 활용하기도 한다. 마을의 지속가능한 성장을 위해서 에너지 절약을 위한 재생기술을 보급하기도 하고, 학교 교원과 학부모 사이에 토의의 장을 마련하기도 한다. 일부 학부모는 학교 근처 마을로 이주해 와서 공동체로서의 마을을 만들려고 노력한다. 서울 마포구의 성미산학교는 어린 자녀의 공동육아에서 시작하여 자녀가 성장함에 따라 대안학교를 설립하여 초·중등 교육을 실시하면서 자연스럽게 학교 인근에 마을을 이루어 공동체를 추구하며 살게 된 모범적인 사례이다. 지금은 단순히 자녀의 교육 문제뿐 아니라 주민들의 생업과 정치, 문화생활까지 공동체적 가치 위에서 만들어 가고 있다. 오늘날 마을교육공동체의 형성과 발전은 이런 대안학교들의 선구적인 모범으로 인해 가능하게 되었다고 할 수 있다.

대안학교가 마을교육공동체 형성에 끼친 영향을 말할 때 빼놓을 수 없는 곳이 풀무학교이다. 풀무학교는 여러 가지 면에서 여느 대안학교와 다르다. 먼저 풀무학교는 법적으로 대안학교가 아닌 '농업고등기술학교'이다. 대한민국 학제 중 기본학제가 아닌 특별학제에 속해 있지만 분명히 인가받은 학교인 셈이다. 그리고 다른 대안학교들에 비해 훨씬 이른 시기인 1968년 개교를 한 긴 역사를 지닌 학교이다. 풀무학교는 우리나라에서 대안학교라는 용어와 마을교육공동체란 개념이 소개되기 전부터 존재해 왔다. 그러면서 대안교육과 마을교육공동체가 무엇인지, 이를 어떻게 만들어 가야 하는지를 직접 몸으로 보여 주었다. 우리나라에서 대안학교로부터 시작하는 마을교육공동체운동은 풀무학교에 큰 빚을 지고 있는 셈이다. 더구나 풀무학교와 관련해서 기억해야 할 것은 우리나라에서 중요한 교육적 흐름을 잇는 매개체 역할을 한다는 점이다.

대안학교나 마을교육공동체란 개념이 우리나라에 등장한 것이 오래되지 않았지만 이러한 교육을 추구하고자 하는 열망과 그 열망의 표출 형태로서의 대안교육, 공동체교육, 마을공동체는 이미 백 년도 넘는 역사가 있다. 이러한 역사가 이 땅에 존재해 왔음을 우리는 풀무학교를 통해 알게 된다. 풀무학교는 남강 이승훈이 1907년 평북 정주에 설립한 오산학교의 정신을 이어받고 있기 때문이다. 남강이 조선시대의 이상촌 사상과 그룬트비의 계몽교육운동 등에 영향을 받아 이상적인 마을교육공동체를 구상하고 실천한 전통을 오산학교 졸업생 이찬갑이 물려받은 것이다. 이찬갑은 그 정신과 전통 가운데 풀무학교를 설립하고 학교의 토대를 닦았다. 그러므로 우리나라에서 마을교육공동체는 10년이나 20년의 짧은 역사의 소산물이 아니라 조선시대로부터 이어져 오는 뿌리 깊은 역사를 지닌 운동임을 풀무학교로 인해 알게 된다.

2010년대 혁신학교 및 혁신교육지구 정책

2000년대에 들어서면서부터 공동체에 대한 관심과 마을 만들기를 향한 실천이 서서히 증가했다. 이러한 사회적 분위기가 교육개혁에 대한 지속적인 열망과 합해져서 혁신학교 제도가 태동할 수 있는 배경이 만들어졌다. 그리고 진보적인 성향의 교육감들이 2010년 당선되면서 혁신학교는 구체적 모습을 갖게 되었다. 혁신학교 정책은 시도교육청에서 주도한 것이기에 지역에 따라 그 성격이 다를 수밖에 없다. 그럼에도 불구하고 마을교육공동체의 역사를 개관하는 자리에 혁신학교를 언급하는 것은 중요한 의미가 있다. 2010년대 중반 이후 마을교육공동체운동에 적극 참여한 학교들이 대개 혁신학교이거나 경험이 있는 학교들이다. 왜냐하면 혁신학교는 학교의 공동체성을 강조하기 때문이다. 여기서 전국에서 제일 먼저 혁신학교 정책을 시행한 경기도의 혁신학교에 대해 살펴보겠다.

경기도 혁신학교가 추구하는 궁극적 지향점은 '더불어 배우고 함께 성장하는 즐거운 학교'이다. 이러한 목적을 이루기 위해 '자율적 학교경영체제 구축'이라는 하위목표를 비롯하여 '교육과정의 다양화와 특성화', '전문적 학습공동체 구축', '학부모와 지역사회의 협력을 고려한 대외협력 및 참여의 확대' 등을 목표로 두고 있다.^{김성천, 2015} 표방하는 것을 볼 때 혁신학교는 마을교육공동체 중 학교적 측면과 유사성이 많음을 알 수 있다. 학교 운영의 민주성이나 학생에 대한 존중과 학생의 참여 격려, 교사의 학습공동체 구축, 마을을 활용한 교육활동 등은 실제 혁신학교에서 종종 볼 수 있는 모습들이다. 이러한 점들은 마을교육공동체에서 학교가 공동체로 변하는 과정과 일치한다. 그러므로 혁신학교를 마을교육공동체와 동일하다고 볼 수는 없지만 마을학교로 가는 길목에서 만날 수 있는 형태의 학교라고는 할 수 있다.

혁신학교 정책에 이어서 혁신교육지구 정책이 나온 것은 논리적으로 타당하다. 단위학교 차원에서 공교육의 혁신을 추구해 보면 자연스럽게 혁신의 필요성이 도달하는 곳이 지역사회가 아니겠는가? 그런 면에서 공교육의 정상화 노력이 단위학교 차원에서 이루어지고, 이어서 교육지구 차원으로 확대된 혁신교육지구 정책은 마을교육공동체와 매우 흡사하다고 할 수 있다. 다만 한 가지 생각할 것은 혁신학교 정책이 시작된 지 불과 1~2년 만에 혁신교육지구 정책이 나왔기에 정책을 수행하는 교사를 비롯한 학교 구성원들이 이 개념들을 이해할 수 있는 시간이 부족하지 않았나 하는 점이다. 더구나 혁신학교나 혁신교육지구 정책의 수립과 이행 과정이 교육감에서 현장으로 내려가는 하향식Top down 방식을 취하고 있는 점을 주목해야 한다. 하향식 정책 수행에서는 현장 실무자들의 정책에 대한 분명한 이해가 필수적이다. 이처럼 현장에서의 충분한 이해와 자발적 참여를 이끌어 낸다면 혁신교육지구 정책은 마을교육공동체와 매우 닮은 모습으로 구현될 것이다. 그래서 일부에서는 혁신교육지구와 마을교육공동체를 교호적으로 사용하기도 한다.

이제 혁신교육지구 정책이 마을교육공동체와 어떤 면에서 닮았는지 혁신교육지구에 대해 살펴보겠다. 혁신교육지구 정책은 지역에서 공동체성의 회복과 민주주의 정신을 분명히 하여 지역의 공교육을 혁신하는 것을 목표로 한다. 이를 위해 교육청과 지자체의 협력을 기초로 지역 주민과 학교가 참여하는 민·관·학 협력체제를 만들어 마을교육공동체를 형성하고자 한다. 마을교육공동체를 통해 하고자 하는 사업들은 대개 세 가지로 유형화된다. 첫째는 마을의 자원들을 활용하여 지역의 학생들을 위해 학교나 마을에서 진행하는 방과후 활동이다. 둘째는 주민과 학부모 그리고 진로직업체험지원센터를 매개로 이루어지는 학생들의 진로 탐색을 위한 지원 활동이다. 셋째는 청소년 자치, 청소년의회, 청소년 자치연합 활동 지원, 동아리 활동 지원 등과 같은 청소년 자치 관련 사업이다.

혁신교육지구 정책 역시 각 시도교육청 차원에서 시행되기 때문에 지역에 따라 차이가 있다. 이 정책을 가장 적극적으로 시행하고 있는 경기도교육청은 '혁신교육지구'보다 '마을교육공동체'라는 용어를 더 선호한다. 경기도교육청에서 시행하는 마을교육공동체 사업은 대개 세 가지 범주에 속한다. 첫째는 학교 안팎의 학생들이 마을의 자원을 활용하여 자신의 꿈을 상상하고 실천해 보는 '꿈의학교'이다. 둘째는 학생, 학부모, 교직원, 지역 주민들이 사업체를 자발적으로 조직하여 공동 소유하며 민주적으로 운영하여 공통의 사회적·교육적 필요를 충족시키는 '교육협동조합'이다. 셋째는 마을 단위 교육자원으로 자발적으로 참여하여 학교에 필요한 서비스를 제공하는 '교육자원봉사센터'이다.

경기도를 포함하여 전국 대부분 지역에서 그 명칭이 혁신교육지구 정책이든 마을교육공동체 사업이든 이와 유사한 정책을 시행하고 있다. 이 일들이 처음에는 진보적 성향의 교육감에 의해 시작되었지만 점차 확대되어 우리나라 전역에서 시행하게 된 것이다. 마을교육공동체를 단순히 하나의 정책이나 사업으로 보지 않고 학교교육을 근본적으로 바꿀 새로운 교육적 패러다임으로 보는 저자로서는 반갑기 그지없는 일이다. 그런데 혁신교육지구 정책이나 마을교육공동체 사업이 우리나라 교육을 근본적으로 변화시키는 데까지 가기 위해서는 해결해야 하는 과제가 산적해 있다. 이 문제는 '마을교육공동체의 현재와 미래' 부분에서 논의할 것이다.

이상에서 우리나라 마을교육공동체의 역사를 개관해 보았다. 마을교육공동체와 유사한 성격을 띤 모습이 오래전부터 존재했을 것이나 여기서는 조선시대 서당으로부터 시작했다. 서당은 마을의 교육기관으로 마을의 특성들이 교육활동에 반영되었다는 면에서 마을교육공동체와의 유사성을 말할 수 있다. 그리고 서당은 문중 중심의 유교적 이상촌 건설에서 필수적인 요소로 작용했다. 이 점이 구한말이나 일제강점기에 일부의 지도자들이 주도한 이상적 마을공동체 만들기의 토대가 되었음을 앞에서 지적했다. 이 시기 추구되었던 이상적인 마을공동체는 오늘날 만들고자 하는 마을교육공동체의 원형에 가까운 모습이다. 그러나 일제에 의한 규제와 탄압으로 이런 이상적 마을공동체운동은 지속되기 어려웠다. 광복 후 우리나라에서 마을교육공동체의 재생은 1990년대 후반기 이후 등장한 대안학교 운동에서 비로소 찾아볼 수 있다. 물론 해방 후 평생교육운동이 마을교육공동체의 배경이 되었고, 학교운영위원회와 같은 1990년대 후반의 교육정책이 마을교육공동체의 제도적 기반이 된 것은 사실이다. 하지만 마을교육공동체는 대안학교들로부터 직접적인 아이디어와 실현 가능성에 대해 시사점을 받을 수 있었다. 그리고 혁신학교와 혁신교육지구라는 새로운 정책들은 우리나라에서 학교교육의 새로운 형태로서의 마을교육공동체를 구성하는 데 직접적인 요소로 작용했다.

2. 서구 마을교육공동체의 역사

마을교육공동체의 서구 역사를 논하는 것은 두 가지 면에서 어려움이 있다. 첫 번째는 나라마다 그 특성이 다르기 때문에 '서구의 마을교육공동체'라는 표현은 너무 광범위한 의미를 지닌다는 점이다. 그래서 여기서는 대표적으로 미국의 사례를 살펴보고자 한다.[3] 미국은 일본과 유사성이 많고, 일본의 교육적 상황이 우리나라와 닮은 부분이 많기 때문에 미국 사례를 살펴보는 것은 우리나라 마을교육공동체의 방향 고

---

3. 이 부분은 필자의 논문 강영택(2018)을 참조하였다.

찰에 도움이 되리라 기대된다. 두 번째 어려움은 마을교육공동체라는 용어의 독특성에 기인한다. 마을교육공동체는 우리나라에서 생겨난, 독특한 의미를 지닌 용어이므로 외국어로 번역하기도 쉽지 않다. 그러므로 미국에서 마을교육공동체를 찾는 것은 어려운 일이다. 개념상으로 유사성이 있는 용어를 찾아보면 몇 가지 표현이 있다. 학교와 지역사회의 파트너십, 학교와 지역사회의 연계/협력, 커뮤니티 스쿨(지역공동체학교) 등이다. 여기서 미국의 마을교육공동체는 앞에 열거한 이 표현들이 내포하고 있는 개념들을 포함하되, 특히 커뮤니티 스쿨을 가장 중요하게 살펴보고자 한다. 이유는 미국의 커뮤니티 스쿨은 하나의 정책이자 운동으로 우리나라의 마을교육공동체가 갖는 의미와 용례가 비슷하기 때문이다. 미국 커뮤니티 스쿨 연합모임인 커뮤니티 스쿨 연합Coalition for Community Schools, CCS은 커뮤니티 스쿨을 "학교와 학생의 가정과 지역사회를 연결하는 협력관계이자 장소"로 간단하게 정의 내린다. 그리고 "학업, 청소년 개발, 가족 지원, 건강 및 사회적 서비스, 지역사회 개발"등에 초점을 두는 공립학교라 하였다.

미국에서 '커뮤니티 스쿨'이라는 용어는 1930년대부터 사용되었고, 1970년에 관련 법령이 제정되었다. 그러나 커뮤니티 스쿨의 발생 배경을 따져 보면 오래전으로 거슬러 올라간다. 1830년대 호러스 맨Horace Mann 등에 의한 보통학교Common School 운동이 시작될 때 이미 보통학교의 개념에 커뮤니티 스쿨의 성격을 내포하고 있었다. 즉, 학교는 (지역)사회의 요구와 필요에 적극 부응해야 한다는 점을 분명히 했다. 보통학교가 미국 전역으로 퍼져나간 이유에는 당시 미국 사회의 문제점이었던 범죄와 가난 같은 사회적 문제들을 학교가 예방하고 해결해 주리라는 기대가 작용했다.Spring, 2005 이처럼 미국에서 공립학교는 처음부터 사회의 공적

선을 확립하는 데 기여해야 할 책무성을 분명히 부여받았던 것이다.

19세기 후반에 들어서면 학교와 지역사회의 관계적 긴밀성과 사회적 책무성이 더 강화되었다. 동부 유럽과 남부 유럽에서 많은 이민자가 미국으로 몰려 들어오면서 도시 지역이 급격히 확대되었다. 그 결과 여러 도시에서 비위생적인 환경으로 인해 질병의 문제와 가난과 범죄의 문제들이 증가하게 되었다. 도시화의 확대는 공동체의식의 상실을 가져왔고, 그로 인해 도시민들은 소외감의 고통을 겪어야 했다. 이런 상황에서 도시의 많은 문제점을 예방하거나 해결할 수 있는 기관으로 학교가 거론되었다. 학교는 도심지의 학생과 주민들에게 사회적 서비스를 제공하고, 적절한 행동규범을 가르치도록 요구받았다. 또한 학교는 커뮤니티 센터를 설립하여 지역사회의 문제점들을 예방하도록 요구받았다. 이러한 역할을 완수할 수 있도록 학교에 식당, 운동장, 강당 등의 시설들이 들어서고, 이에 따라 학교는 지역사회의 활동을 위한 중심센터의 역할을 감당하게 되었다.Spring, 2005 그 당시 제인 애덤스Jane Addams의 사회복지관 운동으로 인해 시카고와 도시산업 지역에서는 사회복지관이 이민자들인 노동자 계층에게 오락, 건강, 교육과 같은 사회적 서비스를 제공하는 역할을 하고 있었다. 그러한 사회적 서비스 제공의 역할을 학교도 함께 감당하게 된 것이다. 공립학교가 지역 주민들을 위해 사회적 서비스를 제공하는 사회적 기관social center의 역할을 해야 한다고 주장한 대표적 인물이 존 듀이John Dewey이다. 그는 학교를 사회의 문제점들을 해결하고 사회적 서비스를 제공하는 사회의 중요한 기관으로 보았다. 그리고 지역사회의 센터로서 학교는 도시산업 사회에서의 심각한 문제인 공동체의식의 결핍과 소외의 문제를 해결할 수 있어야 한다고 말했다. 미국의 학교들은 지역 주민들에게 예술이나 취미 활동을 위한 공간을 제공하고 정치적 토론의 장이 되는 것을 통해 주민들 사이에 공동체의식을 재정립하려는 노력을 기울였다.Dewey, 1902; Spring, 2005

1890년대에 사회적 기관들은 전국적으로 급속도로 성장, 발전하였다. 뉴욕에서는 방과후 레크리에이션 활동들이 사회적 기관에서 조직화되었다. 시카고에서는 사회적 기관들이 공원 내에 있는 실내경기장에 자리 잡았고, 주민들은 오케스트라나 합창단과 같은 다양한 활동들에 참여했다. 공원의 실내경기장은 지역사회 주민들을 공동체로 형성하는 역할을 했고, 학교는 정치적 참여를 촉진하는 역할을 했다. 1914년의 한 조사에 따르면 그해 지방 선거 기간에 학교 건물에서 142회의 정치 관련 회의가 열렸다고 한다. 이처럼 사회적 기관으로서의 학교는 다양한 역할을 했다. 1920년의 한 조사에 따르면 전국의 788개 교육구 가운데 667개의 교육구에서 학교를 사회적 기관으로 사용하고 있다고 보고했다.Spring, 2005: 222 학교는 사회적 기관의 역할을 잘 수행하기 위해 학교 건물의 구조를 변경하기도 하고, 학교 내 가구나 도구도 주민들이 이용하기에 편리하도록 재정비했다.

이처럼 19세기부터 강조되었던 사회적 기관으로서의 학교의 정체성이 20세기에 들어서 커뮤니티 스쿨이라는 구체적인 학교 형태로 나타나기 시작했다. 1930년대에는 미시간주 플린트시에서 찰스 스튜어트 모트Charles Stewart Mott 재단의 지원으로 시작된 지역사회community 교육을 위한 공식적 운동은 전국적인 반향을 불러일으켰다. 그 운동이 추구했던 교육은 오늘날 커뮤니티 스쿨 교육과 매우 유사한 성격을 띠었다. 그 운동의 목적은 학교를 지역사회의 사회적, 교육적, 여가생활의 중심지로 만들고, 아이들뿐 아니라 성인들도 학교에서 이루어지는 평생교육에 참여시키는 것이었다.Blank et al., 2003 1970년대에 「커뮤니티 스쿨 법령」

과 「커뮤니티 스쿨과 종합 커뮤니티 교육 법령」이 국회를 통과하여 국회가 지역사회교육 운동을 위해 종잣돈seed money을 제공했다. 이 돈은 커뮤니티 스쿨을 위한 연방정부의 지원을 알리는 중요한 신호이기도 했다. 1980년대 후반기 이후로는 지방과 주정부의 지원과 다양한 재단의 지원이 이어져 커뮤니티 스쿨의 수가 크게 증가했고, 다양한 새로운 모델의 학교들이 생겨나기도 했다. 새로운 커뮤니티 스쿨의 등장은 여러 가지 혁신을 가져왔는데, 예를 들면 가족지원센터, 초기 아동과 방과후 학교 프로그램, 보건과 정신건강 서비스, 기업과 시민단체와의 협력, 커뮤니티 센터로서 학교 시설을 이용하기 등이 있다.Blank et al., 2003

커뮤니티 스쿨은 다양한 모델을 따라 각기 다른 형태를 갖게 되었다. 등대학교Beacon Schools, 돌봄공동체Caring Communities, 어린이 보조회 커뮤니티 스쿨The Children's Aid Society Community Schools, 학교 안 커뮤니티 Communities in Schools, 건강한 시작Healthy Start, 21세기학교Schools of the 21st Century, 대학 지원 커뮤니티 스쿨University Assisted Community Schools, 서필라델피아 개선단West Philadelphia Improvement Corps 등은 대표적인 커뮤니티 스쿨의 모델들이다. 이러한 여러 조직의 성립과 함께 미국의 유수한 대학들이 커뮤니티 스쿨과 관련한 연구를 적극적으로 수행하여 정책 제안을 했다. 예일Yale대학교, 뉴욕New York대학교, 존스홉킨스Johns Hopkins 대학교, 포드햄Fordham대학교 등이 센터를 만들어 학교와 지역사회의 협력에 대한 연구를 하고 있다. 미국 전역의 커뮤니티 스쿨들, 학교와 협력하는 지역사회의 기관들, 다양한 모델 조직들이 커뮤니티 스쿨 연합회 Coalition for Community Schools의 회원이 되어 협력체제를 구축하고 있다.

1998년에는 커뮤니티 스쿨 운동이 '21세기 커뮤니티 학습센터 프로그램'을 통해서 연방정부로부터 중요한 공적 재정 지원을 받았다. 연방정부는 지역사회 교육전략에 기초해서 커뮤니티 스쿨을 만들어 지역의 방과후 프로그램의 개발을 촉진하고자 하였다. 정부의 상당한 재정 지원-2002년에 10억 달러-은 커뮤니티 스쿨 운동을 활성화했고, 공교육에서 지역사회의 역할을 강화하기 위한 연방정부의 지원을 개선시켰다. 2002년의 「아동낙오방지법No Child Left Behind Act」의 통과는 연방정부가 모든 어린이의 교육적 성공에 헌신하는 중요한 계기가 되었다. 그 법령은 커뮤니티 스쿨이 강조하는 필수적인 요소들을 내포하고 있다. 학부모 참여, 방과후 학교 프로그램, 폭력 예방, 봉사학습, 공적 서비스와 사적 서비스의 조정과 통합 등과 같은 바람직한 요소들을 가진 커뮤니티 스쿨 운동은 미국 사회에서 낙오하는 어린이가 생기지 않도록 하는 데 기여하고 있다.Blank et al., 2003

최근 커뮤니티 스쿨 관련 법령은 「2014년 풀서비스 커뮤니티 스쿨 법령H.R. 5168-Full-Service Community Schools Act of 2014」과 「2015년 커뮤니티 스쿨 지원 법령H.R. 718-Supporting Community Schools Act of 2015」이다. 「2014년 풀서비스 커뮤니티 스쿨 법령」은 교육부장관으로 하여금 공립 초중등학교가 풀서비스 커뮤니티 스쿨로 기능하도록 돕기 위해 하나 이상의 지역 교육기관 및 지역사회에 기반을 둔 비영리 단체, 기타 공공 또는 민간기관으로 구성된 컨소시엄에 재정 지원을 하는 것과 풀서비스 커뮤니티 스쿨의 프로그램 개발을 지원하기 위해 구성된 주정부 협력체에 보조금을 주는 것을 허용했다. 「2015년 커뮤니티 스쿨 지원 법령」의 목표는 연구 결과와 근거가 분명한 커뮤니티 스쿨 모형을 시행하는 데 필요한 자금, 융통성, 지원을 주정부와 지역의 교육기관들에게 제공하기 위한 것이다. 이러한 지원은 지역의 교육기관들과 지역사회 파트너들에게 그들의 자원을 활용하여 커뮤니티 스쿨의 설립을 통해 학생들에게 고등교육

기관, 직업전선, 시민정신을 준비시키도록 하기 위한 것이다. 또한 이 지원은 결과를 산출하는 파트너십의 형성, 지속, 그리고 확장을 위한 자금을 제공하기 위한 것이다. 여기서 지역사회 파트너들은 공사립 기관들, 지역을 기반으로 하는 조직들, 지방정부, 대학, 가정, 가족지원조직, 방과후 프로그램 제공자, 방학 중 프로그램 제공자, 박물관, 도서관, 기타 문화적 기관들과 시민조직 등을 포함한다.^{HR 718 IH Sec.3}

이 법령은 지역의 교육기관들_{LEAs}이 그동안 불이익을 당한 소외 아동들의 학업성취도 향상을 위한 법률인 타이틀 1_{Title I}을 근거로 하는 자금을 커뮤니티 스쿨을 위해 일하는 커뮤니티 스쿨 코디네이터를 위한 비용으로 사용하는 것을 정당화한다. 그러나 학교가 그러한 지원을 받기 위해서는 학생들의 성취도 향상과 학생들 그룹 간 성취도의 격차 해소 그리고 학생들의 출석률과 졸업률의 증가에 성공적인 실천을 한다는 연구에 기반을 두어야 한다.^{Summary: HR 718} 두 법령에 따르면, 커뮤니티 스쿨 정책은 학생들의 전인적 성장에 관심을 두지만, 그중에서도 특히 사회적 취약 아동의 학업 성장에 초점을 두고 있음을 알 수 있다. 이를 위해 학교는 지역사회의 다양한 기관들과 효과적인 파트너십을 형성할 것을 요구한다. 이러한 파트너십은 일차적으로 학생들에게 서비스를 제공하기 위한 것이지만, 이와 함께 학교는 파트너십을 활용하여 지역 주민들을 위한 사회적 센터로서 역할을 하도록 요구받는다. 이러한 일이 잘 이루어지게 하는 데 필요한 자금을 연방정부가 제공하겠다는 것이다.

2부

마을교육공동체의 과거

5장
일제강점기 교육정책과 학교 실태

이 장에서는 일제강점기 총독부의 교육 방침을 살펴보고 그 영향 아래 있었던 당시 학교들의 실태를 알아보고자 한다. 일제강점기 우리나라의 교육적 상황을 살피는 이유는 그 당시 마을교육공동체라 할 수 있는 현상들이 존재했고, 그것이 일제의 교육정책에 영향을 크게 받았기 때문이다. 먼저 일제강점기 통감부와 총독부의 교육 방침과 이를 뒷받침하는 법 규정들을 살펴볼 것이다. 그리고 일제강점기 우리나라 학교들의 실태, 특히 사립학교들이 처한 상황에 대해 고찰하고자 한다.

1. 일제강점기 교육정책

일제강점기 교육 방침은 크게 세 시기로 나누어 볼 수 있다. 첫 번째는 1905년 통감부의 설치부터 1910년 한일합병과 총독부 설치 전까지의 통감부 시대이다. 두 번째는 조선총독부가 설치된 1910년부터 3·1운동이 일어난 1919년까지인 총독부 전기 시대이다. 세 번째는 3·1운동

이후부터 해방을 맞이한 1945년까지인 총독부 후기 시대이다.

1) 통감부 시대

통감부의 교육 방침의 핵심은 우리 민족의 우민화愚民化와 일본 동화
同化였다.손인수, 1971; 차석기, 1986 이를 이루기 위해 학제를 개편하여 기존의 5~6
년제 소학교를 4년제의 보통학교로 바꾸어 수업 연수를 축소시켰다. 단
순 기초지식을 배우는 보통학교는 개교를 비교적 꾸준하게 한 반면 교
양과 전문지식을 배우는 중등학교 이상은 설립에 매우 인색했다. 또한
관공립보통학교官公立普通學校를 통해 친일 교육을 해서 우리 민족을 일제
에 동화시키려는 의도가 강했다. 교육과정에 일본어 수업을 편성하고,
교과서 편찬에 개입하여 친일적인 요소를 강화하고, 일본인 교원을 학교
에 배치시켰다. 관·공립 학교는 통제가 비교적 수월한 반면 사립학교는
통감부의 방침을 순순히 따르지 않기 때문에 새롭게 법령을 제정하여
학교에 개입을 강화하려 했다. 통감부는 1908년 8월 사립학교령을 공포
했는데, 이 법령에서 주안점을 둔 것은 사립학교라 할지라도 그 설립과
유지를 위해서는 일제의 인가와 통제를 받아야 한다는 점이다. 또한 학
교 재정 문제와 교과용 도서와 관련해서도 규제를 강화했다. 이처럼 통
감부가 학교의 설립과 운영과정에 대한 인가와 개입을 법제화함으로써
사립학교에 대한 통제를 가하고자 했다. 사립학교령에서 중요하게 의도
하는 바는 교육과 정치의 분리였다. 당시 사립학교들이 민족운동의 온
상이 되고 있던 점을 일제는 주목했다. 당시 통감부는 사립학교에 대한
방침을 밝히면서 다음과 같이 말했다.

교육을 정치 밖에 따로 세우는 것은 정책상 필요한 일이다. 그

러나 가끔 학교를 정치기관에 이용하려는 자가 있다. 그리고 소정의 과정을 등한히 하고 현시 정치상 사회상 문제를 가지고 토구討究 논의論議케 하는 자가 있다.손인수, 1971: 56

2) 전기 총독부 시대

1910년 한일합병이 되자 일제는 총독부를 통해 본격적으로 식민 통치를 시작했다. 식민 통치의 방법은 힘에 의한 무단武斷 통치였다. 식민 통치에 방해가 되는 모든 요인, 특히 교육적 요인들에 대해서는 직접적인 탄압을 가했다. 우리의 민족정신을 말살하기 위해 당시 민족교육을 시키던 사립학교들과 전통적 교육기관인 성균관과 향교들에 탄압을 가하여 많은 학교들이 문을 닫았다. 특히 사립학교에 대한 탄압은 1915년 「개정사립학교법」에 의해 합법적으로 강력하게 이루어졌다. 그리고 교과용 도서에 대한 심사가 더욱 엄격해져 많은 책들이 금서가 되었다. 특히 위인전, 역사서, 무용전武勇傳 등의 책은 판매가 금지되었다.차석기, 1986 총독부의 교육에 대한 간섭과 탄압이 점차 심해져서 마침내 당시 사립학교를 설립 운영하는 자나 교사와 학생들에게까지 영향이 미쳤다. 일제는 1911년 '105인 사건'을 날조하여 당시 민족교육의 본산이던 서북 지역의 사립학교들을 탄압했다. 결국 그 학교들과 관계하던 윤치호, 양기탁, 이승훈을 비롯하여 교원, 학생 등 700여 명이 체포되어 고초를 당했다.

총독부는 사립학교에 대한 통제권을 더 강화하기 위해서 법규를 개정 선포했다. 1915년 3월에 공포된 「개정사립학교규칙」은 당시 우리나라의 사립학교들에 큰 타격을 주었다. 「개정사립학교규칙」에는 사립학교의 설치(2조), 설치인가 사항의 변경(3조), 교과과정(6조 2항), 교과서(9, 10조), 교직원자격(10조 2항) 등을 총독부가 규정한다는 내용이 들어 있다.

이는 사학에 대한 대표적인 탄압의 사례라 할 수 있다. 이 법규는 민족 애국운동의 중심적 역할을 해 온 다수 기독교학교를 포함한 사립 중학교를 고등보통학교로 승격하도록 요구하면서 민족교육을 학교에서 완전히 제거하려는 의도를 강하게 담고 있었다. 개정 규칙으로 말미암아 그동안 총독부가 통제하기 어려웠던 외국 선교사 교장들을 다수 교체했다. 또한 일본인 교사들이 대부분 사립학교에 채용되어 한국인 교사들을 대신하게 되었다. 교과과정에서 역사와 지리 교과를 가르치는 것을 금지함으로써 민족교육을 못 하게 막았고, 성경 과목 및 학교 행사로서의 종교의식을 금지함으로써 민족교육의 근원적인 힘을 차단하고자 했다. 이러한 규정으로 인해 많은 사립학교들이 문을 닫거나 그동안 중시해 오던 민족교육이나 신앙교육을 중지하게 되었다.강영택, 2012

3) 후기 총독부 시대

1919년 3·1운동이 발발하자 일제는 이전까지의 힘에 의한 통치 대신 온화하게 보이는 문화정치를 채택하여 식민 통치의 방법을 달리했다. 학교에서 공포 분위기를 조성했던 교원의 제복과 칼 착용을 폐지했다. 그리고 일본인만 임용하던 보통학교 교장직에 한국인도 임용을 허락했다. 일본인과 한국인의 교육 기회가 차이 나는 것을 인정하고 형식적으로나마 교육을 동등하게 하려 시도했다. 총독부는 1922년 2월 '제2차 조선교육령'을 선포했다. 그 교육령에서는 우리의 학제를 일본의 것과 동일하게 만들었고, 일본 학생과 한국 학생이 같이 학교를 다니도록 하는 원칙도 세웠다. 구체적인 면은 보통학교의 수업연한을 4년에서 6년으로 연장했다. 고등보통학교의 수업연한도 4년에서 5년으로 연장했다. 교사를 양성하던 사범교육은 고등보통학교를 졸업한 사람을 수용하여 1년간 교육하던 것을 폐지하고 전문적 교사양성기관인 사범학교를 설치했다. 교육기간은 남자 사범학교는 6년, 여자 사범학교는 5년으로 했다.

이러한 유화정책은 다분히 형식적인 측면이 강했다. 일제가 문화정치를 표방하고 학교제도를 일본과 유사하게 한다고 해서 처음부터 가져왔던 의도를 바꾼 것은 아니다. 우리 민족의 우민화와 일본 동화 정책은 통감부 시기부터 일제가 이 땅에서 물러가는 순간까지 변하지 않았다. 이러한 동화주의 정책은 더욱 치밀하게 교육과정 속에 침투해 갔다. 보통학교에서 한국어 수업 시간을 대폭 줄이고 대신 일본어 시간을 증가시키는 동시에 일본 역사와 지리 수업을 신설했다. 그리고 보통학교에 실업 교과를 신설하여 단순 직업기술을 익히도록 했다.차석기, 1986 이러한 교육정책들은 우리 민족이 일본에 동화되어 일본의 발전을 위해 단순 노동력을 제공하는 역할만을 하도록 의도한 것이다.

일제강점기에 일본은 우리 민족의 교육에 대한 간섭과 통제를 점차 강화하거나 혹은 치밀하게 내면화시켜 나갔다. 간섭의 형식은 달라졌지만 그 방침은 변함이 없었다. 이러한 일제의 통제와 탄압에 대해 일부 학교들은 저항하면서 학교의 설립 정신을 지키고자 했고, 어떤 학교들은 일제의 정책에 순응하여 학교의 외적 성장을 도모하고자 했다. 안타깝게도 일제의 탄압 때문에 혹은 학교 운영의 어려움으로 인해 문을 닫는 학교들도 다수 생겨났다.

2. 일제강점기 학교 실태

일제강점기 당시 존재했던 교육기관에는 관·공립 학교와 사립학교 그

리고 조선시대부터 내려오던 전통적 교육기관인 성균관, 향교, 서당 등
이 있었다. 여기서 주목하고자 하는 것은 사립학교이다. 당시 사립학교
는 그 지역을 기반으로 설립 운영된 학교가 많았고, 사회에 대한 영향력
이 컸기 때문이다. 그리고 사립학교 중에 마을교육공동체라 할 수 있는
곳들을 찾아볼 수 있다. 사립학교에는 민족 지도자들을 비롯한 민간인
들이 세운 일반 사립학교와 외국 선교사들이 세운 기독교 계통의 사립
학교가 있었다.[4]

구한말 나라가 위태로워지자 뜻이 있는 이들이 학교를 세웠다. 특히
안창호나 이동휘 같은 지도자들은 학교 설립을 독려하는 연설을 했는
데 그 영향력이 매우 컸다. 안창호의 연설을 들은 이승훈은 그 영향으
로 오산학교를 세웠고, 이동휘가 함경도와 강원도 곳곳을 다니며 학교
설립의 필요성을 역설하자 그곳에 학교가 100여 개나 설립되었다고 한
다.[손인수, 1971: 72] 이렇게 설립된 학교들의 개수를 보거나 사회적으로 영향
력을 끼친 학교들의 면면을 볼 때 주로 이북의 황해도, 평남, 평북 지역
이 주목을 받게 된다. 사립학교들이 대체로 항일민족교육의 산실로서
역할을 했기 때문에 일제는 사립학교에 대한 감시를 게을리하지 않았
다. 특히 일제가 요주의 대상으로 삼았던 것이 평남, 평북, 황해도 3개
지역의 학교들이었다. 이 지역에는 사립학교들이 많을뿐더러 항일운동
에 중요한 역할을 한 학교들이 있었다. 1910년 5월 사립학교 일람표를
보면, 총 2,250개 전국의 사립학교 가운데 평남에 433개, 평북에 401개,
황해도에 286개가 있어 세 개 지역의 학교 수가 전국 학교 수의 절반
정도나 되었다.[손인수, 1971: 87] 이 학교들 가운데 특히 두드러지는 곳은 황해

---

4. 두 부류 외에 한국의 교회들이 세운 기독교학교(혹 교회학교)도 학교 수로 봐서는 중요한
부류이나 여기서는 별도로 다루지 않는다.

도 안악의 양산학교와 재령의 양원학교, 평북 선천의 신성학교와 정주의 오산학교가 있고, 평남 평양의 숭실학교와 대성학교가 있다.

이 지역과 학교에서 일어난 일들을 잠깐 살펴보면 다음과 같다. 먼저 황해도 안악에서는 1906년부터 배재학당을 졸업한 최광옥을 중심으로 교육구국 운동이 활발하게 이루어졌다. 그 지역에서 민족운동의 중심 역할을 한 면학회가 조직되고 하기 강습회를 통해 사회계몽운동이 적극적으로 펼쳐졌다. 그곳에서 항일민족운동이 활발해지자 일제는 안명근 사건을 빌미로 면학회와 양산학교 관계자들을 투옥시켰다. 마침내 양산학교와 양원학교를 폐교시키기에 이르렀다.

평안도에서 교육구국 운동은 대성학교와 오산학교를 중심으로 이루어졌다. 두 학교 모두 당시 전국적인 비밀결사단체였던 신민회와 깊은 관계가 있었다. 이 학교들은 근대 교육을 통해 실력을 갖추도록 하는 동시에 민족정신 배양에 힘을 기울였다. 이를 곱게 보지 않던 일제에 의해 오산학교의 이승훈과 대성학교의 안창호는 투옥을 당하는 등 온갖 고초를 겪었다. 안창호는 1910년 어쩔 수 없이 외국으로 망명을 떠나게 되고, 대성학교는 1912년에 문을 닫았다.

이처럼 항일민족운동의 중심에 있던 사립학교들이 일제의 간섭과 억압으로 인해 위축되거나 문을 닫는 경우가 속출했다. 총독부는 교묘한 방식으로 사립학교들을 통제했다. 1915년 공포한 「개정사립학교규칙」은 사립 중학교를 고등보통학교로 승격하도록 요구했다. 그 개정된 규칙에 따르면 상급학교 진학이나 취업을 위해서는 고등보통학교를 졸업하는 것이 필수조건이었다. 그런데 사립 중학교에서 고등보통학교로 승격하기 위해서는 그동안 중요하게 실시해 오던 민족교육과 신앙교육을 포기해야만 했다. 이 규칙을 수용하여 고등보통학교로 승격하지 않는 학교들은 각종학교 혹은 잡종학교로 분류되어 여러 가지 불이익을 당했다. 승격을 하지 않고 각종학교로 남는 학교들에 대해서 총독부는 학교 폐쇄를 종용하고, 혹은 학생들이 자신들이 겪게 될 불이익 때문에 학교를 거부하여 사립학교들이 어려움을 겪기도 했다.

이 문제에 특히 민감하게 반응한 학교는 기독교계 사립학교였다. 많은 기독교학교가 종교 과목과 종교 행사를 교육과정에서 빼 버리면 기독교학교의 정체성을 잃게 된다면서 고등보통학교로의 승격을 거부했다. 개정 규칙을 거부하자 일제는 여러 가지 방식으로 학교에 압박을 가하여 마침내 배재학당을 비롯한 감리교 학교들은 종교 과목을 배제한 채 고등보통학교로의 승격을 선택했다. 반면 경신학교를 비롯한 장로교 계열의 학교들은 끝까지 기독교학교의 정체성을 지키겠다는 결정을 내려 잡종학교로 전락하는 수모를 당하거나 일시적으로 학교가 폐쇄당하는 어려움을 겪기도 했다.

선교사들이 세운 기독교 계통의 학교들은 기독교 신앙교육과 함께 자유정신, 남녀평등사상, 민주주의 등 근대 교육을 통해 민족의 자주성을 확립하는 것을 중요한 설립 정신으로 삼았다.손인수, 1971: 39 그러므로 초기의 외국 선교사들은 일제에 의한 우리나라 사립학교에 대한 통제와 탄압에 비판적인 태도를 취했다. 기독교계 사립학교에서는 이스라엘의 이집트로부터의 독립에 관한 성경 이야기를 배우고 전투에 관한 찬송가를 즐겨 불렀다고 한다. 이처럼 기독교계 사립학교 역시 민족 지도자들이 세운 일반 사립학교와 함께 민족 자주정신을 가르치는 역할을 했다. 민간인 사립학교 설립에 큰 영향을 끼친 안창호나 최광옥 같은 인물들은 경신학교, 배재학당 등의 기독교계 학교 출신이었다.

이처럼 기독교계 사립학교이든 일반 사립학교이든 민족운동에 참여하게 되자 일제는 모든 사립학교에 대한 통제와 탄압을 가시적으로 혹은 교묘한 방식으로 강화해 나갔다. 그러자 사립학교 수가 급격하게 감소했다. 1910년에는 일반 사립학교 1,427개, 종교계 학교 823개로 사립학교가 총 2,250개였는데, 1915년에는 일반 사립학교 704개, 종교계 학교 450개로 총 1,154개가 되었다. 불과 5년 사이에 사립학교의 절반가량이 문을 닫은 것이다. 그러다가 1923년에는 일반 사립학교가 376개 남았고, 종교계 학교는 273개로 전체가 649개로 대폭 감소했다.손인수, 1971

일제의 억압으로 문을 닫은 사립학교 가운데는 마을교육공동체를 지향했던 학교들도 포함되어 있다. 먼저 명동학교는 북간도에 있었지만 일제의 탄압은 더욱 심하여 지속적으로 감시를 당하다가 결국 1925년 폐교하기에 이르렀다. 마산복음농업실수학교도 비슷한 과정을 거치면서 운영상의 어려움을 극복하지 못하고 폐교하게 되었다. 이에 비해 오산학교와 신천농민학교는 조금 다른 길을 걸어갔다. 두 학교의 설립자 모두 민족정신이 투철하고 교육구국 운동에 힘썼지만 학교를 폐교시키지 않고 끝까지 유지하는 방향으로 결정을 했다. 오산학교는 다른 민족주의 학교와 같이 일제에 의해 학교 건물이 불타고 이승훈이 투옥되는 등 온갖 고초를 당했다. 총독부가 「개정사립학교규칙」을 근거로 고등보통학교 승격 신청과 조건 이행을 요구하자 학교는 큰 갈등에 빠졌다. 이에 이승훈은 조건을 이행하더라도 학교를 존속시키는 것이 중요하다고 판단했다. 그리하여 오산학교는 고등보통학교로 승격하고 이승훈의 사후에도 학교는 존속되었지만, 이승훈이 꿈꾸고 추구했던 이상적 마을교육공동체의 모습은 약화될 수밖에 없었다. 신천농민학교 역시 교육을 계속하는 것이 중요하다는 생각으로 1939년에는 5년제 갑종농업학교로 인가받는 길을 걸어갔다.

이처럼 일제강점기 36년은 우리의 교육사에서 어두움이 짙게 드리운 시기였다. 그러나 어두움 속에서도 빛을 향한 열망은 교육을 통해 이어져 갔다. 학교들이 걸어간 길은 조금씩 달랐지만 그들이 품은 염원은 유사했다. 민족정신과 학교의 설립 이념을 일시라도 잃지 않으려고 폐교까지 감수한 이들의 순수한 열정이나 외적으로는 현실과 타협했지만 이 땅에 교육의 맥을 중단 없이 잇고자 했던 이들의 마음은 면면히 이어져 오고 있다.

6장
오산학교와 평북의 용동마을

1. 오산학교의 설립 배경

오산학교는 1907년 남강 이승훈에 의해 평안북도 정주시에 있는 오산 지역의 용동마을에 설립되었다. 학교의 설립 배경은 두 가지로 구분될 수 있다. 하나는 이승훈이라는 한 인간이 품어 온 개인적인 희망과 관계 있다. 다른 하나는 이승훈이 학교와 마을을 조성할 즈음 그에게 영향을 준 당시의 시대적 배경과 관계있다. 이 두 가지 배경을 이해함으로써 오산학교와 용동마을이 어떻게 그 당시 모범적인 마을교육공동체로 발전할 수 있었는지를 알 수 있다.

1) 이승훈의 이상촌을 향한 염원

가난한 상민의 집안에서 태어난 이승훈은 어릴 때 부모를 모두 잃고 온갖 고생을 겪었다. 그는 어릴 때부터 가게 사환을 하며 장사를 배웠다. 가난에서 벗어나려 노력했지만 자기만 잘 살면 된다는 생각을 갖지 않고, 자신과 가까운 관계에 있는 문중 사람이나 나아가 우리 민족 모

[사진 1] 오산학교 제1회 졸업식

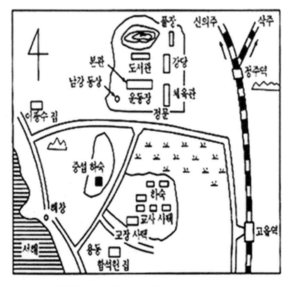

[그림 1] 오산고등보통학교 시설 배치

두가 잘 살게 되기를 염원했다. 장사를 하면서 자신이 꿈꾸던 이상촌을 건설하고자 하는 염원이 더 견고해졌다.

오산학교에서 이승훈으로부터 배운 김기석은 이승훈의 꿈을 세 가지로 제시한다.^{김기석, 2005: 50} 첫째, 그가 희망했던 사회는 양반과 천민의 구별이 없는 평등한 사회였다. 둘째, 그는 우리 민족 모두가 굶주림이나 천대받음 없이 넉넉하게 살 수 있기를 희망했다. 셋째, 그는 희망하는 세상을 만들기 위해서는 혁명이나 장사를 통한 방법보다 교육을 통해 사람 자체를 새롭게 변화시키는 것이 중요하다고 생각했다.

이승훈이 이러한 꿈을 갖게 된 데에는 그가 태어나고 자란 평안도라는 지역의 역사적 배경이 작용했다. 그 지역 출신 선비들은 역량이 우수하고 학문이 뛰어나도 중앙관직에 나아가는 것이 어려웠다. 중앙에서 파견 온 관리들은 이 지역 백성들을 수탈하기 일쑤였다. 이러한 부조리에 저항하여 일으킨 홍경래의 난이 이승훈에게 영향을 주었다. 홍경래의 난은 이승훈이 태어나기 60년 전에 일어났지만 어린 시절 할머니로부터 전해 들은 그 이야기는 이승훈의 마음속에 남아 있었다.

이승훈은 평양에서 장사로 명성을 얻고 있을 때 1899년 정주 용동이라는 작은 마을로 이사를 했다. 그곳에서 집을 짓고 살면서 어려운 집안 사람들을 불러들여 함께 살면서 의좋은 여주 이씨 문중 마을을 만들기를 원했다. 다른 사람들에게 모범이 되는 깨끗하고 화목하고 평등한 이상촌을 만들고자 했다. 그래서 그는 마을에 공유농지를 조성하여 빈부의 차이를 줄이려 했고, 서당을 두어 자녀들에게 글과 예절을 가르치도록 했다.

문중 중심의 마을공동체를 꿈꾸었던 이승훈이 생각을 바꾸어 민족독립을 위한 열린 마을교육공동체를 추구하게 된 것은 1907년 도산 안창호와의 만남 때문이었다. 개인적 꿈을 향해 살아가다가 안창호와의 만남을 통해 이승훈의 꿈은 시대적 소명의 맥락 속으로 들어가게 된 것이다.

2) 개화기의 교육구국 운동

개화기 나라의 운명이 기울어져 감을 자각한 많은 이들이 다양한 방식으로 나라를 구하려 노력을 기울였다. 그중 어떤 이들은 의병을 일으켜 일제에 무력으로 저항했고, 또 어떤 이들은 외교를 통해 다른 나라의 힘을 빌려 일제의 침략 야욕을 막고자 했다. 이러한 저항의 방식에 회의를 품은 이들은 우리 민족의 힘을 기르는 것이 중요하다고 보았다. 그들은 힘이란 의식의 깨우침과 신지식의 습득으로 확보된다고 생각했다. 신지식과 윤리의식을 길러 일제를 극복하기 위해서는 당연히 교육이 필요했다. 그들은 근대 교육을 위한 학교를 설립하여 인재를 양성하는 데 온 힘을 기울였다. 이처럼 학교를 설립하여 교육을 통해 나라를 구하자는 교육구국 운동은 1905년 을사조약이 체결되면서 전국적으로 번져 나갔다. 학교 설립 운동이 얼마나 강렬했던지 을사조약 시점부터 1908년까지 전국에 5,000개의 사립학교가 설립될 정도였다.[백승종, 2013] 그런데 이 운동의 중심지는 북쪽의 몇 개 지역이었다. 당시 통감부 경무국에 있던 우리나라 지도에는 3대 사찰 지구가 표시되어 있었다고 한다.[손인수, 1971: 72] 그곳은 평북의 정주와 선천 지역, 평남의 평양, 황해도의 안악과 재령 지역 등이었다. 이는 하나같이 교육구국 운동의 선봉에 서서 민족교육을 하는 사립학교가 있는 곳이었다. 정주에는 오산학교, 선천에는 신성학교, 평양에는 숭실학교와 대성학교, 안악에는 양산학교, 재령에는 양원학교 등이 민족정신이 투철한 인재를 기르고 있었다.

이 세 지역 가운데 황해도의 안악 지역은 통감부 경무국에서 가장 신경 쓰는 첫 번째 요시찰 지구였다. 이 지역에서는 1906년 최광옥, 김용재, 최명식, 임택권 등이 중심이 되어 조직한 '면학회勉學會'라는 단체가 산업증진과 교육장려 활동을 활발하게 하며 사회계몽운동을 전개했다. 또한 김구가 중심이 되어 교원들을 위한 하기 강습회를 개최했는데, 이것이 교육구국 운동의 열기를 고조시키고 실천하는 중요한 계기가 되었다.

황해도 지역에서 면학회(1909년 이후에는 해서교육총회로 변경)가 중심이 되어 교육구국 운동이 전개된 반면, 평안도 지역에서는 신민회新民會의 영향이 컸다. 1907년 비밀결사조직으로 결성된 신민회는 교육과 산업 분야를 발전시켜 우리 민족의 역량을 강화하는 것이 일제를 극복할 수 있는 길이라고 믿었다. 안창호가 중심이 된 신민회는 이동녕, 이시영, 이동휘, 이갑, 양기탁, 이승훈, 진덕기 등이 지도자나 각 지역의 대표로 함께했다.

신민회의 설립 목적은 다음과 같다.

첫째, 국민들에게 민족의식과 독립사상을 고취한다.
둘째, 동지를 발견하고 단합하여 국민운동의 역량을 축적한다.
셋째, 교육기관을 각지에 설치하여 청소년의 교육을 진흥한다.
넷째. 각종 상공업 기관을 만들어 단체의 재정과 국민의 부력을 증진한다.김기석, 2005: 102-103

신민회의 교육구국 운동은 세 가지 측면에서 전개되었다. 첫째는 국권 회복을 위한 근대 교육의 필요성을 국민들에게 알려 학교 설립에 참여하게 한다. 둘째는 국민들이 설립한 학교에서 국권 회복을 위한 교육이 이루어지도록 지도한다. 셋째는 신민회가 직접 모범적인 학교를 설립하여 다른 학교들의 모델이 되게 한다. 이처럼 신민회는 학교를 설립하는데 힘을 기울였다. 그래서 신민회의 지도자들은 학교의 필요성에 대해 지방을 다니면서 연설을 했는데, 그중 이동휘의 연설을 듣고 세워진 학교가 100여 개나 된다고 한다. 신민회의 대표적인 지도자 안창호는 직접 평양에 대성학교를 설립하여 모범적인 학교로 운영하기도 했다. 신민회가 설립한 학교들의 특징은 우리 사회의 지도자 양성을 위해 중학교를 세우고자 하는 것이었다. 이와 비슷한 맥락으로 가능한 사범학교를 설치하여 국민들의 의식을 깨우는 교사를 양성하고자 했다.

신민회를 비교적 자세히 살펴본 이유는 신민회가 오산학교와 용동마을공동체와 밀접한 관계가 있기 때문이다. 신민회의 안창호는 신민회의 일상적인 활동으로 1907년 7월에도 평양에서 국민들의 민족의식 고취를 위해 연설을 했다. 이를 듣고 이승훈이 크게 감동받아 기존의 서당이 아닌 강명의숙(이후 오산학교로 개칭)이라는 근대 학교를 세운 것이다. 그러므로 오산학교는 이승훈이 개인적인 꿈과 의지에 따라 설립한 측면도 있고, 거시적으로 보면 당시 신민회가 주도한 교육구국 운동의 일환으로 설립되었다고 볼 수 있다.

이승훈은 개인적인 꿈에 따라 1899년 한문을 가르치는 서당을 개원했는데, 그가 근대 교육을 하는 학교를 열고자 마음먹은 것은 분명히 1907년 안창호의 연설을 듣고 나서였다. 그러므로 근대 교육을 목적으로 하는 오산학교는 신민회 활동의 결과물이라 말할 수 있다. 더구나 이승훈은 평양에서 안창호를 만난 뒤 서울로 가서 신민회의 핵심 구성원이 된다. 그는 신민회의 두 가지 주요 활동인 교육과 산업 분야에서 중요한 책임을 맡았다. 산업 부문에서 자기 회사와 출판사인 태극서관의 경영을 맡게 되었고, 교육 부문에서 오산학교를 주요 교육기관으로 만들어 갔다.

이승훈은 안창호와의 지속적인 만남으로 교육구국 활동에 더욱 매진했다. 1908년 안창호가 건립한 평양의 대성학교와 함께 오산학교는 신민회의 대표적인 학교가 되어 각지에서 이들을 모방한 학교들이 생겨났다. 또한 오산학교가 있는 용동마을과 나아가 오산 지역 전부를 이상적 마을로 만드는 것은 이승훈의 평생 꿈이기도 했다. 이승훈이 이루고자 했던 이상촌에 대한 생각도 신민회의 영향이 컸으리라 보인다. 이상촌 건설은 신민회의 실질적 창건자였던 안창호나 신민회의 초대 회장이었던 윤치호 등이 모두 중요하게 생각한 숙원 사업이었다.

2. 주요 인물: 이승훈과 이찬갑[5]

마을교육공동체로서 오산학교와 오산마을이 성장하는 데 기여한 인물은 적지 않다. 먼저 학교의 설립자 이승훈을 꼽을 수 있고 이어서 유영모, 함석헌, 조만식 등을 제시할 수 있다. 유영모는 교사로서 학생들에게 큰 영향을 주었을 뿐 아니라 이승훈에게도 신앙적 영향을 끼쳐 오산학교를 기독교 신앙의 토대 위에 세워서 오산학교의 정신을 형성하는 데 기여했다. 함석헌은 오산학교 졸업생이면서 일본 유학 후 교사로 부임하여 학교가 지역사회와 연계하여 발전하는 데 크게 공헌했다. 조만

---

5. 이 부분은 필자의 논문 강영택(2010), 「대안교육의 사상적 기반으로서 이찬갑의 교육사상에 대한 연구」를 참조했다.

식은 오산학교가 어려움에 처했을 때 학교의 교장을 맡아 학교의 정신을 유지하는 데 기여했다. 여기서는 잘 알려진 사람이 아닌 이찬갑에 주목하고자 한다. 이유는 오산학교의 졸업생 이찬갑은 학교와 마을이 긴밀한 관계 속에서 발전하도록 노력했고, 이후 남한으로 이주한 뒤에는 그러한 정신을 구현하기 위해 새로운 학교를 건립했기 때문이다. 그가 세운 풀무학교는 오산학교와 오산마을의 전통을 잇고 있으며, 그가 남긴 오래전 글에 오늘날 논의되는 마을교육공동체의 개념이 잘 나타나 있다.

1) 이승훈(1864~1930)

이승훈은 성공한 사업가로서 평안북도 정주군의 용동에 정착하여 가족과 여주 이씨 일가친척들을 이주시켜 마을을 이루었다. 따라서 이승훈은 그 마을에서 가장 영향력 있는 어른이었다. 그는 생애의 마지막 순간까지 의로운 사람, 진실의 사람, 신앙의 사람이었다.^{이찬갑, 1994}

이승훈의 교육사상을 요약하면 다음과 같다. 첫째, 교육의 목적은 민족자강을 통한 교육구국에 있다. 이승훈은 오산학교 개교식 연설에서 백성들을 깨워 실력을 양성하여 기울어 가는 나라를 구하는 것이 시급한 과제임을 말했다.^{서재복·김유화·최미나, 2008; 한규무, 2008} 그의 이런 정신은 오산학교를 애국지사들의 산실이 되게 만들었다. 둘째, 교육 방법은 솔선수범을 중시했다. 학교 건물을 지을 때나 학교의 운동장이나 화장실 청소를 할 때도 이승훈은 늘 학생들과 함께했다. 새벽에 종이 울리면 학생들과 함께 냇가에 나가 씻고 뜰을 쓸고 수업을 한 뒤 종소리와 함께 잠자리에 드는 등 학생들과 동고동락했다.^{한규무, 2008} 셋째, 기독교 신앙을 토대로 한 교육을 중시했다. 이승훈은 1908년 기독교 신앙을 갖게 된 이후 평생 독실한 신앙의 삶을 살았다. 그가 죽기 일 년 전 동상 제막식에서 행한 연설에서도 그는 하나님의 뜻을 따라 평생을 살 수 있었음에 감사했다.^{이찬갑, 1994} 그는 오산교회를 세우고 오산학교가 기독교 신앙을 토대로 한 민족교육의 요람으로서의 역할을 다하도록 노력을 기울였다. 넷째, 학교와 지역공동체의 유기적 연대를 통한 이상 사회 건설을 추구했다. 이승훈은 오산학교에 학교 병원과 목욕탕을 건립하여 마을 주민들에게 개방하고 마을에 소비조합을 결성하여 주민들의 경제생활과 사회생활의 문제들을 해결하고자 했다.^{백승종, 2008} 그리하여 이승훈은 기독교 신앙을 중심으로 학교와 마을공동체가 혼연일체가 되어 국가를 구원할 수 있기를 꿈꾸었다. 이러한 꿈은 바로 이찬갑에 이어져서 풀무학교를 설립하는 데 원동력이 되었다.

2) 이찬갑(1904~1974)

이찬갑은 오산학교의 설립자 이승훈의 종증손으로 오산보통학교와 오산중학교를 다녔다. 그는 평생 이승훈을 존경했고, 이승훈 역시 이찬갑에 대한 애정이 매우 깊었음을 알 수 있다. 이찬갑은 오산학교에서 민족에 대한 사랑과 교육구국 운동의 중요성을 배웠다. 특히 그는 이승훈이 추구했던, 교회와 학교를 중심으로 한 이상촌 건설과 이를 통해 조국을 구원하려는 이상에 전적으로 동의하며 열심히 옆에서 이를 도왔다. 그러다 오산학교가 일제에 의해 고등보통학교로 승격되는 과정을 지켜보면서 불만을 품었던 그는 1921년 당시 교장이었던 조만식 선생이 일제의 강압에 의해 강제 퇴임당하자 학교를 자퇴했다. 1928년 일본으로 건너가 1년간 머무르며 빈민굴과 농촌을 순례하면서 농촌운동을 구상했다. 일본에서 평생 그에게 중요한 영향을 준 덴마크의 그룬트비 사상을 접하게 되었다. 귀국 후 그는 과수원을 운영하면서 소비조합운동으로 기독교적 이상 사회 건설을 꿈꾸었다. 그는 다른 오산학교 출신자들과 함께 용동마을에서 청년회 활동을 하면서 이상적 마을공동체를 만들기 위해 노력했다. 1938년 다시 일본으로 건너가 그룬트비의 정신에 따라 설립된 금련평민대학에 잠시 근무하기도 했고, 일본의 무교회주의자들이 운영하는 학교에서 경험을 쌓으며 농촌교육운동을 구상했다.

북한에 들어선 공산정권을 피해 남한으로 이주한 이찬갑은 초등학교, 중학교, 고등학교 교사 생활을 하며 새로운 학교의 가능성을 모색했다. 마침내 1958년 충남 홍성군에 그 지역 인사인 주옥로와 함께 풀무학교를 설립했다. 그가 오산학교를 다니면서 갖게 된 꿈을 실현할 학교를 시작한 것이다. 그의 바람대로 풀무학교는 오랜 세월 동안 오산학교의 정신을 이어 마을교육공동체가 구현되고 있다. 이찬갑이 오산학교와 마을에서 배우고 실천했던 마을교육공동체에 대한 그의 생각을 살펴보면 다음과 같다.

이찬갑은 교육이 학교라는 울타리 안에서만 행해지는 일정의 형식을 가진 활동이라는 전통적 생각을 거부했다. 그는 우주가 학교이며 만상이 교육환경이므로 아이들은 대자연의 품속에서 자연스럽고 고귀하게 자라 가야 한다고 말했다.[이찬갑, 2010: 26] 자연이 교육의 중요한 장인 것처럼 마을도 교육의 중요한 공간으로 보았다. 그래서 학교는 대자연과 마을로 열려 있어야 한다. 이찬갑은 학교를 마을과 구분해서 생각하지 않았다. 학교는 마을의 일부이며 마을이 곧 학교여야 한다는 것이다. 학교는 마을의 아동들을 교육하여 고장과 나아가 민족을 살리는 사람이 되도록 해야 한다. 이찬갑은 우리 모두가 학교를 우리의 소망으로 알아 단지 부분적으로 지지하거나 후원하는 정도로는 부족하다고 보았다. 자신의 아이를 젖 먹이며 업어 기르듯 온 마음과 온 힘을 다하여 학교를 떠받쳐야 한다고 주장했다.[이찬갑, 2010: 21]

이찬갑이 이처럼 학교를 마을과의 깊은 관련성 가운데 이해한 것은 역시 오산학교에서의 배움과 경험이 중요하게 작용했다. 이승훈은 오산학교가 단지 하나의 독립된 교육기관으로 존재하는 것을 원치 않았다. 학교를 마을에서 중요한 역할을 담당하는 기관으로 생각하고 이를 통해 이상적 사회를 건설하고자 꿈을 가졌다.[백승종, 2008] 산업과 교육이 서로 연결되어 완전한 자치를 이루는 것이 이상촌의 핵심이었다. 자기 자신이 살고 있던 마을을 중심으로 그 인근을 모범적인 경제적, 문화적, 윤리적 지역으로 성장하게 하여 우리 민족 전체가 본받게 하는 것이 이찬갑의 꿈이었다.[백승종, 2008: 131]

그룬트비의 평민대학과 협동조합 운동에 깊은 관심이 있었던 이찬갑은 오산에서 소비조합 운동에 깊이 관여하여 일을 했다. 그는 1933년부터 1935년까지 오산소비조합 전무이사를 맡아 마을공동체를 일구는 데 구체적인 공헌을 했다. 이러한 경험으로 풀무학교를 설립한 뒤 그는 학교에 구판부를 만들어 협동조합의 원칙에 따라 운영했다. 이는 나중에 '풀무 생활협동조합'으로 발전하여 마을로 나가 현재 홍동면에서 중요한 역할을 하고 있다. 학교와 마을의 유기적 관계에 깊은 관심을 지닌 이찬갑의 영향으로 풀무학교는 신용협동조합, 지역신문, 어린이집 등을 시작하여 마을의 중요한 기관으로 자리를 잡게 했다. 이처럼 이찬갑은 마을을 교육의 장으로 삼을 뿐 아니라 학교를 통해 마을을 변화시키는 데 큰 관심을 갖고 노력을 기울였다. 이찬갑의 노력은 오늘날 큰 결실로 나타나 풀무학교가 있는 홍동은 우리나라에서도 가장 대표적인 주민자치의 유기농업 지역으로 자리 잡게 되었다. 오산학교와 이찬갑이 추구했던, 교육을 통한 이상 사회 건설의 꿈은 다음과 같이 요약될 수 있다.

> 오산학교는 교회, 학교, 지역공동체를 통해 국가를 구원하려는
> 꿈과 그 실현을 추구하는 집단이었음을 알 수 있습니다. 곧 그
> 꿈은 더불어 사는 꿈이었습니다. (중략) 이 미완성의 꿈을 실현
> 하기 위해 불같은 열망을 가졌던 이가 이찬갑 선생이었습니다.
>
> 홍순명, 1998: 39

3. 오산학교의 설립 이념과 교육활동

오산학교의 설립 이념은 이승훈의 정신에 기반하고 있다. 그는 힘이 없어 나라 잃은 백성의 설움을 뼈저리게 느꼈기에 나라의 힘을 키워 주권을 회복하는 일을 생의 목표로 삼았다. 그래서 교육을 통해 인재를 길러 나라를 세운다는 '교육구국敎育救國'이 오산학교의 교육 목표가 되었다. 이러한 목표를 이루기 위한 한 방편으로 교육을 통해 백성들의 의식을 깨우는 선생을 양성하는 일을 중시했다. 오산학교의 목표인 나라의 주권을 회복하고 바로 세우기 위해서는 특정 자질을 갖춘 인재상이 요구된다. 이승훈은 오산학교에서 기르고자 하는 인재상을 '밝고 덕스럽고 힘 있는 사람'으로 제시했다. 단순히 힘이 있는 혹은 실력 있는 사람으로는 부족하다고 보았다. 그래서 지적인 면과 신체적인 면뿐 아니라 성품이나 인격의 면에서도 성숙함이 필요하다고 보았다. 또한 이승훈은 민족을 위해 헌신할 수 있는 실천적 지식인을 양성하고자 했다. 학교의 목표와 인재상과 관련해서 그가 말한 바들을 직접 들어 보면 다음과

같다. 오산백년사 편찬위원회, 2007

"지금 나라가 날로 기울어져 가는데 우리가 그저 앉아 있을
수는 없다. (중략) 총을 드는 사람도 있어야 할 것이다. 그러나
그보다 더 긴요한 일은 백성들이 깨어 일어나는 일이다. (중략)
내가 오늘 학교를 세우는 것도 후진들을 가르쳐 만분의 일이
나마 나라에 도움이 되기를 원하기 때문이다."
"글만 많이 읽고 태도가 도도하고 손이 약한 선비가 아니고
나라를 위해 헌신할 수 있고 모든 일에 솔선수범하고 실제로
손에 비를 들고 괭이를 잡는 자."
"우리는 일본 사람을 인격적으로 눌러서 이겨야만 한다."

　오산학교의 초창기 교과목으로는 수신, 역사, 지리, 영어, 산수, 대수,
헌법대의, 물리, 천문학, 생물, 광물, 창가, 체조, 훈련 등의 과목이 있었
고, 이 중에서 교사들이 과목을 선택하여 가르쳤다. 그리고 이승훈이 기
독교 신앙을 갖게 된 이후부터는 성경을 교과목으로 채택하여 성경 수
업을 실시했다. 학생들이 가장 흥미를 보였던 교과는 영어, 역사, 지리
시간이었다 한다. 학교에서는 학생들의 강인한 체력과 정신력을 기르
기 위해 체조와 군사훈련을 열심히 시켰다. 남강을 비롯하여 초대 교장
백이행과 초창기 교사인 여준, 서진순, 박기준 등의 헌신적인 노력으로
개교한 지 불과 2년 만에 오산학교는 1909년 8월 11일 자『황성신문』
으로부터 "평북 일대에서 교육 정도가 제일"이라는 평판을 얻기에 이르
렀다.조현욱, 2002: 56

　오산학교의 신앙에 토대한 철저한 민족교육은 신실한 애국적 신앙인

들을 배출했다. 신앙으로 일제의 신사참배 강요에 줄기차게 항거하다 옥
중에서 순교한 주기철 목사, 평생을 겸손한 신앙과 인격으로 영락교회를
일구어 하나님과 민족을 섬긴 한경직 목사, 기독교사상가와 역사가로
한국의 역사에 독특한 영향을 끼친 함석헌 선생 등이 모두 오산학교의
교육으로 형성된 신앙인들이다. 그리고 학교의 설립 목적대로 졸업생 가
운데 다수가 백성들을 깨우치는 학교의 선생이 되었다.

4. 오산학교와 용동마을의 마을교육공동체로서의 특성

오산학교와 학교가 위치한 용동마을은 유기적인 관계로 연결되어 있
었다. 마을 전체가 학교 학생들을 돌보는 데 적극적이었고, 학교는 마을
주민들의 배움과 마을의 발전에 크게 기여했다. 그래서 오산학교가 있던
이 마을은 당시 우리나라의 어떤 농촌에서도 발견하기 어려운 모범적인
마을의 모습을 갖추고 있었다. 이승훈이 힘써 만들고자 했고, 어느 정도
성취한 모범적인 마을공동체의 모습을 살펴볼 수 있다. 마을교육공동체
의 필수적인 조건인 학교와 마을의 유기적 관계가 어떻게 이루어져 있
었는지를 보는 것도 중요하다. 앞에서 잠깐 언급한 것처럼 이승훈의 오
산학교와 마을공동체에 대한 생각과 실천에는 안창호와 신민회의 영향
이 있다. 안창호는 나라의 독립을 위해 다양한 활동을 했는데, 특히 교
육운동과 이상촌 건립 운동에 심혈을 기울였다. 사실상 이 둘은 밀접히
연결되어 있었다. 즉, 안창호가 건설하고자 했던 이상촌 내에는 학교가
중심이 되어 농업, 양잠, 임업, 원예, 목축 등을 지도하고, 교육 방법은
실습을 중시하여 밭과 논, 채소원, 과수원, 조림 등을 실습하고, 이와 함

께 공업과 토목 관련 시설도 갖추는 것이었다. 이승훈이 오산지역에 만들고자 했던 이상촌도 이와 유사했다.

1) 오산학교와 용동마을의 유기적 협력관계

오산학교가 자리 잡은 용동마을은 이승훈이 1899년 문중 사람들 20여 가구와 함께 이주하여 살게 된 작은 마을이다. 이 마을은 행정구역으로 평안북도 정주군 갈산면에 위치해 있다. 용동마을을 비롯해 주위 일곱 개의 마을을 오산이라 불렀는데, 주변에 다섯 산이 있어 그렇게 불렀다고 한다.

오산학교는 이승훈이 주도하여 설립했지만 마을 주민들 역시 학교에 관심이 지대했다. 그래서 마을 주민들은 오산학교 학생들을 집에서 기숙을 시키고, 학교 교원들에게 생활에 필요한 것들을 제공하기도 했다.

학교 역시 모든 시설과 프로그램을 주민들에게 개방했다. 1920년대에는 학교를 확장하면서 교원 사택과 학교 병원 그리고 목욕탕을 짓게 되었는데 이 시설들을 마을 주민들도 이용할 수 있도록 완전 개방했다. 또한 학교에서 개최하는 강연회나 음악회에도 주민들을 초대하여 함께 문화를 향유하며 배움의 기회를 가졌다. 오산학교의 교사들은 교회 활동, 동회, 야학 등을 통해 주민들의 정신교육을 담당했다. 마을교회와 동회 모임에서는 학교의 학생과 교원, 마을 주민들이 어울려 활동을 했다. 이처럼 학교와 마을이 유기적으로 연결되어 하나의 아름다운 공동체가 되어 가는 모습을 오산학교의 졸업생 김기석은 다음과 같이 묘사했다.

오산에 사는 주민들은 남강을 '우리 선생'이라 부르고, 학교를 '우리 학교'라고 불렀으며, 학생들을 '우리 학생들'이라고 불렀다. 그들은 집에 학생들을 기숙시켰는데, 학교의 정신과 방침에 따라 부형으로서 학생들을 보살펴 준다는 생각이었고, 학생들을 두고 그들에게서 대가를 받는 일로 생각하지 않았다. 주민과 주민 사이, 주민과 학생 사이에는 한 가지 소망 아래 같은 마을 같은 지붕 밑에 있다는 가족의식이 그들의 사이를 맑게 흘렀다. 학생들은 옆집 어린애들을 목마를 태우거나 손목을 잡고 다녔고, 목욕탕에서는 아저씨와 노인들의 등을 밀어드렸다. 오산을 다니던 학생이나 거기 살던 사람들은 아직도 북쪽 채석산 밑에서 벌어졌던 이 아름다운 이상향을 잊지 못하고 있는 것이다.김기석, 2005: 315-316

2) 오산학교가 중심이 된 이상적 마을공동체 건설

이승훈에게 이상촌 건설은 일관된 삶의 목표이자 방향이었다. 상인으로서 어느 정도 성공한 뒤에는 조선시대 유학자들이 하듯이 집안사람들을 모아서 이상적인 촌락을 만들려고 했다. 그러다 나라의 주권이 침탈당하는 상황에서 안창호의 연설을 듣고 그와 만나면서 그가 추구하던 이상촌의 내용이 바뀌어 갔다. 그것은 교육을 통해 주민들의 의식이 깨어나고 경제생활을 할 수 있는 자립적 마을공동체의 건설이었다. 이승훈은 이러한 마을공동체의 건설이 나라의 주권을 앗아간 일본을 극복할 수 있는 길이라고 믿었다. 그가 꿈꾸고 추구했던 이상촌의 특성은 세 가지로 요약할 수 있다. 첫째는 동회와 협동조합 같은 마을자치조직을 통해 주민들의 자치적 역량이 향상된다는 점이다. 둘째는 자치역량을 향상하기 위해서 배움이 일상화되는 마을학습공동체가 형성된다는 점이다. 셋째는 온전한 마을공동체는 교육과 배움이 토대를 이루되 신앙이 신실하고 산업이 발달하여 주민들의 정신세계와 물질세계를 뒷받침한다는 점이다. 이 세 가지 특징을 살펴보면 다음과 같다.

첫째, 이승훈이 추구했던 이상적 마을공동체는 자치적 성격을 지녔다. 그러기 위해서는 마을 주민들이 자치역량이 있어야 하고, 자치역량은 교육과 실천 경험을 통해 향상될 수 있다고 보았다. 그래서 학교에서 하는 강연회나 교회의 부흥회에 교원뿐 아니라 주민들도 초대하여 함께 배움의 기회를 마련했다. 그런데 자치역량은 용동회와 같은 주민자치조직에 참여하면서 강화되었다. 이승훈은 용동을 비롯한 오산의 모든 마을에 동회를 조직하고 이를 묶어 협동조합을 설치했다. 협동조합의 회의는 각 동회의 대표들이 모여 주민들의 생활 관련 이슈들과 공동생산, 공동노동, 교육계몽 등의 문제를 토의한다. 용동회의 발전한 형태인 자면회는 주민들의 소득 증대에 관심을 두었지만 동시에 신문과 잡지의 구독을 권하고 계몽 강연회를 개최하는 등 주민 교육에 힘썼다. 주민 교육은 주로 자면회 중 청년회로서 오산학교 졸업생들이 많았다. 다시 말하면 오산학교는 자치역량을 갖춘 졸업생들을 배출하여 지역사회의 지속가능한 성장의 토대를 닦는 데 기여한 것이다.

둘째, 이승훈은 마을의 중심에 학교를 세웠다. 이는 상징적 의미를 갖는 것으로 배움/교육이 마을의 중심이 되어야 함을 보여 준다. 그래서 이상적인 마을은 배움이 일상화된 마을공동체이다. 이는 마을교육공동체가 추구하는 바와 동일하다고 할 수 있다. 오산학교의 학생들은 학교에서뿐 아니라 마을에서도 다양한 배움의 기회를 가졌다. 학교의 교사들은 방과 후 저녁 시간에도 교사가 기숙하는 하숙집에 아이들을 모아 공부를 가르치곤 하였다. 학교와 교회에서 개최하는 강연회와 강습회는 학생과 마을 주민의 배움의 장이 되었다. 또한 자면회의 청년들이 주민들에게 권고한 신문과 잡지의 열람은 배움을 일상화하는 매우 훌륭한 방안이다.

셋째, 이승훈은 마을에 학교, 교회, 산업시설이 조화롭게 갖추어져야 이상적인 마을공동체가 된다고 보았다. 오래전부터 교육의 중요성을 강조했던 그는 1910년 기독교 신앙을 받아들이자 오산학교를 기독교학교로 만들고 마을에 오산교회를 건립하여 주민들도 신앙을 갖도록 권면했다. 이승훈에게 기독교 신앙은 나라 잃은 슬픔을 위로하고 올바른 삶을 살도록 인도하는 나침반 역할을 했다. 그는 마을공동체를 형성하는 기반에는 신앙이 필수적이라고 보았다. 그는 죽기 전 동상 제막식에서 고난 속에서도 견디며 살 수 있었던 힘은 신앙에서 연유했다고 고백했다.

> 그래서 그는 교육과 신앙 그리고 산업이 서로 연결되어 완전한 자치를 이룩해야 한다고 보았다. 이러한 생각하에 이승훈은 자기 자신이 살고 있던 용동을 중심으로 한 오산 일대가 식민지 조선에서 가장 모범적인 경제적, 문화적 및 윤리적 지역으로 성장하게 하는 것, 그리하여 오산을 조선 민족 전체가 본받게 하고 싶다는 것이 이승훈의 꿈이었다.^{백승종, 2008: 131}

이러한 세 가지 특성을 지닌 마을공동체는 이승훈의 마음속뿐 아니라 현실 가운데도 드러나 있었다. 그 일단의 모습을 오산학교의 교사로 있던 이광수의 글에서 엿볼 수 있다.

> 동네 전체가 예수교인 것과 또 이 동회로 하여 이 동네는 이웃 다른 동네와는 딴판인 동네가 되었다. 술과 노름이 없는 것

은 물론이려니와 어느 동네에나 흔히 보는 이웃끼리의 싸움도 없었고 집과 옷들도 다 깨끗하게 되어서 헌병들이 청결 검사도 아니 들어오게 되었다. 이 동네에는 실로 경찰이 올 필요가 없었던 것이다.^{한규무, 2008: 74}

7장
명동학교와 북간도의 명동촌

1. 명동학교의 설립 배경

명동학교와 명동촌은 앞서 소개한 오산학교와 오산마을과 함께 우리 민족의 역사에서 찾아볼 수 있는 마을교육공동체의 좋은 사례다. 명동학교는 우리 땅이 아닌 중국에서 설립, 운영되었지만 그 학교와 마을을 만들고 운영한 이들이 우리 민족이며 그 공동체가 추구했던 목표와 가치가 민족적인 성격이 강했다는 점에서 우리의 역사에 포함되어야 함이 분명하다. 명동학교와 오산학교는 북간도와 평안북도라는 서로 다른 지역에 존재했지만, 설립 시기, 성장 과정, 설립 이념과 교육 목표 등은 유사한 점이 많았다. 무엇보다 학교와 마을이 분리되어 있지 않았고, 마을이 학교를 위해 적극적으로 지원을 한 점도 비슷했다. 즉, 학교와 마을이 상호 협력을 통해 유기적인 관계를 형성했고, 아이들이 마을에서 이루어지는 매일의 삶에서 배움을 얻는 마을교육공동체가 이루어진 것이다. 이러한 일들이 어떤 역사적 배경에서 구체적으로 어떻게 일어났는지를 살펴보자.

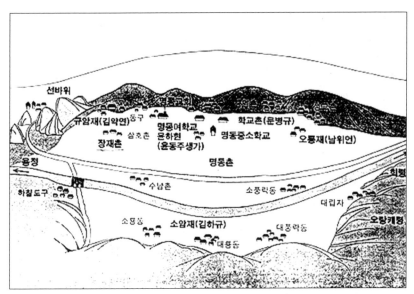

[그림 2] 1910년대 장재촌, 명동촌 등을 포함한 용정 일대의 지도

[사진 2] 명동서숙의 1908년 모습

1) 개화기 우리 민족의 북간도 이주 역사

19세기 한반도의 관북 지역에 살던 조선인들은 흉년이 들면 기근과 탐관오리의 과도한 세금 징수에 고통을 당했다. 그들 중 일부는 어려움을 피해 중국의 동북부 지역이나 러시아의 연해주로까지 이주해 갔다. 1860년대에는 심각한 자연재해가 계속되어 천 수백 명이 중국으로 이주해 정착했다는 기록이 있다.^{연변민족교육연구소, 1987: 3} 우리 민족의 중국 이주를 부정적으로 보던 중국 정부가 19세기 말엽에는 이들을 공식적으로 받아들이는 협약을 체결한다. 이것이 1883년 9월에 길림지방관부와 조선이 체결한 「길림 조선 상인무역지방규약」이다. 이는 두만강 이북과 해란강 이남의 지역을 조선개간구역으로 선포하는 내용을 담고 있다.

중국이 우리 이주민에 대한 태도를 바꾼 데는 두 가지 이유가 있다. 첫째, 러시아가 침략의 야욕을 드러내자 중국은 러시아에 대항하여 조선과 공동 대응의 필요성을 느끼게 되었다. 둘째, 중국 변방의 황무지를 개발할 필요성을 느끼고 있었는데 이를 조선 이주민들에게 시키면 된다고 보았다. 이러한 상황에서 우리 민족의 중국 동북부 이주민들은 점차 증가하여 연변 지역에만 1907년 기준으로 71,000명이 거주했고, 1918년 말에는 연변 지역에 254,000명이나 거주하게 되었다.^{연변민족교육연구소, 1987} 이들 다수(80~90%)는 빈곤 농민들로 일제와 양반 지주들의 착취를 피해 이주한 이들이었다.

1899년 2월, 함경북도 회령과 종성 등지에 살던 다섯 명의 유학자 가문 사람들이 고향을 떠나 두만강을 건너 만주 북간도 화룡현 부걸라재(지금의 명동촌)에 이주하게 된다. 문병규의 가문 40명(여기는 문병규의 외손자 김병규의 가문이 포함됨), 김약연의 가문 31명, 김약연의 스승 남종구의 가문 7명, 김하규의 가문 63명과 안내자 김항덕으로 총 142명이었다. 이들은 함경북도 회령 지역에 흐르던 강 오룡천 인근의 뛰어난 학자이자 교육자인 오현五賢의 자손이거나 문하생들이었다. 이들이 먹고사는 문제가 절박할 만큼 빈곤한 상태가 아닌데도 고향을 떠나 이국땅으로 대규모 이주를 감행한 데는 이유가 있었다. 그들이 살았던 함경북도 지방은 대대로 충신들의 유배지 역할을 했는데, 그들의 영향으로 그곳 사람들의 학문적 수준은 높았지만 관직 진출은 많지 않았다. 자연히 그들은 유학에서도 실사구시實事求是를 중시하는 실학파의 입장에 섰다. 그들 중 김약연, 김하규 같은 이들은 동학혁명에 참여했다가 실패를 경험했다. 그들은 자신의 땅에서 이루기 어려웠던 이상을 실현할 곳이 필요했다. 중국의 변방 넓은 간도 땅은 그들이 꿈꾸던 이상을 실현하기에 적절하게 보였다. 어린 시절 어른들과 함께 고향을 떠나 북간도로 이주해 온 문재린 목사는 그들이 집단 이주한 이유를 다음 세 가지로 설명하고 있다.문영금·문영미, 2006 첫째는 옛 조상들의 땅을 되찾겠다는 의도가 있었다고 한다. 둘째는 북간도의 넓은 땅을 활용해 이상촌을 건설하고자 하는 의도가 있었다. 셋째는 점차 기울어져 가는 조국의 운명 앞에서 미래를 위해 인재를 교육하려는 의도가 있었다. 두만강을 넘은 이주민들은 가슴속에 아마 새로운 개척지를 제2의 오룡천으로 만들려는 포부와 계획을 품고 있었는지 모른다.

2) 북간도의 학교 실태

19세기 말 일본의 침략 야욕이 구체적인 모습을 드러내자 조선은 위기 속으로 빠져들었다. 이때 조선의 지식인들은 이 위기를 극복하는 방안으로 교육을 생각했다. 즉, 교육을 통해 국민의 의식 계몽과 실력 향상을 가져오고 인재를 양성하여 미래를 준비하고자 했다. 당시 교육구국 운동은 한반도 전역으로 퍼져 나갔고, 그 영향은 국경을 넘어 만주 땅에까지 미쳤다. 역사학자 박은식은 잡지 『서우西友』에서 "대개 힘은 지혜에서 나오고 지혜는 학문에서 나오는 까닭에 현 세계의 문명하고 부강한 국민은 자기 학업을 장려하여 그 지식을 넓힌 효과"라고 언급했다.^{연변민족교육연구소, 1987: 20에서 재인용} 이처럼 교육의 중요성이 강조되면서 중국 북동부의 변두리 간도에서도 학교의 설립이 활발하게 일어났다. 지식인들이 설립 주체가 되거나 농민들이 주체가 되기도 하고, 교회 같은 종교기관도 학교 설립에 적극 나섰다.

한인들이 만주로 이주하던 19세기 말부터 일제강점기까지 만주 땅에 존재한 다양한 형태의 교육기관은 설립 주체에 따라 유형을 구분할 수 있다. 설립 주체가 누구인지는 학교의 교육 목적과 교육 내용에 매우 큰 영향을 주었다. 당시 그곳에 있던 교육기관을 중국의 학자들은 여덟 가지 유형으로 구분했다.^{허청선·강영덕, 2013} 첫째는 순전히 한국 이주민이 설립한 기관. 둘째는 한국의 민족주의 단체에서 설립 운영하는 기관. 셋째는 종교기관(외국 선교사나 한인이 설립한 교회)이 설립 운영하는 기관. 넷째는 중국 정부에서 설립한 기관. 다섯째는 조선총독부의 보조금을 받는 학교. 여섯째는 함경북도청에서 관리하는 학교. 일곱째는 남만주철도회사에서 설립한 학교. 여덟째는 한국 아동과 동학하는 일본인 학교 등이다. 이 여덟 가지 유형은 당시 학교의 종류를 전체적으로 파악하는 데 도움이 되지만, 여기서는 우리 민족이 운영한 학교에 초점을 두고자 한다. 위의 분류에서 첫 번째부터 세 번째까지의 학교 유형이 해당한다.

이 중에서 당시 사회적 영향력을 크게 끼쳤던 학교 유형은 민족주의 단체가 설립한 학교들이다. 이 학교들은 학생들의 민족정신을 고취해 항일독립운동에 나설 수 있는 역량을 기르는 데 주안점을 두었다. 그 대표적인 사례인 신흥무관학교는 항일비밀결사단체인 신민회의 결정에 따라 1910년 서간도에서 신흥강습소란 이름으로 시작되었다. 이후 신흥중학교로 개명했다가 다시 1919년 신흥무관학교로 이름을 바꾸었다. 이동녕, 이시영, 김창환 등이 중심이 된 이 학교는 군사학과 중학과정 교육을 통해 애국청년의 훈련에 주안점을 두었다. 1920년까지 2,000명이 넘는 졸업생을 배출하며 우리 민족의 독립운동에 중요한 공헌을 했다.

북간도에서 우리 민족이 설립 운영한 학교들을 연변대학 교육학과와 연변민족교육연구소가 공동 편찬한 『연변조선족교육사』에서는 네 가지 유형으로 나누었다. 학교의 설립과 운영 주체를 기준으로 삼기보다는 학교의 설립과 운영에 필요한 경비의 원천을 중요하게 보았다. 그렇게 할 때 학교의 유형은 첫째, 평범한 농민들이 설립 운영한 학교. 둘째, 개별적인 선각자 개인의 재산으로 설립 운영한 학교. 셋째, 학교 재산 수입으로 운영한 학교. 넷째, 종교단체에서 기금을 보조하여 설립 운영한 학교 등으로 구분된다.^{연변민족교육연구소, 1987}

첫 번째 유형의 학교는 학교의 운영비를 학부형이 농사를 지은 소산물로 충당했다. 덕흥의숙, 청호학교, 대성중학교 등이 여기 해당하며, 1913년에는 이런 유형의 학교가 46개였고, 1926년에는 117개로 증가했다. 두 번째 유형의 학교는 선각자 개인의 재산을 내놓아 학교를 설립하고 운영하는 재원으로 사용했는데, 이상설의 서전서숙과 이동녕 등의 태흥학교가 대표적인 사례이다. 세 번째 유형의 학교는 학교가 소유하고 있는 논밭을 경작하여 얻는 수익이나 학교에 속한 기본 자금으로부터 얻는 이자 등으로 학교 운영비를 충당한다. 전자에는 명동학교, 광동학교, 광진학교, 용진학교 등이 있고, 후자에는 해성학교, 진동학교, 남양

학교, 영성학교 등이 있다. 네 번째 유형의 학교는 종교단체가 학교의 운영비를 지원했다. 명동학교, 장동학교, 창동학교, 명신여학교 등은 기독교 기관에서 지원했고, 광동학교, 홍동학교, 신흥학교 등은 천주교 기관에서 후원했다. 명동학교와 명동교회의 사례가 모델이 되어 교회가 생기면 학교를 병설하고, 학교를 준비하면서 교회가 먼저 생겨났다. 1925년 간도 지역의 교회가 45개인데 교회가 설립한 학교는 62개나 되었다. 명동교회는 일곱 개의 학교를 운영했는데 남자 중학교, 남자 소학교, 여자 소학교와 야학 네 곳이었다. 이 종교기관들이 설립 운영한 학교들은 신앙교육뿐 아니라 근대 지식에 대한 교육과 민족정신을 함양하는 교육도 했다.

이처럼 연변 지역에는 다양한 유형의 학교가 있었는데, 우리 민족이 설립한 학교들은 공통점이 있다. 먼저 교육 목적과 내용에서 한결같이 항일정신과 민족의식을 고취하는 교육을 중시했다. 학교 운영에서는 학교와 마을을 분리하여 생각하지 않아 마을로부터 중요한 도움을 받았다. 이러한 학교의 설립이 일제의 간섭과 탄압 속에서도 계속 증가했다. 연변 지역 항일민족사립학교 수는 1916년에 156개 학교, 1926년에는 191개 학교, 1928년에는 211개 학교로 꾸준히 증가했다.^{연변민족교육연구소,} _{1987: 25}

지금까지 연변 지역에 우리 민족이 세운 학교의 실태를 살펴보았다. 여기에서 본격적으로 고찰하고자 하는 명동학교는 당시 존재했던 여러 학교 가운데 가장 모범적인 학교이긴 했지만 여러 학교 중 하나임을 기억해야 한다. 명동학교 설립에 직접 영향을 준 학교가 서전서숙이다. 서전서숙은 1906년 10월 이상설, 이동녕, 박무림, 여준 등이 중심이 되어 연길현 명동촌에 북간도 초기의 근대 교육기관으로 설립되었다. 서전서숙은 근대 교육기관이면서 동시에 항일민족교육기관으로 독립운동의 중심 기지 역할을 맡았다. 학교가 문을 열자 만주 곳곳에서 청년들이 모여들어 학생이 100여 명이나 되었다. 그런데 인재 양성의 열정으로 가득 찼던 서전서숙은 오래가지 못하고 이듬해인 1907년 문을 닫고 말았다. 비록 1년의 짧은 기간이었지만 그곳에서 배웠던 학생들은 자기 고향으로 돌아가 학교를 세우거나 민족정신 고양에 앞장섰다. 서전서숙이 문을 닫자 서전서숙의 근대 교육에 관심이 있던 김약연은 1908년 그 지역에 있던 서재 세 곳, 즉 규암재, 오룡재, 소암재를 통합하여 명동서숙을 개교했다.

2. 주요 인물: 김약연과 김하규

1) 김약연(1868~1943)

규암 김약연의 삶은 다채롭고 역동적이다. 그는 맹자를 통달한 유학자였지만 책만 읽고 행동하지 않는 나약한 지식인은 아니었다. 그는 마을의 청소년들에게 한학과 근대 교육을 가르친 선생이었지만 학교 밖 세계에 무지한 샌님은 아니었다. 그는 함께 이주한 사람들의 거주지 명동촌을 개간하느라 애쓴 지역운동가였지만 자신의 마을에 갇혀 조국의 독립이라는 민족적 과업에는 무관심한 폐쇄적 운동가는 아니었다. 그는 미래 인재 교육을 위해 어렵게 기독교 신앙을 받아들인 신앙인이었지만 단지 신앙을 학교의 발전을 위한 도구로 이용하는 형식적 신앙인은 아니었다. 규암은 늘 험한 일을 마다하지 않는 행동하는 지식인이었고, 마을의 존경받는 교육자이면서 세계의 변화를 예민하게 파악하는 국제적

인 식견을 지녔다. 그는 마을 주민들에 책임감을 느끼면서도 민족독립
을 위한 전국적인 거사에 늘 동참했다. 그는 유학자로서 힘들게 기독교
신앙을 수용했지만 신앙은 그가 겪게 되는 일제의 탄압에 굴하지 않도
록 하는 내적 힘이 되었다.

김약연은 1868년 함경북도 회령의 무관 집안에서 태어났다. 어릴 때
부터 한학을 수학하면서 총명하여 삼판三判이란 칭찬을 들었다고 한다.
즉, 맹자에 통달하여 맹판孟判, 예절을 잘 지켜서 예판禮判, 사리 판단이
정확하여 정판正判이라고 하였다. 그는 향리에서 실학과 유학을 수학하
면서 동학운동과 민중계몽운동에 참여했다.^{김재홍, 2014}

명동촌에 정착한 뒤 규암은 규암재라는 서재를 열어 유학을 공부한
선비로서 마을의 아이들을 모아 한문과 한학을 가르쳤다. 그는 가르치
는 일이 끝나면 다른 농부들처럼 논밭에 나가 농사를 지었다. 땔나무를
벌채하여 직접 등짐으로 운반했고 외양간의 소똥을 치우기도 했다. 그
는 학생들에게 가르치는 지식을 자기 삶에서 실천하는 사람이었다. 그
는 무엇보다 함께 이주한 사람들의 삶의 터전인 명동촌을 개간하여 살
기 좋은 마을공동체로 만드는 일에 온 힘을 기울였다. 그리하여 명동촌
은 단정하고 온화하고 친절하면서도 민족정신이 충일한 마을공동체가
되어 갔다. 이런 마을의 중심에 명동학교가 있었고 명동학교에는 김약연
이 있었다.

규암은 1919년 용정 3·13 만세시위운동을 주도했고, 만세운동이 무
장운동으로 확대되자 무장시위결사대 군자금을 모금하다 1920년 체포
되어 2년간 옥고를 치렀다. 1925년 일제의 탄압과 학교 내부의 어려움으
로 애지중지 키웠던 명동학교를 폐교하는 아픔을 겪었다. 많은 번민 속
에 규암은 평양신학교에 입학하여 신학을 공부한 뒤 1930년 62세의 나

이에 목사가 되었다. 바로 그해에 명동교회의 담임목사로 부임하여 목회와 전도활동을 하였다. 이와 함께 용정의 기독교학교인 은진중학교에서 성경과 한문을 가르치는 교사 역할을 하다 이사장으로 취임하여 학교를 보살폈다. 규암은 1942년 10월 29일 "나의 행동이 나의 유서이다"라는 말을 남기고 세상을 떠났다. 규암은 선비로, 교육자로, 사회운동가로, 신앙인으로, 간도의 지도자로 살았지만 어느 하나 소홀함이 없었고 이 모든 역할이 통합된 진실한 한 인간으로 열정적인 삶을 살았다.

2) 김하규(1862~1942)

김하규는 김약연과 함께 집안사람들을 이끌고 고향 땅을 떠나 북간도로 이주한 다섯 가문 중 한 가문의 어른이었다. 그는 유학자이면서 동학에 가담한 실사구시의 학자였다. 그는 한학에 밝았고 주역에 능통하며 의학과 풍수에도 식견이 있어 백성들에게 실제적인 도움을 주는 일들을 많이 했다. 그는 성격이 청렴결백하고 불의를 용납하지 않았다. 또한 검소하여 언제나 베 두루마기 옷을 입었는데 늘 일을 하였기 때문에 옷에 흙이 묻고 구겨져 있는 것을 개의치 않았다고 한다.http://www.okpedia.kr/

김하규는 집안의 경제적 형편이 몹시 궁핍하여 북간도 이주 초기에는 약방을 운영했다. 그의 높은 학식을 알고 있던 사람들은 그가 경영하던 약국으로 글을 배우러 왔다. 약국에서 글을 가르치던 김하규는 1903년 약국을 그만두고 큰 집을 지어 자신의 호를 따서 소암재라는 서원을 개설했다. 소암재는 함께 이주한 김약연이 개설한 규암재와 남위언의 남오룡재와 함께 북간도의 서원 세 곳 가운데 하나였다. 1908년 소암재는 다른 두 서원과 통합되어 명동학교의 전신인 명동서원으로 탈바꿈했다.

당시 소암재에서는 20명가량이 글을 배웠다. 소암재에서 유학자 김하규는 한문을 가르치면서도 실제적인 것을 강조했으며, 여러 가지 주제에 대해 토론을 하기도 했다. 아직 근대 학문을 가르치지는 않았지만 여러 면에서 기존의 서당 교육과는 다른 모습을 보였다. 그는 비교적 일찍 근대 학문의 필요성을 인식했다. 그의 문장의 우수함이 서울의 조정에 알려져 조정으로부터 선물과 함께 신학문의 취지문과 선전문을 받고서 이에 공감했다. 그는 마을의 다른 지도자들과 함께 이 글들을 읽고 근대 학문을 교육해야 하는 필요성을 주장했다. 이런 분위기에서 1908년 근대 교육을 표방하는 명동서숙이 설립되었다. 그는 명동학교에서 한문을 가르치는 교사로 일했다.

1909년에 기독교 신앙이 명동학교의 주지로 결정될 때 그는 학교와 마을의 미래를 위해 그 정책을 반대하지는 않았지만 개인적으로는 기독교 신앙을 거부했다. 그는 오랫동안 신봉하던 유교를 쉽게 버릴 수가 없었다. 하지만 그는 자신의 신념 속에 갇혀 있는 인물이 아니었다. 선생으로서 그는 새로운 종교인 기독교를 정확하게 알아야 한다고 생각했다. 그래서 밤늦은 시간 남몰래 성경을 읽으면서 유교와 다른 점을 꼼꼼히 따졌다. 그렇게 3~4년 성경을 공부한 끝에 1917년 50대 중반의 나이에 교회에 나가 신앙을 갖게 되었다. 김하규의 학문과 사상에 대한 이러한 비판적이고 엄격한 태도가 명동촌의 성격 형성에 끼친 영향과 명동촌의 역사적 의의를 다음 글은 잘 제시하고 있다.http://www.okpedia.kr/Contents/ContentsView?localCode=krcn&contentsId=GC05308533

결국 김하규의 노력으로부터 우리는 명동의 [지도자들은] 무작정 과거를 포기하고 새로운 사상을 받아들인 것이 아니란

것을 확인할 수 있었다. (중략) [명동마을의 지도자들은] 성리
학적 학통으로부터 실학과 동학을 거쳐 기독교 사상에 이르기
까지 늘 비판의식과 함께 발전을 기해 왔다. 특히 그들의 이주
역시 이와 같은 사상적 흐름 속에서 매우 중요한 역할을 하였
다. 백성을 중심으로 하는 민본 사상, 외세로부터 국권을 수호
하고자 했던 자주적인 정신, 노동과 일상생활의 중요성에 대한
인식 등 (중략). 그들은 시대적 변화에 매우 유연하게 대처해
나갔으며 그것은 결국 민족과 나라를 위한 미래지향적이고 진
보적인 노력이었는바 북간도 교육, 정치, 문화의 중재적 역할을
담당할 수 있었던 힘으로 되었다.

3. 명동학교의 설립 이념과 교육활동

1899년 북간도로 집단 이주한 함경북도의 유학자와 그 가족들은 매
입한 땅을 열심히 개간하여 농산물을 수확하게 되었다. 그리고 곧바로
자녀 교육과 후진 양성을 위해 그들이 거처하는 곳에 서재-규암재, 오
룡재, 소암재-를 설치했다. 규암재는 1901년 장재촌에서 김약연이 직접
기와를 굽고 나무를 잘라 지은 기와집 건물에 자리 잡았다. 규암재에서
학생들은 기숙사 생활을 하며 한문과 한학을 배웠다.
용정에서 이상설의 주도로 운영되던 서전서숙이 1907년 문을 닫자 김
약연은 이듬해 서재를 통합하여 명동서숙을 개교했다. 명동서숙에는 서
전서숙에서 교원으로 있던 박무림을 초빙하여 숙장을 맡겼다. 명동서숙
은 교육의 내용에서 서전서숙과 같이 근대 교육을 표방한 교육기관이었

다. 명동서숙은 기존의 세 서원에 다니던 42명의 학생으로 시작했다. 힘들게 우수한 교원을 청빙하고 1909년에는 명동학교로 개명했다. 1910년 중등교육을 위한 명동중학교가 개교하면서 국사학자 황의돈, 한글학자 장지영, 와세다대학 출신 법학자 김철 등 실력과 명성이 있는 사람들을 교사로 보충할 수 있었다. 1911년에는 이동휘의 권면을 받아들여 당시 교육적으로 소외당하던 여학생들을 위한 명동여학교를 개교했다. 명동학교가 항일민족 정신을 토대로 훌륭한 교사들을 초빙하여 교편을 잡게 하자 학교의 명성이 금방 곳곳에 알려졌다. 그리하여 만주 일대는 물론 시베리아에서까지 수백 명의 학생이 몰려오게 되었고, 두만강을 건너서도 취학하는 학생들이 늘었다고 한다.^{서대숙, 2008} 당시 명동학교에는 중학부에 학생 160명, 소학부의 보통과에 121명, 고등과에 159명, 여학부 보통과에 53명, 고등과에 12명이 있어 총 500여 명이나 되었다. 그러나 일제의 간섭과 탄압이 심해져서 1920년에는 일본의 군인들에 의해 학교 건물이 전소당하는 어려움을 겪었다. 이에 굴하지 않고 명동 사람들은 1922년과 1923년 두 해 동안 자금을 모아 1923년 새 교사를 건축하여 교육에 힘썼으나 1924년 일제의 탄압과 극심한 흉년으로 결국 명동학교 중학부는 문을 닫게 되었다. 명동학교는 1908년 명동서숙에서 시작해 1924년 문을 닫을 때까지 16년 동안 1,000여 명의 졸업생을 배출했다.

명동학교의 교육 목표는 분명했다. 그것은 민족정신의 고취를 통해 반일민족독립정신을 실천하는 청년의 양성이었다. 그러한 정신은 명동학교의 교가와 응원가에 잘 나타난다. 명동학교의 교가와 응원가는 다음과 같다.^{허청선·강영덕, 2014}

[교가]

흰 뫼가 우뚝코 은택이 호대한/ 한배검이 깃치신 이 터에

그 씨의 크신 뜻/ 넓히고 기르는/ 나의 명동

[응원가]

무쇠 골격 돌 근육 소년 남자야/ 애국의 정신을 발휘하여라

다다랐네 다다랐네 우리나라에/ 소년의 활동시대 다다랐네

만인대적 연습하여 후일 전공 세우세

절세 영웅 대사 없이 우리 목적 아닌가

교가의 가사에서 '흰 뫼'는 백두산을, '한배검'은 단군왕검을 뜻하며 그 씨인 단군 자손들이 터전으로 삼은 이곳에서 그 얼과 혼을 보존하자는 열망을 담고 있다. 응원가 역시 애국정신 함양하여 일제에 항거할 것을 독려하는 내용이다.

명동학교에서 민족정신과 근대의식을 고취하기 위해 가르친 교과목은 매우 다양했다. 먼저 학교의 소학부에서는 국어, 한문, 산술, 주산, 이과, 작문, 습자, 창가, 체조, 지리, 역사 등의 과목을 개설했다. 중학부에서는 역사, 지지地誌, 법학, 지문, 박문, 생리, 수신, 수공, 독립사, 위생, 식물, 사범교육, 농림학, 광물학, 외국어번역, 중국어, 신약전서, 작문, 습자, 산술, 대수, 기하, 창가, 체조(군사훈련) 등의 과목을 개설했다. 또한 학교에서는 매주 토요일 오후에 체육과 문예활동을 기획하여 강연회나 토론회를 실시했다. 토론회에서는 '영웅이 시대를 창조하는가, 시대의 영웅을 창조하는가?' 같은 수준 있는 문제에 대해 열띤 토론이 진행되었다.허청선·강영덕, 2014: 28

교육 성과의 면에서도 명동학교는 명성에 걸맞은 결과를 내었다. 그 결과는 졸업생의 면면을 봐도 짐작할 수 있다. 대표적인 졸업생으로 문화 예술 분야의 윤동주와 송몽규 시인, 영화 〈아리랑〉의 감독 나운규가 있고, 종교 학문 분야에는 문익환과 문동환 목사(한신대 교수) 등이 있다. 이들뿐 아니라 학교의 평범한 학생들과 졸업생들 역시 학교에서 배운 대로 민족정신을 토대로 항일독립운동에 나선 사람들이 허다했다. 졸업생 문재린의 증언에 따르면 독립운동을 하다 순국한 졸업생이 11명이 넘는다고 한다.문영금·문영미, 2006

명동학교 학생들이 독립운동사에서 차지한 중요성을 보여 주는 사건이 있는데, 1920년 10월 일제에 의해 명동학교와 명동마을이 토벌된 일이다. 명동학교는 3·13 연변 만세운동에 적극 참여한 이후 항일무장단체 항쟁의 중심지 역할을 했다. 이러한 정황을 파악한 일제는 명동학교를 '불령단'의 소굴로 인정하고 눈엣가시처럼 여겼다. 결국 학교와 마을을 수색하여 교원과 주민 10여 명을 현장에서 사살하고 90여 명은 체포했다. 학교와 교회는 방화로 전소되었다.

4. 명동학교와 명동촌의 마을교육공동체로서의 특성

마을교육공동체는 학교와 마을이 상호 특정한 관계를 맺을 때 형성되는 것이다. 즉 양자가 상호 관심을 갖고 서로의 활동에 적극 지원하고 참여하여 유기적 협력관계를 이룰 때 가능해진다. 유기적 협력관계란 학교와 마을이 상호 간에 교육적 자원을 주고받을 뿐 아니라 서로가 한 공동 운명체에 속해 있다는 주체의식과 연대의식을 갖는 관계이다. 마을교육공동체는 학교와 마을의 유기적 협력관계의 결과이다. 그래서 마을 교육공동체로서의 온 마을은 배움의 터전이 되기에 마을을 건강한 교육생태계로 만들려는 일이 무엇보다 중요하다. 여기서는 먼저 명동학교와 명동마을의 유기적 협력관계가 어떻게 구현되고 있는지를 살펴본다. 그러고 나서 마을교육공동체로서 명동을 비롯한 간도 지역이 어떤 교육생태계의 모습을 갖고 미래 세대에 영향을 주었는지 알아보자.

1) 명동학교와 명동마을의 유기적 협력관계

(1) 명동학교의 설립과 운영 주체로서의 명동마을

명동촌의 서원이나 학교와 같은 교육시설은 그 지역에 정착하고 2~3년 후에 생겼지만 사실상 이주민들의 생각 속에는 이주를 계획할 때부터 교육시설이 존재했다. 이주민들을 이끌었던 집안의 어른들은 고향 땅에서도 학자와 교육자로서 신망이 높았다. 이들이 이주를 결심한 목적 중 하나가 나라를 구할 인재 양성이었으므로 교육은 마을의 첫 번째 중요한 과업이었다. 그래서 서원이나 학교를 설립하고 운영할 때도 그 필요한 바들을 마을에서 충당했다. 이주민들이 명동촌에 정착하면서 광활한 토지를 구매했는데, 그중에서 제일 좋은 땅을 구별하여 전체 토지의 1할에 해당하는 부분을 마을의 공동재산으로 삼았다. 이 땅은 학전學田이라 하여 마을 자녀들의 교육을 위해 사용하도록 했다. 학전에서 나오는 농산물은 교사들의 식량으로 제공되었고, 교사 봉급 1원도 학전에서 충당하기 일쑤였다. 학교의 재정이 어려울 때는 교원들에게 봉급을 주지 못했다. 그럴 때는 가정이 있는 교원에게는 학전의 일부를 주고 농사를 지어 살도록 하고, 독신 교원에게는 학부형의 집을 돌아가면서 끼니를 해결하도록 했다. 땔나무와 쌀과 교원의 의복도 학부형들이 해결했다.

마을은 학교의 설립과 운영에 필요한 물적 자원을 제공했을 뿐 아니라 학교를 운영하는 데 필요한 핵심 교원들도 배출했다. 명동학교의 기초가 되었던 세 서원의 설립자인 김약연, 김하규, 남위언 모두 마을의 신망 높은 어른이었고, 김약연에 이어 명동학교의 3대 교장이었던 김정규역시 함께 이주해 온 마을 주민이었다. 명동학교의 시작인 명동서숙이개교했을 때의 첫 교사인 김약연, 김학연, 남위언과 학교의 재정을 관리했던 문치정 모두 한 마을 출신이면서 근대 교육을 받은 사람들이었다. 1925년 명동학교의 중학부가 내외적 어려움으로 문을 닫고 소학교만 남았을 때나 1929년 광주학생운동의 영향으로 북간도의 만세운동에 명동학교가 앞장섰다는 이유로 1930년 5월 소학교마저 문을 닫았을 때 주민들이 적극적으로 일어나 학교의 문을 다시 열게 한 것도 명동학교와 명동마을의 뗄 수 없는 관계를 보여 준다.^{한철호, 2009}

요약하면, 명동학교는 명동마을에 의해 설립되고 운영된 학교였다. 그래서 학교와 마을의 경계가 분명하지 않았다. 마을이 학교를 위해 헌신하듯 학교 역시 마을에 헌신했다. 그러나 학교가 마을만을 위해 존재하지는 않았다. 명동마을의 아이들이 학교교육의 주 대상이었지만 학교는 명동마을을 넘어 한반도와 중국과 러시아에 사는 우리 동포들까지 품었다. 교육의 목표 역시 마을을 넘어 민족과 조국의 독립과 안녕에 있었다.

(2) 도움을 주고받는 호혜적 관계의 명동학교와 명동마을

명동마을은 학교의 운영을 책임지고 어려운 재정 부담을 감수했다. 학교의 운영비를 위해 주민들은 기꺼이 학교밭^{學田}을 마련해 주었고, 교사들의 생활에 필요한 물품들을 제공해 주었다. 명동학교가 유명세를 타자 다양한 곳에서 방문객들이 찾아왔다. 이때 주민들 가운데 비교적 재정적으로 여유가 있는 집에서 손님들을 접대했다. 그 집의 며느리였던 김신묵의 증언에 따르면 손님을 위한 밥상이 열두 개나 되었고, 어떨 때는 하루 종일 음식을 준비하느라 시간을 다 보냈다고도 한다.문영금·문영미, 2006 학교는 마을의 주민들에게 지극히 중요했으므로 학교를 위해 하는 수고로운 일들을 마다하지 않았다. 1920년 일제에 의해 학교가 전소되었을 때 학교 재건을 위해 마을 주민들이 보여 준 태도는 학교와 마을의 관계를 잘 보여 준다. 당시 교장 김정규가 학교 교사를 다시 짓는 데 앞장을 섰고 교직원과 학생 및 주민들이 함께 힘을 모았다. "주민들은 땅을 팔고 집을 팔아서 자원출손自願出捐하였으며, 기와 굽는 장소에서 약 10주간 부녀들이 쭉 늘어서서 기와를 운반했다."한철호, 2009: 254

명동마을이 학교를 소중하게 여긴 것처럼 명동학교 역시 마을을 위해 제공할 수 있는 자원은 아낌없이 내놓았다. 학교 교실은 교회 설립 초기에 교회 예배당으로 사용되었다. 또한 독립운동가들을 비롯하여 많은 방문객을 수용할 집이 부족하여 학교 시설이 그들에게 숙소로 제공되었다. 명동학교가 교육을 필요로 하는 마을 주민 모두에게 교육적 기회를 주지 못하는 것을 인식하고 야학을 세워 학교교육을 보충했다. 야학은 학교와 마을의 자원이 유기적으로 결합되는 마을교육공동체의 좋은 사례임을 명동학교는 보여 주었다. 명동마을 주민들이 학교를 위해 헌신적이고, 학교 역시 마을의 일을 자신의 것으로 받아들인 것은 모두가 학교와 마을을 분리하지 않고 하나라고 생각했기 때문이다. 당시 사람들에게 학교는 가정의 연장이었고 가정의 확대 집단인 마을의 가장 중요한 기관이었다.

2) 건강한 교육생태계로서의 명동마을 혹은 북간도

명동학교를 설립한 마을의 지도자들은 학교와 마을을 분리하여 생각하지 않았다. 학교는 아동들에게 근대적 가치와 애국정신을 교육하는 공간의 역할을 했고, 마을은 동일한 가치와 정신이 생활 속에서 실천되는 현장으로 보았다. 그래서 학교가 있는 명동촌을 근대적 정신이 살아 숨 쉬는 마을로 만들기 위해 노력했고, 나아가 간도 지역 전체에 관심을 갖고 변화하려는 노력을 기울였다. 그들은 마을이 교육생태계로서 작용함으로써 아동들은 학교에서뿐 아니라 마을의 삶에서 큰 영향을 받는다는 사실을 이해하고 있었다. 그들이 만들고자 했던 교육생태계로서의 명동마을의 특징은 다음과 같다.

(1) 지도자들이 솔선수범하는 모범적 태도를 보이는 마을

김약연을 비롯한 마을의 지도자들은 한학을 공부한 유학자였지만 책 속에만 머물러 있지 않고 실생활에 필요한 육체노동에 적극적으로 참여했다. 그래서 학교에서 학생들을 가르치는 일이 끝나면 밭으로 나가 농부들과 농사일을 하고 거름을 퍼 날랐다. 김약연은 규암재를 지을 때 직접 기와를 구우며 함께 건물을 짓는 일을 했다. 또한 사재를 털어 학생들이 공부할 수 있도록 지원하기도 했다. 이처럼 마을 지도자들의 솔선수범하는 헌신적인 삶의 태도는 학생들에게 큰 영향을 주었다. 명동촌에 살면서 명동학교를 다녔던 문동환 목사(문익환 목사의 동생이며 한신대 교수를 역임)는 생전 인터뷰에서 자신이 목사가 되겠다고 마음먹게 된 계기는 어릴 때부터 존경하던 김약연 선생이 목사였기 때문이라고 말했다.

학교 교원들이 항일독립운동에 적극적으로 나서는 것을 본 학생들은 기회가 있을 때마다 반일민족운동에 참여하고자 했다. 1919년 한반도에서 3·1운동이 일어났을 때 연변의 용정에서도 3월 13일 대규모의 만세운동이 일어났다. 이때 명동학교 학생들이 그 지역 수천 군중의 선두에서 그들을 인도하여 집회에 참여했고, 유혈사태 속에서도 명동학교 학생들이 중심이 되어 이루어진 '충렬대'가 제일 앞에서 대오를 이끌어 갔다. 이처럼 명동학교 학생들은 학교의 교사뿐 아니라 마을 어른들의 삶의 모범을 따라 민족을 위해 헌신하는 삶을 살아갔다.

(2) 신분과 성별의 차별을 극복한 평등한 마을

명동촌은 모든 주민이 평등한 근대적인 마을을 이루고자 했다. 그래서 마을의 어른들인 선비들도 농부들과 함께 밭일을 하고 거름을 주는 일도 마다하지 않았다. 즉 전통적으로 내려오던 노동에 대한 귀천 의식을 넘어서고자 했다. 특히 명동마을에서는 당시 일상화되어 있던 남녀차별 의식을 철폐하려고 노력을 기울였다. 교육적으로 소외되어 있던 소녀들에게 교육 기회를 제공하기 위해 1911년 명동여학교를 설립했고, 그곳에는 드물게도 여성을 교사로 채용하여 교육하도록 했다. 또한 당시 여성은 자신의 한자 이름을 갖지 못한 것이 일반적이었다. 어릴 때는 '개똥네'와 같은 아명으로 불리다가 결혼 후는 '회령댁' 같은 택호로 불렸다. 그런데 명동촌에서는 여성들에게도 남성과 동일하게 한자로 된 이름을 갖도록 했다. 특이한 점은 이들의 이름 첫 자에 믿을 신信을 많이 넣은 점이다.문영금·문영미, 2006 이는 사회에서 중요하게 생각하는 가문과 문벌을 넘어서 믿음 안에서 새로운 공동체의 식구가 되었음을 상징하는 것으로 볼 수 있다.

3) 일제와 중국과 같은 외부의 통제를 벗어난 자치적 마을

명동마을 지도자들은 주민들의 삶이 외부 세력의 부당한 간섭을 받지 않고 자치에 의해 이루어지도록 노력했다. 그들의 노력은 두 가지로 대별되는데, 첫째는 주민들에 대한 근대의식의 교육과 자치를 위한 근대적 조직이라 할 수 있는 조합운동이었다. 둘째는 주민들의 자치권을 획득하기 위한 정치적인 노력이었다. 마을 지도자들은 먼저 명동촌을 자치적인 마을로 만드는 데 노력을 기울였지만, 곧 그들의 관심은 명동촌을 넘어 간도 지역 전역으로 확산되었다. 명동마을 지도자들은 간도 전역에 흩어져 살고 있던 우리 민족에 관심을 보여 그들이 자치권을 가질 수 있도록 노력했다. 그래서 1910년에는 간민교육회란 조직에 참여하여 근대 교육을 통해 간도 지역 이주민들의 근대적 의식 함양에 나섰다. 간민교육회는 기독교와 천주교의 한인 신도들이 한인들의 교육을 발전시키기 위해 연길지부의 비준을 받고 세운 교육기관이었다. 나아가 민족교육을 통해 항일구국 정신을 고양하고자 했다. 특히 김약연은 1913년 간도 지역 최초의 한인자치기구인 간민회 탄생에 핵심적인 역할을 하여 간민회의 회장이 되었다. 그는 이러한 조직들을 통해 모범적이고 자치적인 농촌 사회를 만들고자 했다. 당시 우리에게 낯선 조합에 관심을 갖고 그 지역에 생산조합, 판매조합, 소비조합 등을 결성하도록 지원했다. 간민교육회를 계승한다는 의미에서 사립학교 운동을 촉진했다. 간민회는 비록 짧게 존속했지만 간도 지역 이주민들의 자치권 확보에 큰 역할을 했다. 또한 주민들과 중국 관청 사이의 교섭을 중재하거나 주민들의 어려운 문제를 처리해 주면서 중국의 협력을 얻어 항일운동을 효과적으로 전개하고자 했다.

4) 기독교 신앙을 공유된 신념으로 예의범절을 지키는 신뢰 있는 마을

1909년 명동학교에 정재면 선생이 부임하면서 기독교 신앙이 학교의 주지가 되었다. 1910년 명동교회가 설립되면서 마을 주민들이 기독교 신앙을 갖게 되고, 신앙은 이들을 결집하는 이념적 토대가 되었다. 당시에는 교회와 학교가 불가분의 관계를 맺어 나라의 독립을 위해 함께 노력하는 모습이 종종 있었다. 북간도에서 학교와 교회는 일심동체로 존재했다. 교회가 설립되면 학교가 병설되었고, 학교가 설립되면 교회가 세워졌다.[문영금·문은미, 2006] 신앙과 교회는 개인의 사적 생활에 관계하기보다 마을과 사회의 구심점으로서 나라 잃은 사람들의 공허감을 채우는 대안적 신념과 가치의 역할을 했다. 그래서 명동촌에서도 일요일이면 500명이나 되는 많은 사람이 교회에 모여 예배를 드렸다.[허청선·강영덕, 2014]

기독교적 신앙이 토대가 된 명동마을은 다른 농촌 마을과는 차이 나는 특징들이 나타났다. 마을에는 술주정과 노름을 찾아보기 힘들었고 주민들이 예의범절을 잘 지키며 상호 간에 신뢰감이 있고 객을 환대하는 분위기가 강했다. 명동촌이 민족독립운동의 중심지가 되면서 많은 손님들이 찾아도 그들을 정성껏 안전하게 대접했다. 그래서 안중근 의사도 이토 히로부미를 저격하러 가기 전 명동촌에 들러 며칠을 머무르며 사격 연습을 할 만큼 명동촌은 믿을 수 있는 곳이었다. 이러한 마을의 특징을 1919년 명동으로 이주해 온 한준명 목사는 다음과 같이 증언했다. 당시 명동촌에는 중앙에 학교와 교회 건물이 번듯하게 자리 잡고 있고, 동네 안에 길도 넓게 닦여 있으며 집집마다 재봉틀이 있는 근대식 마을이었다고 한다. 특히 그에게 인상적이었던 것은 마을 주민들이 사용하는 말이 매우 부드러웠다는 것이다. 그는 "그분들이 쓰는 말이 얼마나 순하고 은근하고 아름다운지 정말 뭐라고 형용할 수가 없어요. (중략) 그들은 예의범절도 기가 막혀요"라고 경탄했다.^{허청선·강영덕, 2014; 319-329에서} 재인용

명동촌은 이와 같이 단정하고 상호신뢰가 있는 마을이었을 뿐 아니라 따뜻하고 정이 가득한 한 마을공동체였다. 신앙을 토대로 한 생활공동체로서 명동마을의 풍경은 유년기와 청소년기를 그곳에서 보낸 윤동주의 시에서 잘 나타난다. 그중 한 편을 살펴보면 다음과 같다.

童詩굴뚝

산골작이 오막사리 나즌굴뚝엔
몽긔몽긔 웨인내굴 대낮에솟나,

감자를 굽는게지. 총각애들이
깜박깜박 검은눈이 몽여앉어서,
입술이 꺼머케 숫을바르고,
넷 이야기 한커리에 감자하나식,

산골작이 오막사리 나즌굴뚝엔
살낭살낭 솟아나네 감자굽는내.
　　一九三六가을

이 짧은 동시에서 묘사하는 마을의 풍경에는 정겹고 따뜻한 분위기가 가득하다. 실제는 나라 잃은 이주민들의 산골짜기 생활은 가난으로 점철된 고통의 연속이었을 것이다. 더구나 꿈과 열정으로 삶을 꾸려 가

고자 하는 청년들은 이곳의 생활을 그저 견뎌야 하는 피할 수 없는 운명으로 받아들이고 있었을지 모른다. 그런데 시에는 그러한 고통이나 운명에 대한 체념 같은 것이 나타나지 않는다. 철저한 성찰과 참회의 시인인 윤동주의 눈에 포착된 마을의 풍경이 이러하다면 그것은 과장되거나 상상된 것이라기보다 당시 그곳의 분위기를 반영한 것이라 할 수 있다. 윤동주의 많은 시들이 그에게 고향과도 같은 북간도 명동촌에서의 기독교 생활공동체의 경험을 토대로 하고 있음은 평론가들에 의해 밝혀진 바이다.김치성, 2016

이 시에 나타나는 명동마을에는 대낮에 총각들이 모여 앉아 감자를 구워 먹고 있다. 그 모습에는 가난의 한탄이 아닌 친근함과 해학이 담겨 있다. 구운 감자를 맛있게 먹느라 입술에 검은 숯을 묻히고는 상대의 얼굴을 보고는 킥킥대는 모습에서 웃음을 잃지 않은 사람들의 여유로움을 볼 수 있다. 감자를 한 알 먹고 이야기 하나 하고 또 감자 한 알 먹고 이야기하는 총각들의 모습은 서로 간의 친근함과 삶의 공유를 보여 준다. 이처럼 삶을 함께 나누는 친밀한 마을공동체의 모습이 아주 단순한 동시로 표현되고 있다.

8장
송산고등농사학원과 평남의 송산마을

1. 송산학원의 설립 배경

송산고등농사학원은 1935년 10월 평안남도 대동군 고평면 송산리에 세워진 농업학교이다. 그곳은 현재 평양시 만경대동 영역에 속한다. 그 지역 출신인 김두혁이 설립을 주도했고 그 지역의 장로교회인 송산교회 교인들의 후원에 힘입어 학교가 설립되었는데, 여기에는 당시 우리 민족의 지도자였던 안창호와 조만식의 도움도 작용했다. 송산고등농사학원의 설립 배경에는 당시에 중요하게 작용했던 두 가지 요소가 있었다. 첫 번째는 나라의 독립을 위한 농촌계몽운동의 선진적 방안으로 소개되었던 덴마크의 그룬트비가 주장한 평민대학운동이다. 두 번째는 송산학원의 설립과 설립자인 김두혁에게 크게 영향을 준 안창호의 이상촌운동이다. 이 두 가지가 송산학원의 개교에 어떻게 영향을 주었는지를 살펴보자.

1) 덴마크의 평민대학운동
우리나라에서 덴마크의 평민대학운동에 대한 언급이 나타나기 시작

[사진 3] 송산고등농사학원 창업식

한 것은 1920년대부터였다. 1926년 매일신보사의 방태영이 덴마크를 시찰한 내용을 기고한 글이 『매일신보』에 실렸고, 1928년에는 최린의 덴마크 평민대학에 관한 인터뷰 기사가 『조선농민』이란 잡지에 게재되었다.윤소영, 2018 당시 덴마크 평민대학이 지식인들의 관심을 끈 이유는 이 학교가 강대국들 틈바구니에서 어려움에 처해 있던 작은 농업 국가인 덴마크를 부유한 자주국가로 발전시키는 데 결정적인 기여를 했다고 보기 때문이다. 그래서 일제의 식민 통치하에 있던 우리나라도 덴마크처럼 되기 위해서는 평민대학과 같은 교육기관을 설립하여 깨어 있는 농업지도자를 양성하는 것이 중요하다는 주장이 있었던 것이다. 덴마크의 평민대학운동이 우리의 농촌계몽운동에 영향을 준 또 다른 방식은 일본을 경유해서 온 것이었다. 일본은 우리보다 먼저 덴마크의 농업운동에 관심을 갖고 이를 일본 사회에 소개했다. 유럽에서 유학을 마친 야하기 에이조는 1907년에 글을 써서 평민대학의 창시자인 그룬트비와 콜을 소개했다. 덴마크의 농촌운동이 일본에서 다양한 글을 통해 소개되다가 실제 평민대학의 정신을 따르는 학교가 등장한 것은 1920년대 후반부터였다. 덴마크에서 유학한 히라바야시 히론도가 첫 번째 교장으로 학교를 운영한 흥농학원이 1929년 일본에서 제일 처음 설립된 평민대학이었다.

덴마크의 평민대학이 송산학원의 개교와 운영 방식에 큰 영향을 주었다는 사실은 여러 문헌에서 나타난다. 김두혁과 함께 송산학원의 설립에 적극적으로 참여했던 노윤거는 일본의 대표적인 평민대학인 흥농학원(구즈라국민고등학교)에서 유학을 했다. 또한 그가 그 학교에서 발간하는 잡지 『흥촌』에 실은 글에 "(송산)학원은 완전히 구즈라국민고등학교의 정신에 입각하여 운영할 결심입니다"윤소영, 2018: 229라고 적고 있다. 이처럼 덴마크의 평민대학운동과 그 정신을 잇는 일본의 평민대학은 송산학원의 설립 근거를 제공했을 뿐 아니라 송산학원의 운영 방식을 정하는데도 결정적인 영향을 주었다.

2) 안창호, 조만식의 신앙적 민족정신

송산학원의 설립에는 덴마크의 평민대학운동과 함께 민족지도자 안창호와 조만식의 영향도 컸다. 학교의 설립 후 안창호를 학교의 고문으로, 조만식을 학교의 이사로 청빙한 것은 송산학원의 설립 과정으로 보아 자연스러운 결과이다. 교회 장로인 조만식은 송산교회 설립 후 종종 그 교회에 가서 민족정신과 신앙심을 고취하는 설교를 하여 교인들에게 감명을 주었다고 한다. 그 교회에서 신앙생활을 했던 김두혁은 조만식의 신앙적 애국주의의 영향을 받으면서 자랐다. 숭실전문학교 시절에도 조만식의 기독교농업운동에 참여하기도 했다. 송산학원이 개교한 지 얼마

되지 않은 1936년 3월, 조만식은 학교의 초청으로 송산학원에서 특별강연을 했다. 연설에서 조만식은 송산학원이 지향해야 할 세 가지 방향을 제시했다. 그것은 복음주의, 인격주의, 실행주의였다. 기독교복음의 신앙과 인간으로서의 인격을 중시하는 것은 기독교학교의 일반적인 특성이다. 그러나 실행주의는 송산학원이 평민대학의 특성을 갖고 있음을 보여주는 것이다. 조만식은 실행주의를 "문자교육보다 실천궁행實踐躬行하는 실행을 강조하는 것"윤소영, 2018: 231으로 보았고, 학교에서 '지知'는 중시하면서 '행行'을 경시하는 현상을 비판했다.

김두혁의 독립운동을 향한 활동에는 안창호의 그림자가 있다. 김두혁은 송산학원을 설립한 것이 안창호의 권면에 따른 것이라 했다. 그리고 일본의 도쿄농대에 유학을 간 것도 안창호의 지시에 의한 것임을 밝히고 있다. 이러한 김두혁의 말은 다음과 같은 사실에 의해 확인된다. 송산학원의 개교를 가장 먼저 알린 신문은 우리나라에서 발간한 신문이 아닌 미국에서 발간된 신문이었다. 그 신문은 안창호가 관계를 맺고 있던 신문이었다. 그리고 송산학원이 설립되던 1935년은 감옥에 있던 안창호가 출옥하여 평양 근방에 머물며 많은 사람에게 영향을 주고 있던 시기였다. 안창호의 독립운동의 중심에는 무실역행務實力行과 이상촌 운동이 있었다.

2. 주요 인물: 김두혁과 함석헌

1) 김두혁(1908~1995)

김두혁은 1908년 평안남도 대동군 고평면 송산리에서 태어났다. 그곳은 일찍부터 미국 북장로회에서 적극적으로 선교를 한 지역으로, 송산교회가 세워졌고, 김두혁의 집안은 그 교회의 신실한 신자들이었다. 김두혁은 숭인학교를 마치고 평양에 있는 숭실전문학교의 농과를 공부했다. 기독교학교인 숭인학교와 숭실전문학교에서 그는 투철한 신앙과 민족정신을 철저하게 교육받았다. 숭실전문학교 재학 시절 만세시위 운동에 참여하여 재판을 받기도 했다. 당시 숭실전문학교는 기독교농촌운동의 중심지 역할을 했고, 덴마크 평민대학을 배우고자 하는 열기가 고조되고 있었다. 이러한 상황에서 김두혁은 1932년 숭실전문학교를 졸업하고 송산교회가 세운 신망학교의 교장으로 부임했다. 신망학교 교장직을 맡은 지 얼마 지나지 않아 1935년 송산고등농사학원을 설립하게 되었다. 송산학원의 교장을 맡아 농촌의 지도자를 양성하는 일을 하다가 1937년 4월부터 1938년 3월까지 일본의 도쿄농업대학에 유학을 떠났다. 김두혁은 유학을 시작하자 바로 유학생들을 비밀리에 규합하여 항일독립운동을 도모했다. 귀국 후에는 송산학원을 거점으로 민족의식 고취와 일본의 금융조합에 대항하는 조합운동 등을 통해 항일독립운동을 조직적으로 전개하다 1940년 일제에 의해 체포되어 투옥되었다. 해방 후 남하하여 학교를 세워 교육자의 삶을 살았다.

2) 함석헌(1901~1989)

함석헌은 1940년 3월 김두혁의 부탁을 받아들여 김태훈과 최태사의 도움으로 송산학원을 인수했다. 인수 당시 학교는 5,000평의 땅에 과수가 주를 이루었고 재학생은 모두 13명이었다. 함석헌은 교장으로 취임하여 오전에는 역사, 국어, 한문, 고등원예, 축산, 생물 등의 과목들을 가르쳤고, 오후에는 학생들과 함께 농사일을 했다. 함석헌이 하는 교육과 학생 지도 방식은 학생들에게 지시나 간섭의 말을 하지 않고 자율적으로 하도록 했다. 그중에서도 학생들에게 가장 신기하게 생각되었던 것은 새벽기도회 시간이었다.문대골, 2012 기존의 새벽기도회와 달리 함석헌은 새벽 이른 시간에 예배실에 나와 모든 준비를 하고 고요히 기도를 하곤 했다. 소리 내어 하는 기도 없이 조용하게 했는데 그 말이 너무 달랐다고 한다. 학생들은 그의 말씀을 듣고 있으면 상처 입은 마음이 치유되고 신심이 생성됨을 경험한다고 했다.

함석헌은 1940년 8월 민족주의와 공산주의 사상을 가졌다는 이유로 감옥에 투옥되면서 송산학원에서의 생활은 5개월 만에 끝나게 된다. 비록 짧은 기간이었지만 함석헌에게 송산학원에서의 생활은 매우 값진 것이었다. 송산학원은 당시 함석헌이 꿈꾸고 다짐한 삶을 실천할 수 있는 터전이었다. 함석헌이 송산학원에서 추구했던 삶은 "어떤 힘의 광란 속에서도 흔들리지 않는 성서 신앙과 세계를 한 나라로 고백하는 인격으로의 교육과 언제나 살림에 당당할 수 있는 내 밥그릇으로의 농사를 하나로 묶은 공동체"를 이루는 것이었다.문대골, 2012

3. 송산학원의 설립 이념과 교육활동

송산학원은 1935년 10월에 설립되었는데, 교장에 김두혁, 고문에 안창호, 이사에 조만식이었다. 학교의 설립에는 송산교회의 지원이 크게 기여했다. 송산학원의 설립 목적은 민족정신을 지닌 농촌의 지도자를 양성하여 나라의 독립을 쟁취하는 것이었다. 김두혁은 궁극적으로 학교교육을 통해 민족독립을 얻어 민주공화국을 건설하는 것을 지향했다. 그러나 표면적으로는 고향과 농업에 대한 애정을 고취하여 농촌진흥에 앞장서는 농업인을 양성하는 것을 목표로 내세웠다. 학교 설립에 관한 당시의 신문 기사를 소개하면 다음과 같다.

> 농촌 자제들에게 무엇보다도 먼저 향토애와 및 농도정신의 함양을 도하여주어 농촌을 진흥케 함이 제일급무라 하고 평남 대동군 고평면 송사리에서는 동리 예수교 장로교회를 중심으로 송산고등농사학원을 창립하고 이미 도학무과로부터 8월 29일부로 그 인가 지령까지 수하여 곧 개교하게 되었는데, 여기에 노력한 송산리 김두혁 씨는 일찍이 평양숭실전문학교를 마친 수 귀농하여 동리에서 교육사업 및 ○○○를 하여 내려오면서도 그동안 농촌문제에 대하여 크게 감한 바가 있어서 금춘 이래 동지 되는 동리 임응종 씨 외 교회 방면의 유지들과 속속 협의하고 또 그 외 평양부 ○관리 황경진 씨와 산정현 송학순 여사 여러 독지가들에게 물질적 원조도 많이 얻어 가지고 이번에 그와 같이 실현을 보게 된 것이라.
>
> 『매일신보』 1935년 9월 5일

송산학원의 교훈은 경천敬天, 애린愛隣, 친토親土였다. 즉, 하늘(신)을 공경하고, 이웃을 사랑하고, 땅을 잘 가꾸자는 것이었다. 이는 그룬트비가 주창한 삼애三愛, 즉 애신, 애인, 애토와 일맥상통한다. 송산학원의 교육이 그룬트비의 교육사상에 잇닿아 있음을 알 수 있다.

이러한 학교의 교훈과 사상에 따라 송산학원의 교육활동이 이루어졌다. 학교에서 예배 시간과 성경 과목을 통해 학생들은 하늘을 공경하는 마음의 태도와 방법을 배웠다. 그리고 오전 시간 교과목 수업을 통해 인간과 우리 민족에 대해 배웠다. 특히 이 시간에는 우리말과 우리 역사를 중요하게 다루었는데, 이는 언어와 역사가 우리의 정체성을 형성하는 중요한 도구가 된다고 믿었기 때문이다. 오후 시간에는 밭에 나가 땅을 일구며 흙을 사랑하는 마음을 배웠다. 송산학원에서는 덴마크의 평민대학과 같이 교원과 학생들이 함께 공동생활을 하며 공동체적 삶을 체험하며 배우게 된다.

4. 송산학원과 송산마을의 마을교육공동체로서의 특성

1) 송산학원 설립 주체로서의 마을

송산학원의 설립 주체를 보는 견해가 다양하지만 종합해 보면 학교가 설립된 지역사회를 설립 주체라 할 수 있다. 여기서 지역사회라 할 때는 세 그룹의 사람들이 해당한다.

첫째는 학교의 설립을 주도했고 설립 후 교장을 역임한 김두혁과 그의 친구들인 김태훈, 노윤거 등이다. 이 중에서 김두혁은 학교가 위치한 송산리 출신이며 지역교회인 송산교회에서 어릴 때부터 민족의식을 중시하는 신앙교육을 받았다. 그리고 고향 송산리 근처 평양부에 있는 숭인학교와 숭실전문학교에서 민족교육과 농업교육을 받았는데, 이러한 교육이 그가 송산고등농사학원을 설립하는 동기를 제공했다고 볼 수 있다.

둘째는 송산리에 있는 송산교회의 교인들이다. 교회에서의 애국적 신앙교육이 교인들의 민족의식을 일깨워서 학교 설립의 필요성을 느끼게 했다. 이는 구체적으로 송산교회 김현석 장로 등 교회 관련 지역 유지들이 땅과 성금을 기부하는 행동으로 나타났다. 이처럼 지역사회에서 제공한 물적·인적 자원으로 학교의 건립이 가능했다.

셋째는 조만식, 안창호 등 지역의 민족지도자들이다. 조만식은 송산교회의 청년들 모임에 자주 와서 청년들에게 민족의식을 촉구했는데, 그 영향이 컸다고 한다. 김두혁을 비롯한 송산교회 교인들이 농업학교의 설립에 나설 수 있는 힘을 제공했다고 할 수 있다. 안창호는 김두혁이 존경하고 따르던 지도자였다. 김두혁이 일본 유학을 가거나 독립운동을 할 때 그 뒤에는 안창호의 손길이 있었다. 송산학원의 설립에도 안창호와 조만식의 의도가 있었다. 학교 설립 후 조만식은 이사로, 안창호는 고문으로 학교 운영에 참여했다.

마을교육공동체는 학교와 마을이 유기적으로 연결되어 교육공동체를 이루는 것을 지향한다. 학교와 마을의 유기적 연결에서 매우 중요한 부분이 학교의 설립에 마을이 어떤 역할을 하는가이다. 그런 면에서 볼 때 송산학원은 매우 이상적인 형태로 마을이 관여했다. 그래서 송산학원과 마을은 마을교육공동체를 형성하기에 좋은 출발을 했다고 볼 수 있다.

2) 사회와의 상생을 목표로 하는 송산학원

송산학원은 덴마크 평민대학의 정신을 이어받아 농민들의 의식을 깨우는 것을 목표로 했다. 학교에서는 학생들과 교사가 함께 공동생활을 하면서 일상적으로 공동체 의식을 배우고, 오전 학과 수업에서는 국어와 역사 등의 과목을 통해 한국인으로서의 정체감과 자부심을 배운다. 오후 시간에는 농장에서 일하면서 동료와 고장과 땅에 대한 애정을 키우게 된다. 학교를 졸업할 때 농업인으로서의 의식을 깨우치면 졸업생들은 여러 고장으로 흩어져 그곳에서 배운 바들을 실천한다. 송산학원은 우리나라의 농촌 사회를 이끌어 갈 중견 농업인을 양성하는 일을 목표로 했다.

학교와 마을이 유기적 협력관계를 형성하여 궁극적으로 지향하는 바는 학교와 마을 양자의 상생이었다. 송산마을은 송산학원의 설립을 주도했고, 설립된 학교는 설립 의도대로 우리나라 농민들의 의식계몽을 위해 노력했다. 송산학원은 인근 평안도 지역의 농촌계몽운동을 통한 애국독립운동의 중심지로서 역할을 했다. 안타깝게도 일제의 탄압으로 학교는 오래 지속되지 못하고 개교한 지 5년 만인 1940년 문을 닫기에 이른다.

9장
사례 학교들 간의 비교 논의

앞에서 사례로 든 세 학교와 마을들은 각자의 특성을 반영한 마을교육공동체를 형성했다. 이들은 각기 조금씩 다른 모습을 보였지만 학교와 마을이 긴밀한 관계를 통해 교육공동체를 이루었다는 점에서는 공통점을 지닌다. 서로 다른 세 학교를 비교하기 위해서는 기준이 필요하다. 기존의 관련 문헌들을 검토해 보면 '학교의 설립 주체', '학교 운영자금 확보 방법', '학교와 마을 간 협력(마을교육공동체)의 주도권', '협력의 내용/형태', '협력의 목표', '협력의 지속가능성 여부' 등이 있다. 이러한 기준을 세 학교의 특성을 고려하여 정리하면 다섯 가지로 제시할 수 있다. 세 곳의 사례 학교를 아래의 다섯 기준에 따라 분석하면서 비교해 보겠다.

1) 학교 설립의 주체
2) 학교와 마을 간 협력관계 형성에서의 주도적 역할
3) 지향하는 마을공동체의 모습/학교와 마을간 협력의 목표
4) 학교와 마을 간 협력의 형태 또는 활동 내용

5) 학교와 마을 간 협력의 지속가능성

첫째, 학교 설립의 주체와 관련해서 세 학교는 유사성과 함께 차이점을 보여 준다. 그러나 그 차이점 속에 중요한 공통점이 있다. 세 학교는 모두 걸출한 민족주의자가 설립했다. 오산학교는 이승훈이라는 민족교육에 뜻을 둔 선각자가, 명동학교는 김약연이라는 북간도의 대표적인 민족지도자가, 송산학원은 김두혁이라는 민족정신이 투철한 애국 청년으로 인해 개교했다. 이처럼 이들 학교는 개인이 중심이 되어 시작했지만, 설립 과정을 자세히 보면 각기 다른 특징도 지니고 있다.

오산학교는 이승훈이 설립했지만 그는 또한 학교가 있는 평안남도 정주의 용동마을을 건설한 사람이다. 그는 또 우리 민족의 독립운동을 이끌었던 신민회의 평안도 지부 대표를 맡고 있었다. 그러므로 오산학교는 그 설립 과정에서 신민회라는 단체의 영향이 크게 작용했고 마을 주민들의 지지와 후원 역시 이 학교의 설립에 중요한 역할을 했다.

명동학교는 직접적으로 마을 주민들에 의해 설립된 학교이다. 고향인 함경북도 성진을 떠나 북간도로 이주한 이들이 명동마을을 개척했고 이어서 명동학교를 개교했기에 이 학교는 마을과 불가분의 관계를 가질 수밖에 없었다. 김약연은 이 이주민들의 지도자 중 한 명으로 학교 설립과 운영에 중요한 역할을 했지만, 항상 다른 마을 지도자들과 주민들과 함께였다.

송산학원의 설립은 좀 더 복합적이다. 설립자로 알려진 김두혁은 그 지역에서 중요한 역할을 해 오던 송산교회의 핵심 교인이었다. 그래서 학교의 설립에는 이 지역 중농 출신의 기독교 신자인 김두혁 일가가 다니던 송산교회와 평양 지역의 조만식을 중심으로 한 기독교 농촌계몽운동과 이 지역이 낳은 독립운동가 도산 안창호의 이상촌 건설 운동이 서로 연결되어 영향을 주었다.

이처럼 서로 다른 배경에서 각기 고유한 특성의 과정을 거쳐 설립되었지만 이 차이점들 가운데서도 중요한 공통점을 발견할 수 있다. 세 학교의 설립 주체를 개인으로 보든, 마을의 기관(교회)이나 마을 주민으로 보든 관계없이 세 학교가 마을과 밀접한 관계가 있었다는 점은 분명하다. 즉, 오산학교, 명동학교, 송산학원은 학교가 있던 마을의 기반 위에서 설립이 가능했고 마을이 추구하는 바를 학교가 공유하면서 학교의 운영이 시작되었다.

둘째는 학교와 마을의 협력관계를 형성할 때 어느 쪽이 적극적으로 주도하느냐의 문제에서 세 학교는 조금씩 다른 모습을 보여 주었다. 오산학교와 명동학교는 마을이 먼저 형성되고 그 마을의 정신을 실현하는 데 필수적인 학교를 마을의 기반 위에서 설립했다. 그러므로 초기에는 마을이 학교 설립과 운영에 주요 역할을 했지만 곧 학교가 성장하여 마을의 핵심 기관 역할을 했다. 이런 점에서 볼 때 오산학교와 명동학교는 마을과의 관계에서 상호 융합적 모형에 가깝다고 할 수 있다. 즉, 학교와 마을의 경계가 불분명하고 상호 교류가 긴밀하고 활발하여 어느 한쪽이 일방적으로 도움을 주거나 받기보다는 호혜적 관계를 이루었다는 의미이다.

반면 송산학원은 설립 과정에서 그 지역에서 주요 역할을 하고 있던 송산교회의 영향이 컸다. 학교는 지역의 교회를 비롯한 지역사회와 밀접한 관계 가운데 있었지만 주로 교회 혹은 마을에서 적극적인 행동을 했다는 점에서 마을 주도 모형에 가깝다고 할 수 있다.

셋째는 학교와 마을의 협력 목표는 세 학교 모두 청년들의 민족정신을 고양하여 우리 민족의 독립과 발전에 이바지하도록 한다는 점에서 공통점을 지닌다. 그런데 세 학교는 각기 조금씩 다른 설립 목표가 있었기에 마을과의 협력 활동의 목표 역시 다른 특징을 보여 준다. 오산학교의 창립자 이승훈은 학교가 중심 역할을 하는 마을을 구상하며 교육, 신앙, 산업이 조화로운 자치의 마을공동체를 꿈꾸었다. 그래서 오산학교는 용동마을 혹은 오산 일대의 이상촌을 건설하는 데 주요 역할을 했다. 명동학교는 민족의 독립을 이루는 데 필요한 인재를 양성하여 우리 민족의 자치, 자주 사회 건설에 이바지하고자 했다. 송산학원은 깨어 있는 의식을 가진 농촌지도자를 양성하여 의식 있는 농민들의 농촌을 만들고자 했다.

넷째는 학교와 마을의 협력 형태 혹은 활동 내용에서 세 학교는 공통점이 있다. 그것은 학교의 설립이나 운영을 위해 마을이 인적·물적 자원을 제공했다는 사실이다. 명동학교의 학전은 마을이 학교를 위해 제공한 물적 자원의 좋은 예이다. 한편으로 세 학교가 마을과의 협력관계를 형성하여 중요하게 한 활동들은 각각의 형편에 따라 차이가 있다. 오산학교는 학교를 방문하는 유명 인사들의 강연에 주민들을 초청하고 마을 체육대회를 학교 운동장에서 개최하는 등 마을을 위한 교육과 문화적 센터의 역할을 했다. 명동학교는 마을 주민들의 평생교육과 민족의식 고양을 위해 야학을 열기도 하고, 지역을 넘어 북간도 전역의 우리 민족의 자립적인 생활을 위해 노력을 기울였다. 송산학원은 농촌지도자 양성이라는 설립 취지에 부합하도록 마을이 학교의 교육과정의 역할을 했고, 학교는 마을의 발전을 위한 인재 양성에 힘을 쏟았다.

다섯째는 학교와 마을 간 협력관계의 지속가능성에 관하여 세 학교는 각자의 특성을 지녔다. 오산학교는 학교와 마을이 긴밀하게 연결된 유기적 협력관계를 이루고 있어 상생의 가능성을 보여 준다. 명동학교는 마을이 학교를 제도적으로 지원하는 지속가능한 협력체제를 갖추고 있었지만 외부(일제 탄압)의 힘을 극복하지 못하고 폐교하고 말았다. 송산학원은 마을의 학교에 대한 지원이 부분적으로 이루어지고 제도화되지는 못했다. 그리고 외부의 압력을 견딜 만한 힘을 마을이 갖지 못하여 학교는 문을 닫게 되었다.

이상의 분석 내용을 요약하면 [표 2]와 같다.

[표 2] 마을교육공동체로서의 세 학교 비교

비교기준 \ 학교명	오산학교	명동학교	송산학원
학교의 설립 주체	- 개인(이승훈) 주도 - 지역단체(신민회)의 지원	- 마을 전체 주도 - 개인(김약연) 대표	- 마을 단체(교회) 주도 - 개인(김두혁) 대표
학교와 마을 간 협력 주도	학교와 마을(전체)이 긴밀히 연결된 상호 융합적 관계	마을(전체)의 주도 → 학교와 마을의 융합적 관계	마을(주로 교회)의 주도
학교와 마을 간 협력의 목표	교육 신앙 산업이 조화로운 자치의 마을공동체 형성	- 민족의 독립을 이루는 데 필요한 인재 양성 - 자치 자주의 사회 건설	- 깨어 있는 의식을 가진 농촌지도자 양성 - 의식 있는 농민들의 농촌
학교와 마을 간 협력의 형태 혹은 활동 내용	- 마을이 학교에 필요한 자원 제공 - 학교는 마을을 위한 교육 문화적 센터의 역할	- 마을이 학교에 필요한 자원 제공 - 학교는 마을을 넘어 민족의 발전/독립을 위한 토대를 제공	- 마을이 학교의 설립에 필요한 인적·물적 자원 제공 - 마을은 학교의 교육 과정 - 학교는 마을의 발전을 위한 인재 양성
학교와 마을 간 협력의 지속가능성	학교와 마을의 유기적 협력관계로 상생의 가능성	- 마을이 학교를 제도적으로 지원하는 지속가능한 협력체제 - 외부(일제 탄압)의 힘을 극복하지 못하고 폐교	- 마을의 학교에 대한 지원이 제도화되지 못함 - 외부의 압력을 견딜 힘을 마을이 갖지 못함

3부

마을교육공동체의
현재

여기서는 현재까지 진행되고 있는 마을교육공동체 논의의 현황과 방향에 대해 파악할 것이다. 이를 위해 마을교육공동체 관련 학술논문, 저서, 정책보고서, 신문기사, 관련 사이트 홈페이지 자료 등을 수집하여 분석했다.

최근 사례는 국내외로 나누어 각각 두 곳씩을 선정했다. 사례 대상의 선정은 앞에서 제시한 네 가지 범주를 고려하고, 우수 사례와 평범한 사례를 혼합하여 마을 중심, 초·중등학교 중심, 대학 중심 등 다양한 형태의 마을교육공동체가 되도록 노력했다. 대상 학교와 지역에 대한 자료 수집을 위해 대상 학교의 활동에 참여하여 관찰하기도 하고, 대상 학교를 방문하여 담당자와 면담을 진행하거나 문서를 수집하기도 했다. 또한 기관 관련 홈페이지에서 중요한 자료들을 다운로드할 수 있었다.

10장
마을교육공동체 논의의 현황과 방향

우리 사회의 교육 담론에서 마을교육공동체가 본격적으로 등장한 것은 2010년 전후부터이다. 마을교육공동체와 유사 개념인 지역사회교육, 마을학교, 가정 학교 마을의 연계, 학교공동체, 마을공동체 만들기 등은 우리 사회에서 좀 더 이른 시기부터 논의되어 왔다. 앞에서도 밝힌 것처럼 마을교육공동체 이슈는 일부 교육청의 진보 성향 교육감의 주요 교육정책으로 시행되면서 우리 사회의 핵심적인 교육 담론으로 자리 잡게 되었다. 마을교육공동체가 교육정책 혹은 사업으로 등장하자 그 논의와 실천이 급속도로 확산되었다. 이처럼 확산의 속도가 빠른 이유는 마을교육공동체 같은 새로운 교육적 패러다임을 요구하는 시대적·사회적 환경이 갖추어져 있었고, 마을교육공동체와 유사한 정책들이 그동안 꾸준히 시행되어 왔기 때문이다.

오늘날 활발하게 이루어지고 있는 마을교육공동체에 대한 논의는 여러 가지 기준에 따라 다양하게 유형화될 수 있다. 마을교육공동체와 유사한 개념이 일찍 발달한 서구의 경우를 살펴보면 다음과 같다. 서구에서는 '마을교육공동체'란 전문용어 대신 '학교와 공동체'란 일상용어를 사용하면서 크게 '공동체로서의 학교school as community'와 '학교와 마을의 연계school-community connection'로 대별하여 논의가 이루어지고 있다.Furman, 2002 공동체로서의 학교란 큰 범주 아래 학교 구성원들의 공동체의식, 학생들의 학습공동체, 교사들의 전문적 공동체, 민주적 학교공동체 등의 하위 범주가 있다. 그리고 학교와 마을의 연계란 범주 아래 학부모의 학교교육 참여, 지역의 아동과 청소년을 위한 기관 간의 협력interagency collaboration, 공유된 거버넌스, 커뮤니티 스쿨community school 등의 하위 범주가 있다. 서구에서 학교와 공동체란 주제에 대한 논의는 전체적, 포괄적으로 이루어지기보다는 각 하위 범주를 중심으로 개별적으로 이루어지는 경향이 강하다.

특히 미국에서는 오래전부터 '학교와 마을의 연계'를 중요하게 생각해 왔다. 그것은 학교가 가난, 위생, 이민자를 위한 영어교육 등 지역사회의 필요를 수행해야 하는 '사회적 센터social center'로서 이해되는 전통 때문일 것이다. '학교와 마을의 연계'는 '학교와 마을의 협력'이나 '학교와 마을의 파트너십' 등으로 불리면서 활발하게 연구되고 실천되고 있다. 이 범주하에 학부모의 학교교육 참여는 오래전부터 강조되었고, 커뮤니티 스쿨은 비교적 최근에 논의가 증가하고 있다. 그리고 미국 사회에서 공동체성의 결핍이 사회적 문제의 원인이라는 연구와 공동체적 경험이 학교의 교육적 본질을 회복하고 학교의 효과성을 높이는 데 중요하게 작용한다는 연구 결과로 '공동체로서의 학교'에 대한 논의가 1990년대 이후 강화되고 있다.Bellah et. al., 1985; Bryk, Lee, & Holland, 1993

우리나라에서는 학교와 공동체 혹은 마을교육공동체에 관심을 갖고 논의를 하게 된 배경이 서구와는 다르다. 양병찬[2019]에 따르면 마을교육공동체에 대한 논의는 그 발생 배경 혹은 기원에 따라 네 유형으로 나눌 수 있다고 한다. 그는 마을교육공동체의 뿌리를 '지역 주민을 위한 학교 개방', '학교 중심의 교육공동체 만들기', '주민공동체교육의 다양한 실천', '마을 만들기의 추진 과정' 등 네 가지로 제시했다. 그는 첫째, '학교 개방'이란 학교의 인적·물적 자원을 지역사회 주민들에게 개방하는 것으로 1960년대 이후 우리나라에서 시행되던 '지역사회학교community school 운동'에서 강조하던 바라 했다. 이러한 태도와 자세는 마을교육공동체가 추구하는 바와 유사하다고 할 수 있다. 둘째, '학교 중심의 교육공동체 만들기'란 우리 사회의 전통적인 교육공동체 개념을 일컫는 것으로 학교가 교육공동체의 중심이 되어 있음을 강조한 말이다. 이는 학생, 교사, 학부모 등 학교 구성원 간의 교육공동체 형성의 중요성을 깨닫는 데 기여했지만 반면 마을(주민)을 교육공동체의 주체로 인정하는 데는 방해가 되기도 했다. 셋째, '주민공동체교육의 다양한 실천'이란 이전부터 지역사회에서 운영되어 오던 주민공동체 모임들 가운데 야학 단체같이 교육활동을 중심으로 하던 모임들의 다양한 실천들은 마을교육공동체의 활동과 유사성을 갖는다고 할 수 있다. 넷째, '마을 만들기의 추진 과정'이란 서울시를 비롯한 일부 지자체에서 적극적으로 추진하고 있는 마을공동체 만들기 프로젝트에 마을학교가 포함되어 결국 이 프로젝트는 마을교육공동체로 이어지기도 한다는 것이다.

양병찬은 마을교육공동체의 기원에 따른 유형화와 함께 그 성격과 성장 배경에 따라 세 가지 유형화도 제시했다. 그것은 교육복지형, 평생학습형, 마을공동체사업형 등 세 가지다. 교육복지형은 사회경제적 여건이 취약한 아동·청소년의 교육 결손을 막기 위해 지역의 다양한 단체들이 공동체를 구성하는 형태이다. 평생학습형은 아동과 노인을 포함한 마을의 주민들이 필요에 따라 학습할 수 있도록 지역의 기관과 단체들이 마을학교를 운영하는 등 공동의 노력을 기울이는 형태이다. 마을공동체사업형은 마을 만들기 사업을 위한 마을 일꾼 양성을 위한 마을학교 운영과 지역 자원의 학습 네트워크 형성을 주요 활동으로 하는 형태이다.

양병찬의 유형화 작업과 함께 유형화에 대한 대표적인 논의는 서용선 외[2015]와 신서영·박창언[2019]의 견해이다. 그들은 마을교육공동체가 추구하는 방향과 목표에 따라 네 가지로 유형화했다. 첫째, 교육과정적 접근은 학교의 교육과정을 편성하거나 운영할 때 마을과 연계하고 마을을 학습의 장으로 활용하는 방식이다. 둘째, 경제적 접근은 지역경제의 활성화를 위해 마을협동조합, 학교 매점, 공동육아 등을 학교와 연계하여 운영하는 방식이다. 셋째, 문화 예술적 접근은 학교의 교육활동을 통해 혹은 학교 밖의 모임에서 준비한 문화 활동을 마을의 문화 행사나 축제에서 발표하여 학생들이 문화 공급자가 되는 방식이다. 넷째, 진로직업적 접근은 학생의 진로 탐색을 위해 다양한 프로그램을 경험하고 그와 관련된 지식 기능 등을 익히고자 마을을 활용하는 접근이다.[서용선 외, 2016; 신서영·박창언, 2019]

마을교육공동체 논의에 관한 위의 유형화 작업은 어느 정도 타당성을 갖는다. 그러나 필자는 마을교육공동체에 대한 논의를 좀 더 멀리 그리고 넓은 범위까지 확대시키고자 한다. 즉, 마을교육공동체는 통시적으로 짧게 잡아도 조선시대까지 거슬러 올라가고, 공시적으로는 우리나라를 넘어 일본과 서구까지 범위를 넓힐 수 있다. 이처럼 확장된 마을교육공동체 논의에다 마을교육공동체의 목표와 활동 내용의 발전과정을 고려한다면 다음과 같이 네 개의 범주로 나눌 수 있다.

첫째, 교육개혁적 접근이다. 이는 마을교육공동체를 학교교육의 보완이나 개선 나아가 개혁을 위한 한 방안으로 보거나 혹은 교육개혁을 통해 이루고자 하는 목표로 보는 견해이다. 그런데 이 범주의 논의에서는 관심의 초점이 학교와 학생들에게 집중되어 있다.[신서영·박창언, 2019]

둘째, 평생교육적 접근이다. 이는 마을교육공동체를 지역 주민들을 위한 평생교육의 장으로 보거나 평생교육을 마을교육공동체 형성을 위한 필수 과정으로 보는 견해이다. 이 범주에서는 관심 대상이 학생과 아동을 넘어 마을 주민들에까지 확대되었다. 그런데 주 관심 영역은 여전히 교육활동에 집중되고 있다.[김용련, 2019; 배영주, 2019; 심성보, 2019]

셋째, 협력적 교육 거버넌스적 접근이다. 이는 마을교육공동체를 조직론의 관점에서 교육 거버넌스를 위한 협력체제의 구조에 주된 관심을 갖는 견해이다. 이 범주에서는 협력 활동의 효과성과 민주적 의사결정을 위해서 학교와 지역 기관들의 구조와 시스템의 변화에까지 관심이 심화 확대되었다. 그러나 조직의 구조와 시스템의 변화를 통해 추구하고자 하는 마을 상에 대한 논의가 부족하다.[김은경, 2018; 조윤정, 2018; Davidson, K. & Case, M., 2018]

넷째, 이상적인 마을공동체적 접근이다. 이는 마을교육공동체를 교육생태계가 살아 있는 이상적인 마을 만들기의 한 과정으로 보고, 이를 통해 궁극적으로 정의롭고 평화로운 마을공동체의 건설 혹은 지속가능한 공동체로의 성장을 도모하고자 하는 견해이다. 여기서는 마을교육공동체 논의가 단지 교육 영역에 머물지 않고 현대 사회의 패러다임 변화를 요구하는 사회학적, 철학적 논의까지 나아간다.[강영택, 2017c; 심성보 외, 2019; 양병찬 2019; 홍순명, 2009]

필자의 이런 유형화는 사실 기존 학자들의 견해와 크게 다르지 않다. 특히 김미향[2020]의 유형화 작업은 필자의 견해와 유사하다고 할 수 있다. 김미향은 마을교육공동체 논의를 '학교교육 보완적 관점', '평생학습

사회 지향적 관점', '사회유기체적 관점' 등 세 가지 범주로 유형화했다. 학교교육 보완적 관점은 필자의 첫 번째 범주인 교육개혁적 접근과 비슷하고, 평생학습사회 지향적 관점은 두 번째 범주인 평생교육적 접근과 유사하다. 사회유기체적 관점은 세 번째와 네 번째 범주와 관계있다고 할 수 있다. 사회유기체적 관점이 마을교육공동체를 이루는 협력체제의 토대가 되며, 마을교육공동체가 사회의 지속가능한 성장에 기여할 수 있다는 주장의 근거가 된다.

필자가 여기서 제시하는 유형화가 기존의 것과 크게 다르지 않다면 왜 굳이 잉여의 작업을 하는 것인가? 그것은 마을교육공동체가 지향하는 바를 분명히 함으로써 마을교육공동체 논의가 진행되는 방향을 확실히 알기 위해서다. 요즘 마을교육공동체란 용어는 사업이나 프로그램의 이름으로 사용되는 경우가 많다. 그러다 보니 마을교육공동체란 용어가 지닌 다양한 의미 가운데 실용적, 도구적 측면이 강조되는 듯하다. 그러한 측면을 무시할 수는 없지만 그것을 넘어 마을교육공동체가 지향하는 근원적 가치를 드러낼 필요가 있다고 본다. 그래서 '학교교육 보완적 관점,' '교육복지,' '마을공동체사업'보다는 '교육개혁적 접근'이나 '이상적인 마을공동체'란 표현을 선호하는 것이다.

필자가 제시한 마을교육공동체 논의의 네 가지 유형을 간단하게 나타내면 [그림 3]과 같다. 마을교육공동체는 크게 교육 분야와 마을 만들기 분야로 구분할 수 있다. 필자의 첫 번째와 두 번째 유형은 주로 교육에 집중되어 있고, 세 번째와 네 번째 유형은 교육을 포함한 마을공동체 형성에 관심을 가진다. 첫 번째 유형인 교육개혁적 접근에서 네 번째 유형인 이상적 마을공동체 접근으로 나아감에 따라 마을교육공동체의 활동 내용과 대상의 범위가 넓어지고 그 개념은 깊어진다고 할 수 있다.

[그림 3] 마을교육공동체의 네 가지 유형

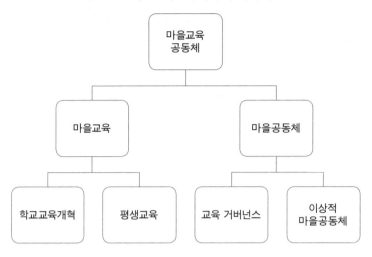

이제 필자가 제시한 네 가지 유형의 마을교육공동체 논의가 각각 어떤 배경에서 시작되었으며 어떤 내용을 중심으로 이루어져 왔는지를 살펴보겠다.

1. 교육개혁의 방편과 목표로서의 마을교육공동체

학교교육은 현대로 올수록 그 한계를 더욱 드러내기 때문에 학교교육을 보완하거나 개선 혹은 개혁하려는 시도는 점차 강화되어 왔다. 변화를 위한 이러한 노력은 중앙정부와 지자체 차원에서도 이루어질 뿐아니라 교원(단체)이나 민간 시민 차원에서도 다양하게 이루어져 왔다. 교육개혁을 위한 노력 가운데 대안학교 운동, 혁신학교 정책, 혁신교육지구 정책, 자유학기제 등은 최근의 중요한 사례들이다. 공동체 교육을 중시하는 대안학교 운동은 그 정신과 다양한 교육 프로그램들이 공교육으로 들어가 혁신학교란 이름의 교육정책을 낳게 했다. 이어서 혁신학교 정책은 혁신이 학교 울타리를 넘어 지역사회로 나가 혁신교육지구 정책으로 발전했다. 혁신교육지구 정책은 마을교육공동체와 많은 유사점을 지닌다. 이처럼 마을교육공동체를 대안학교 운동으로부터 시작하여 혁신학교와 혁신교육지구를 거쳐서 도달한 발전된 형태의 교육개혁 정책으로 보는 논의들이 다수 있다.[김미향, 2020; 양병찬, 2018] 이는 마을교육공동체 정책에 이르는 전 과정을 학교교육을 개선 혹은 개혁하고자 하는 의지의 발달과정으로 보는 입장이다. 한편 마을교육공동체를 학생들의 진로적성 탐색을 주요 목표로 삼는 자유학기제의 성공적 운영을 위한 학교교육의 보완적 역할로 연계시키기도 한다.[김위정 외, 2016]

마을교육공동체가 대안학교, 혁신학교, 혁신교육지구 정책으로부터 발전했다고 하지만 이들과 근본적인 차이가 있음을 지적하기도 한다.[김미향, 2020] 즉, 대안학교 운동과 혁신교육 정책이 학교의 공동체적 성격을 강조하고 학교와 지역공동체의 연계의 중요성을 부각시킨 점은 마을교육공동체의 개념과 부합한다. 그러나 대안학교나 혁신학교들은 대부분 학교를 중심으로 지역공동체와의 연계를 생각하는 경향이 강하다. 이러한 접근은 학교와 지역의 여러 기관이 유기적 관계를 맺어 진정한 교육공동체로 발전하기 어렵게 만든다. 그러므로 마을교육공동체를 논할 때 대안교육과 혁신교육을 그 뿌리로 볼 수는 있지만 이들로부터 마을교육공동체가 자연스럽게 산출된 것으로 보기는 어렵다. 대안교육과 혁신교육 논의에서 교육의 주체와 대상 그리고 내용을 학교에서 마을로 넓히는 전환이 이루어질 때 비로소 마을교육공동체의 개념이 형성된다고 할 수 있다. 이런 점은 김용린[2015]도 동일하게 지적한 바 있다. 그는 미래의 새로운 교육개혁은 학교만 대상으로 삼는 학교개혁이 아니라 지역의 교육력을 강화시키는 마을교육공동체로 나가는 것이어야 한다고 주장한다. 교육의 중심을 학교에서 지역사회로 넓힐 것을 주장한 것이다.

마을교육공동체에 대한 관심이 일찍 발생하여 시행하고 있는 미국과 일본에는 마을교육공동체 개념과 유사한 다양한 형태의 정책과 활동들이 있다. 그 가운데 대표적인 것으로 커뮤니티 스쿨이 있는데 이는 복합적인 성격을 지녀서 한 범주에 포함시키는 데는 어려움이 있다. 미국의 커뮤니티 스쿨은 교육개혁적 성격과 마을공동체의 발전을 지향하는 접근이 중심이 되고 있다. 일본의 커뮤니티 스쿨은 교육개혁적 성격과 평생학습사회적 성격을 갖고 있다. 미국의 커뮤니티 스쿨은 학교가 학생 지도와 교육에 대한 한계를 인정하고 학교의 문을 개방하여 학부모와 지역사회의 다양한 기관과 단체를 교육의 파트너로 삼는다는 점에서 교육개혁적 접근의 마을교육공동체 논의와 유사하다. 일본은 좀 더 직접적으로 커뮤니티 스쿨을 교육개혁의 방편으로 제시하고 있다. 일본 문부성이 미래의 교육을 대비하여 만든 「지방교육행정의 조직 및 운영에 대한 법률 개정안」이 2004년 국회를 통과함으로써 커뮤니티 스쿨은 일본 교육개혁의 중요한 한 모델이 되었다. 그 법률은 학부모와 지역 주민이 참여하는 '학교운영협의회'를 학교 경영의 핵심 조직으로 수용하여 지역의 특성이 반영된 학교교육이 이루어지도록 했다.^{강영택, 2017}

2. 평생교육의 장으로서의 마을교육공동체

현대 사회의 중요 특징이 된 지식과 기술의 빠른 변화와 노인 인구의 증가는 교육과 배움에 대한 개념과 강조점의 변화를 요구하고 있다. '학령기 동안 학교에서의 교육'에서 '평생 동안 사회 전반에서의 배움'으로 교육의 중심이 옮겨 가는 것이다. 달리 말하면, 현대 사회는 평생학습사회로의 전환을 요구하고 있다고 할 수 있다. 아동으로부터 노인에 이르기까지 사회의 모든 구성원이 각자가 필요로 하는 바를 배울 수 있는 학습생태계를 만드는 것이 중요하게 된 것이다. 이러한 사회의 요구는 마을교육공동체 개념의 발생과 밀접한 관련성을 가진다. 그래서 마을교육공동체 논의 가운데 중요한 하나의 흐름이 평생교육 혹은 평생학습사회를 마을교육공동체와 연계시키는 것이다. 우리나라 일부 교육청에서 규정하는 마을교육공동체의 개념은 이런 관점에 가깝다. 예를 들면, 충청남도는 「도교육청 충남 마을교육공동체 활성화 지원에 관한 조례」에서 마을교육공동체를 "학교와 마을이 아이들을 함께 키우며, 마을이 아이들과 지역민의 배움터가 되도록 학교와 마을, 교육청과 도, 시·군, 그리고 학부모와 지역사회가 협력하고 연대하는 교육생태계"라고 정의 내린다.

이런 관점에서 마을교육공동체를 논의할 때는 대개 두 가지 차원에서 이루어진다. 첫째는 마을교육공동체가 지향하는 목표를 그 지역의 아동·청소년뿐 아니라 성인인 주민들의 평생학습이 가능한 평생학습사회를 이루는 것으로 보는 견해이다. 둘째는 마을교육공동체가 추구하는 궁극적 목표가 마을의 지속가능한 성장이라 할 때 평생교육과 평생학습사회의 형성은 최종 목표를 이루기 위한 필수적인 과정으로 보는 견해이다.

일본의 마을교육공동체 사례인 커뮤니티 스쿨은 앞에서 언급한 바와 같이 교육개혁적 성격을 강하게 갖지만 동시에 주민들의 평생교육을 핵심 사업으로 삼고 있다. 일본의 커뮤니티 스쿨은 학교, 가정, 지역사회가 협력하여 학생들의 배움과 성장을 촉진시킬 뿐 아니라 주민들에게 평생 학습의 기회를 제공하여 지역의 교육력을 높일 것을 추구한다. 이러한 점은 우리나라 마을교육공동체가 추구하는 바와 일치한다. 여기서 마을 교육공동체 논의에 중요하게 등장하는 '지역사회의 교육력'이란 지역 주 민들이 스스로가 인식한 마을과제들을 지역의 자원들을 활용한 협력 과 배움을 통해 주민들이 해결하고, 지역 구성원들의 성장과 발달을 이 룰 수 있는 힘이라 정의 내린다.나가하타, 2015 지역의 교육력은 주민들의 협 력과 교육이 효과적으로 이루어질 때 가능하게 된다. 그러므로 일본의 커뮤니티 스쿨들은 주민들의 협동과 학습이 잘 일어나도록 하는 데 관 심을 갖고 학교와 지역의 협력 방식에 대해 고민을 한다. 이는 뒤에 논의 할 '교육의 협력체제' 문제와 관계한다.

우리나라에서 마을교육공동체가 추구하는 바를 논할 때 빈번하게 등 장하는 표현이 '평생학습사회의 조성과 지속가능한 지역사회의 발전'이 다.김미향, 2020; 심성보, 2019 이는 마을교육공동체가 궁극적으로 지향하는 바는 학교를 포함한 그 마을의 지속가능한 발전이며 이는 평생학습사회의 조 성을 필수적 과제로 삼고 있음을 나타낸다. 그런데 여기서 마을의 지속 가능성을 확보하기 위해서는 그 지역의 교육력과 주민들의 네트워크 형 성이 전제되어야 한다. 이는 지역 주민들의 평생학습을 통한 시민의식 향상과 주민들 간의 소통과 협력을 신장시킬 때 가능하게 된다.

심성보2019는 마을교육공동체운동이 성공하기 위한 가장 중요한 요소 로 주민들의 주체화와 네트워크를 제시한다. 마을의 모든 주민이 먼저 자기 마을의 주체임을 자각해야 하고, 이를 바탕으로 사회적 필요와 요 구에 부응하기 위해 스스로가 다양한 네트워크를 형성해야 한다는 것이다. 이를 위해서는 학교에서 구성원 모두가 주체가 되는 민주적 공동체를 필요로 하고 나아가 주민들 모두의 목소리를 중요하게 듣는 민주적 문화가 있어야 한다고 한다. 이런 관점에서 마을교육공동체를 논할 때는 민주적 시민의식과 실천력을 함양하는 것을 주안점으로 삼는 평생학습사회 조성에 주된 관심을 갖는다.

3. 협력적 교육 거버넌스로서의 마을교육공동체

우리나라 교육의 고질적 문제점 가운데 하나는 교육 관련 기관들 사이에서 의사소통과 협력이 잘 일어나지 않는다는 점이다. 이런 현상은 교육(행정)기관들의 관료화와 조직의 분절화와 관계가 있다. 즉, 학교, 교육지원청, 교육청에서의 일은 주로 상급자의 명령과 규정에 의해 이루어진다. 이런 조직에서는 구성원들의 의견이 의사결정 과정에서 충분히 반영되지 못하는 경향이 있다. 또한 학교, 교육행정기관, 일반행정기관, 지역사회교육기관 등 교육의 여러 영역의 기관들 혹 단체들은 각자의 개별성과 독립성을 강조하여 상호 간의 협력이 일어나기 어렵다. 소통의 심각한 장애가 발생하는 이런 체제가 지속된다면 교육이 효과적으로 이루어지기 어렵다. 그런데 마을교육공동체는 지역이라는 큰 울타리 안에 있는 다양한 기관들과 구성원들이 유기적 관계를 형성하지 않으면 성립될 수 없는 개념이다. 마을교육공동체에 대한 이해와 실천을 위한 노력은 기관과 단체들 사이의 장벽을 무너뜨리고 서로를 연결시키는 역할을 할 것으로 본다. 이는 우리나라 교육의 발전에 의미 있는 기여가 될 것이다.

이러한 점에 주목하여 마을교육공동체를 논의하는 연구들은 교육기관과 단체들 사이의 협업체제 구축을 전제로 하는 마을교육공동체의 개념을 탐색하거나[김미향, 2020] 지역의 상황에 맞는 마을교육공동체의 협업체제 구축 방안을 탐구한다.[김은경, 2019; 양병찬, 2018] 이와 함께 협력적 교육 거버넌스 구축 과정을 실제 사례를 분석하면서 고찰하기도 한다.[조윤정, 2018]

이 연구들이 공통적으로 제시하는 것은 마을교육공동체가 학교교육의 보조적 역할을 넘어 미래교육의 새로운 대안으로 자리 잡기 위해서는 지역 통합적 교육네트워크를 형성해야 한다고 주장한다. 이를 기반으로 시민과 행정의 협력적 교육 거버넌스를 구축하는 것이 필요하고 학교와 지역의 지속적인 관계 형성을 위해 구조적 지원체제를 구축해 가야 한다고 한다.[양병찬, 2018]

마을교육공동체의 협력적 교육 거버넌스를 위한 협업체제 구축 방안을 구체적으로 제안하기도 한다.[김은경, 2019]

(1) 협업체제의 구축 자체에 대한 관심과 함께 그것이 추구하는 방향과 목표에 대한 주민들의 논의가 충분히 이루어져 마을교육공동체의 상에 대한 공동의 관점을 형성해야 한다.

(2) 협력적 거버넌스의 구축은 행정기관 내와 민간 기관과 단체의 분절적 사고방식의 극복으로부터 시작해야 한다.

(3) 일반행정과 교육행정이 분리되어 있는 현 상태에서는 행정기관, 학교, 마을을 연계시킬 수 있는 유연한 중간지원조직이 필요하다.

(4) 마을 단위를 구성하는 주체들의 만남을 통해 마을교육공동체의 필요성을 공감하고, 그 실천 방식을 결정하면서 네트워크를 형성하여 이를 토대로 촘촘한 협업체계를 만들어야 한다.

(5) 협업체계가 구축되는 동시에 구성원들 간 상호작용을 만들어 내는 전문적 인력을 안정적으로 공급하고 배치할 수 있어야 한다.

마을교육공동체가 우리나라 전국 각지에서 시도되고 있지만 특히 경기도 의정부시 사례는 좋은 모델이 될 만하다. 의정부에서는 지역 청소년들이 주체가 된 마을학교인 꿈이룸학교가 중심이 되고 지역교육청, 시청, 관내 학교들, 시민단체 등이 참여한 협력적 교육 거버넌스를 구축하여 마을교육공동체를 운영했다. 이 지역에서 교육 거버넌스를 통한 마을교육공동체가 활성화된 데에는 다음의 요인들이 작용했다고 볼 수 있다.조윤정, 2018

첫째, 마을교육공동체의 필요성을 느껴서 학교 밖 마을학교를 세우고 다른 교육기관의 주체자들과 함께 네트워크를 만들고자 한 핵심 인물들이 있었다. 둘째, 마을교육공동체의 중요한 주체가 되는 지역의 청소년들이 자발성과 주체성을 가지고 마을 프로젝트에 적극 참여했다. 셋째, 마을학교에서 영향을 받고 성장한 청소년들이 학교를 졸업한 뒤 다시 마을학교로 와서 교사로 봉사함으로써 지속성의 구조를 갖추고 있다. 넷째, 건실하게 운영되는 마을학교의 교육과정의 원리를 공교육에 적용하려는 노력을 통해 마을과 학교가 함께하는 교육공동체를 추구했다. 다섯째, 관료화되기 쉬운 지자체가 마을교육공동체를 주도하지 않고 현장 교육의 주체들이 중심이 되어 방향과 목표를 분명히 정하고 일관되게 추진할 수 있었다.

마을교육공동체의 협력적 거버넌스의 실천과 이에 대한 논의는 서구에서도 활발하게 이루어지고 있다. 학교와 가정 그리고 지역의 다양한 기관들이 어떻게 하면 상호 협력을 강화하여 목표한 바를 성취할 것인지에 대한 연구들이 수행되었다. 예를 들어, 콜로라도 교육구의 경우 협력적 체제에 참여한 참여자들 사이에 신뢰의 문화를 정착시키는 것이 우선되어야 한다. 그리고 전통적으로 소외당해 온 사람들-이민자, 소수인종 등-의 목소리를 중요하게 수용하여 그들이 적극적으로 자신들의 목소리를 내도록 격려하는 것이 중요하다. 마지막으로는 참여자들에게 단순히 참여할 뿐 아니라 의사결정을 할 수 있도록 권한을 이양하는 것이 중요하다. 그래서 마을교육공동체의 목표, 원리, 수행전략 등에 참여자들의 의사가 반영되어야 한다.^{Davidson & Case, 2018}

4. 이상적인 마을공동체 형성을 위한 마을교육공동체

마을교육공동체 개념의 출현과 이에 대한 관심은 마을(공동체) 만들기 운동과 뗄 수 없는 관계에 있다. 물론 마을교육공동체의 활동을 학교교육을 보완하는 수준에서 멈추는 경우도 있고 마을까지 확대하지만 교육 분야에 제한을 두기도 한다. 그러나 최근에는 그 활동 범위가 학교와 교육의 영역을 넘어 마을 전체의 새로운 구상에까지 확대되고 있다. 그럴 때 마을교육공동체가 지향하는 바는 학교를 포함한 마을 전체가 이상적인 마을공동체가 되는 것이다. 여기서 이상적인 마을공동체란 다면적 의미를 지니지만 단순하게 표현한다면 '지속가능한 마을공동체'가 된다. 지속가능한 마을공동체란 우선 지역경제가 외부의 거대 자본에 종속되지 않고 지역을 기반으로 하는 자립적 경제구조를 갖는 것이 중요하다. 이와 함께 자연환경은 현재의 자원으로 함부로 훼손하지 않아서 생물다양성이 보존되는 생태계가 유지되며, 사회적으로 구성원들이 주체성을 갖고 상호 소통과 협력하는 민주적인 공동체를 형성하는 것을 의미한다. 지속가능한 마을공동체의 이러한 특성들은 전 주민의 평생교육을 통하지 않고는 이룰 수 없는 것이기에 여기서 마을교육공동체 개념이 등장하게 된다.

우리나라에서 마을교육공동체의 논의를 위에서 말한 지속가능한 마을공동체 형성과 연결시키는 경향은 대개 두 가지 방향에서 나온 듯하다. 첫 번째는 인구의 감소, 산업의 변화 등으로 인해 많은 마을이 쇠락해 가는 현실에서 이를 극복하고 마을을 재생하려는 노력의 일환으로 마을교육공동체에 관심을 갖게 되었다는 점이다. 두 번째는 사람들이 잘 인식하지 못하지만 이상적 마을공동체 만들기는 오래전부터 존재했던 인류의 염원이었고, 특히 우리 민족의 역사에서도 면면히 내려오던 전통이어서 마을교육공동체 개념은 우리의 무의식 속에 들어 있다 외적 자극이 주어지면 표출된다고 할 수 있다. 이 두 가지를 간단하게 다시 말하면 이상적 마을공동체를 지향하는 마을교육공동체의 등장은 지역사회의 문제 해결이라는 현실적 필요에 근거하기도 하고, 우리의 역사 속에 이어져 오다 특정 시대적 상황 가운데 사람들의 이상을 반영하여 나타나기도 한다고 할 수 있다.

먼저 마을교육공동체를 지역이 직면한 문제점을 해결하고 보다 발전된 마을공동체를 형성해 가기 위한 것으로 보는 논의와 실천들은 국내외에서 많이 찾아볼 수 있다. 이미 우리에게 잘 알려진 서울 마포구의 성미산학교와 성미산마을은 이 범주에 속하는 대표적 사례. 성미산마을은 마을교육공동체라는 용어가 사용되기 전인 1994년에 대도시 서울에서 공동육아협동조합으로 시작하여 지금은 마을공동체로 자리 잡은 도심지의 대표적인 마을교육공동체이다.[윤태근, 2011] 성미산마을공동체의 시작은 육아 문제를 해결하기 위한 공동의 노력이었다. 자녀 육아 문제 해결 이후 교육 문제를 해결하기 위해 함께 대안학교를 운영했다. 이러한 활동들이 확대되어 자립과 문화가 활성화된 "기쁨과 아픔을 함께 나누는 마을공동체"로 발전한 것이다. 육아 문제 해결 노력에서 시작하여 지속가능한 마을공동체를 추구하는 성미산마을의 사례는 이후 마을교육공동체의 개념을 정립하는 데 영향을 주었다.

마을교육공동체라는 용어를 우리나라 교육계의 주요 이슈로 처음 만든 경기도교육청의 마을교육공동체도 이 범주에 가깝다. 경기도교육청은 그 지역 학생들과 학교 밖 청소년들이 진로적성 교육을 실질적으로 받지 못해 꿈이 부재함을 주요 문제로 인식했다. 그래서 학교들과 교육청을 비롯한 지역의 다양한 단체들이 협력하여 세운 마을학교를 기반으로 청소년들이 주체가 된 청소년의 진로 탐색 활동에 구체적인 도움을 주기 위한 '꿈의학교' 사업을 시작했다. 이 꿈의학교 사업이 경기도 마을교육공동체의 핵심 사업이지만 이 외에 교육자원봉사와 교육협동조합 사업도 시행되고 있다. 특히 교육협동조합은 이전 교육 관료나 일부 사람들에 의해 독점되던 교육 관련 사업을 학생, 학부모, 주민들에게 개방하여 사업체의 소유와 운영을 민주화한 것이다. 이는 마을의 자립경제에 도움이 되고 학생과 주민들에게 민주 정신을 내면화시키는 데 도움이 될 것이다. 이러한 점이 마을교육공동체가 추구하는 바와 일치한다고 할 수 있다. 경기도 마을교육공동체의 개념 규정과 사업 설정은 우리나라 전역의 마을교육공동체 정책과 사업에 영향을 주었다.

미국의 경우에도 마을교육공동체가 지향하는 바는 지역 문제 해결을 통한 건강한 마을공동체 형성임을 보여 주는 논의들이 많다. 마을교육공동체의 해외 사례들을 우리나라에 본격적으로 소개한 책 『마을교육

공동체운동: 세계적 동향과 전망』에 나와 있는 미국 사례인 오리건주의 멀트노마 카운티 커뮤니티 스쿨Multnomah County Community School은 성과를 내고 있는 전형적인 마을교육공동체의 한 예이다.강영택, 2019 포틀랜드 시가 포함된 멀트노마 카운티에는 1990년대 후반부터 빈곤층 증대, 주택문제의 심화, 언어적·문화적 다양화의 급속한 증가 등 지역 문제들이 심화되어 나타났다. 이런 현실을 직시한 지역의 지도자들과 주민들은 이를 해결할 방안으로 교육을 꼽았다. 아동의 인종 간, 계층 간 학업성취의 차이를 현재 문제의 핵심일 뿐 아니라 미래 지역의 위험 요인으로 보았다. 그래서 이 문제를 해결하기 위해 지역의 학교들과 지역사회의 다양한 기관과 단체들-지자체, 교육청, 도서관, 커뮤니티센터, 공원, 교회, 기업 등-이 연합하여 마을교육공동체인 SUN 커뮤니티 스쿨School Uniting Neighborhoods Community Schools을 만들었다. 이 마을교육공동체는 취약 계층 학생들의 학업 지원뿐 아니라 취약한 가정들의 회복과 안정을 위한 상담, 의료, 운동, 주택 등 종합적인 지원 활동을 실시했다. 이러한 활동을 통해 지역사회를 더욱 평등한 생활공동체로 만들고자 노력하고 있다.Blank, Berg, & Melaville, 2006; Dryfoos and Maguire, 2019; Iverson, 2005

다음으로 마을교육공동체를 사람들이 오랫동안 추구해 온 이상적 마을공동체를 이루어 가는 한 과정으로 보거나 혹은 이상적 마을공동체 그 자체로 보는 시각들이 있다.강영택, 2014b; 김용련, 2019; 이민희, 2019; 홍순명, 1998 성미산마을이 우리나라 도시형 마을교육공동체의 대표적인 사례라 한다면 풀무학교가 있는 홍동마을은 농촌형 마을교육공동체의 대표적 예라 할 수 있다. 이미 많은 연구를 통해 잘 소개되어 있듯이 풀무학교는 1968년 설립 당시부터 우리나라에서는 예외적으로 학교와 마을의 유기적 관계를 강조해 왔다. 농업의 가치, 유기농업, 민주시민정신 등을 학생과 주민들에게 교육했을 뿐 아니라 생활협동조합이나 신용협동조합 등을 시작하여 지역경제에 도움을 주었다. 2001년 개설한 풀무학교 전공부는 도시의 청년들에게 생태적 가치를 가르쳐 홍동마을의 새로운 주민으로 정착하게 하여 마을 활력의 원천의 역할을 하고 있다. 풀무학교와 홍동마을이 유기적 협력관계를 통해 만들어 가는 마을교육공동체는 자치와 생태적 가치가 숨 쉬는 지속가능한 마을공동체이다.

풀무학교와 홍동마을이 지향하는 마을공동체는 사실 인류가 오랫동안 염원했던 바이기도 하다. 이 지역에 마을교육공동체의 초석을 놓고 지금의 모습까지 발전하는 데 핵심적 역할을 한 이찬갑이나 홍순명은 마을과 함께하는 풀무학교의 정신은 일제강점기 이승훈의 오산학교에 뿌리를 두고 있다고 했다.^{강영택, 2017; 백승종, 2002} 이승훈이 사업가로서 성공 후 지속적으로 추구했던 것은 이상적 마을공동체를 만드는 것이었다. 그가 구상한 마을공동체에는 주민들의 의식을 일깨우고 실력을 갖추게 하는 교육기관이 중심을 이루어야 한다고 보았다. 실제 그가 설립하고 운영한 오산학교와 용동마을은 유기적 협력관계를 갖추고 있어 오늘날의 기준으로 보더라도 모범적인 마을교육공동체라 할 수 있다. 오산학교와 함께 당시 명문 민족사학으로 이름 높던 북간도의 명동학교를 설립하고 운영한 김약연도 이승훈처럼 학교와 마을이 함께 어우러진 이상촌을 건설할 것을 추구했다. 마을교육공동체를 향한 그들의 꿈은 불평등하고 부조리한 현실 세계에 대한 비판정신과 이를 새롭게 만들고자 한 개혁정신이 교육을 인간의 근본으로 보는 전통사상과 만나 이상촌을 추구했던 조선 선비들의 정신과 맞닿아 있다. 이상적 마을공동체 형성을 위한 마을교육공동체에 대한 논의는 많지만 이를 우리의 과거 역사와 연계시키는 노력은 부족하다고 할 수 있다.

학교와 마을에 대한 김약연, 이승훈, 이찬갑, 홍순명의 생각은 이상적 마을공동체로서의 마을교육공동체를 논의하는 최근의 연구들과도 차이가 별로 없다고 할 수 있다. 단지 우리나라에서 이러한 관점으로 마을교육공동체를 논의할 때 평생교육과 평생학습사회라는 개념의 터 위에서 이루어지고 있어 보다 논리적이고 체계적인 모습을 보이는 것은 사실이다.김용련, 2019 서구의 최근 논의에서도 다양한 차원에서 사용되는 마을교육공동체[6]의 개념을 사회정의적 관점에서 새롭게 정립하고, 그 실천들도 사회정의의 실현에 집중할 것을 요청하기도 한다.O'Connor & Daniello, 2019 즉 지금까지 도구적 측면에서 활용되던 마을교육공동체를 모두의 비전인 정의로운 마을공동체를 이루어 가는 과정으로 이해하고자 하는 것이다.

지금까지 마을교육공동체 논의를 그 개념의 확대와 심화에 따라 네 유형으로 나누어 제시했다. 이 네 가지 유형의 특징을 요약 비교하면 [표 3]과 같다.

---

6. 앞에서 말한 바와 같이 미국에서는 '마을교육공동체'란 용어를 사용하지 않는다. 이 용어의 개념에 속하는 말들은 community school, school community connection, school community partnership 등이 있는데 여기서는 school community partnership에 대해서 논했다.

[표 3] 마을교육공동체의 네 가지 유형 비교

	교육개혁적 접근	평생교육적 접근	협력적 교육 거버넌스	이상적 마을공동체적
추구하는 목표	학교교육의 한계를 지역사회와의 협력으로 개선	학교와 지역사회의 협력으로 지역의 아동, 청소년, 성인들의 평생교육의 장 마련	학생을 포함한 주민교육과 마을공동체 형성을 위한 민·관·학 기관들과 주민들의 네트워크 형성과 거버넌스 구축	학교와 지역사회의 협력과 네트워크를 통해 학교와 마을이 상생하는 지속가능한 마을공동체 건설을 추구
활동의 주체	– 학교 교직원 – 지역의 교육(행정)기관 – 지역(시민)단체 – 마을 주민	– 마을 주민 – 지역(시민)단체 – 지역의 교육(행정)기관 – 학교 교직원	– 학교 교직원 – 지역(시민)단체 – 지역 교육(행정)기관 – 지자체 – 마을 주민	– 마을 주민 – 지역(시민)단체 – 지역 교육(행정)기관 – 지자체 – 학교 교직원
활동/ 서비스의 대상	– 학교 학생 – 마을의 아동과 청소년	– 학교 학생 – 마을의 아동과 청소년 – 마을의 성인 주민	– 학교 교직원 – 학교 학생 – 마을 주민	– 마을 주민 – 학교 학생 – 학교 교직원
활동의 주요 내용	– 학교 개방 – 수업에 지역의 자원 활용 – 주민 교사 위촉과 동아리 지도 – 학생 지도를 위해 학교와 관련 기관의 소통 및 협력	– 학교 개방 – 주민학습동아리 활성화 – 평생교육 기획 및 실시 – 평생교육 활성화를 위한 여러 기관과 단체들의 네트워크 형성	– 학교, 지역 기관과 단체, 교육(지원)청, 지자체 간 소통의 정례화 – 여러 기관의 협력으로 성취하고자 하는 목표상 공론화 – 목표 달성을 위한 효과적인 네트워크 및 거버넌스 탐색과 구축	– 마을 주민들의 학습이 언제 어디서나 일어나는 학습생태계 조성 – 마을 구성원들 간 소통과 연계를 통한 공동체 의식 함양 – 마을의 지속가능성 탐색을 위한 집단지성의 활용과 실천

11장
마을교육공동체의 최근 국내 사례

1. 시흥시의 평생학습마을[7]

1) 형성 배경과 성장 과정

시흥시는 경기도의 서남부권에 위치하고 인천광역시와 인접해 있는 도농복합도시이다. 인구는 2020년 기준으로 56만 4,000명으로 수년간 증가 추세에 있다. 학교는 대학교 3곳을 포함하여 총 96개교에 이른다. 시흥시는 도시화와 산업화의 가속화로 발생하는 지역의 많은 문제를 해결하는 방안으로 주민들의 지속적인 학습과 공동체 문화의 형성을 기반으로 하는 평생학습마을 만들기를 제시했다. 그래서 이 장에서 살펴볼 시흥시의 마을교육공동체운동은 평생학습마을 만들기를 주요 기반으로 삼고 있다. 그리고 마을교육공동체 활동은 정부의 다양한 정책들과 지역의 자생적인 모임과 활동들이 결합되어 이루어지고 있다. 정부의 정책들 가운데 특히 교육부의 평생학습도시 조성 사업, 행안부의 마

---

7. 이 부분은 별도의 인용 표시가 없는 경우 시흥시에서 2021년 발간한 『행복한 학습 새로운 인생: 2020 시흥시 평생교육원 성과집』을 참조했음을 밝힌다.

[사진 4] 시흥 평생학습마을 활동 시흥시, 2021: 17

을공동체 만들기 사업, 교육청의 혁신교육지구 정책 등이 많은 영향을
미쳤다. 이와 함께 지역의 평생교육사들의 단체나 교사 모임 같은 자생
적 모임들이 꾸준하게 교육공동체를 지향하면서 실천해 온 것도 영향
을 주었다.

　여기서는 시흥시 마을교육공동체의 기반이라 할 수 있는 평생학습마
을 만들기를 중심으로 마을교육공동체 활동에 대해 살펴보고자 한다.
시흥시에서 추구하는 평생학습마을이란 마을학교, 주민자치조직, 공동
체 문화가 살아 있는 지속가능한 마을공동체를 일컫는다. 평생학습마을
의 목적은 주민 주도 평생학습을 통해 마을공동체를 회복하고 주민들
의 정주의식을 고취하여 지속가능한 학습도시를 형성하는 것이다. 이를
위해서 시에서는 '시흥형 평생학습마을 사업'을 기획하여 시행하고 있다.
이 사업은 아동에서 노인에 이르기까지 다양한 세대의 사람들이 어울
려 배우는 마을학교라는 '공간'을 기반으로, 주민들이 스스로 계획하고

시행하는 주민자치조직의 '사람'을 키우고, 함께 배우고 나누는 공동체 '문화'를 형성하기 위한 것이다. 그래서 이 사업은 공간 만들기, 사람들의 관계 만들기, 문화 만들기 등 세 범주로 나누어 시행되었다.

시흥시가 평생학습마을 만들기에 관심을 갖고 여러 가지 시도를 한 것은 2000년대 들어서였다. 2005년에는 시흥시가 평생교육종합계획을 수립했으며, 2006년 2월에는 '시흥시평생학습' 조례를 제정했고, 평생학습도시로 선정되었다. 2007년부터는 마을 만들기 공모 사업에 주민들의 참여가 이루어져 마을 만들기 활동이 본격적으로 시작되었다. 그해에 시흥시의 '평생학습시범마을 만들기' 공모 사업에 선정된 '참이슬아파트'의 마을 만들기 사업이 시작되었는데, 이는 평생학습도시 사업의 성격을 띤 실험적인 모습이었다. 참이슬아파트 마을 만들기 사업은 평생학습 생태계 조성 프로젝트로 추진되어 시의 지원금이 중단된 2010년 이후에도 자체적으로 운영을 계속하여 지금까지도 이어지고 있다. 이 사업은 '평생학습추진위원회'라는 민간단체가 시흥시와 함께 추진한 민·관 협력 사업의 좋은 선례가 되었다.

2009년부터 2012년까지는 '희망마을 만들기' 사업이 행정안전부의 재정 지원으로 시행되었는데 시흥시의 14개 마을이 참여했다. 시흥시에서는 재정 지원이 끊어진 이후에도 자체적으로 운영 가능한 구조를 만들기 위해 노력했다. 현재까지 30개 이상의 마을들이 자생력을 갖춰 다양한 교육 프로그램과 주민자치 활동을 이어 오고 있다.

2012년에는 '경기도평생교육진흥원'이 기획한 학습마을 만들기 사업인 '골드 트라이앵글'에 관내 5개 마을이 참여했다. 이 사업은 마을의 인력 양성과 사회적 일자리 만들기를 연계하는 것을 목표로 했다. 그래서 지역의 마을학교들을 비영리 단체로 등록하고, 마을활동가들을 그곳에 배치하여 공공성을 가진 평생학습 프로그램을 운영함으로써 마을 활성화와 일자리 창출에 기여하고자 했다.조윤정 외, 2006

시흥시에서 평생학습마을 만들기와 같은 마을교육공동체 활동이 비교적 활발하게 나타날 수 있었던 것은 이를 체계적으로 지원하는 행정체계가 마련되어 있었기 때문이다. 시흥시는 2010년에 시의 행정조직 개편을 단행하여 조직의 '국' 수준에 해당하는 '평생교육원'을 신설했다. 평생교육원은 주민들의 평생교육과 자주적인 마을 만들기 그리고 청소년의 교육 지원 등을 총괄하는 기능을 맡았다. 평생교육원은 이후 시흥시에서 마을교육공동체를 형성하고 운영하는 데 중요한 역할을 수행하게 되었다. 그리고 시흥시에서 마을교육공동체가 형성되고 운영되는 데 중요한 역할을 한 것은 시의 조직적인 행정 지원과 더불어 '평생학습추진위원회'라는 민간단체였다. 이는 2002년 평생교육사들이 평생학습도시를 만드는 데 도움을 주기 위해 만든 전문단체이다. 평생학습추진위는 시흥시와 민간 사이에서 중개와 조정 역할을 하는 중간지원단체의 성격을 띤다. 시흥시의 평생학습마을 만들기 시범사업인 참이슬아파트 평생학습마을 만들기 사업을 실제 운영한 주체도 이 협의회였다.

평생학습도시 만들기 사업과 함께 마을교육공동체 형성에 중요한 영향을 준 정책은 혁신교육지구 정책이었다. 시흥시에서 2011년부터 시행된 혁신교육지구 정책은 마을교육공동체운동과 여러 가지 면에서 공통점이 있었다. 이 사업은 교육청과 지자체의 협력을 기반으로 하여 혁신학교에서 이룬 교육 성과를 지역 교육의 혁신으로 확산하고, 지역교육공동체를 구축하는 것을 목적으로 했다. 2011년에 관내 72개 학교 중 23개 학교가 이 사업에 참여했다.

2020년 현재 시흥시에는 평생교육을 위한 학습동아리가 359개 운영되고 있고, 78개의 기관이 주민들의 평생학습을 위해 네트워크를 형성하고 있다. 그리고 7개의 예비평생학습마을(마을 배움터)을 포함한 23개의 평생학습마을에서 주민들의 배움과 나눔이 이루어져 마을의 교육력이 향상되고 있다.

[사진 5] 2020 행복교육 자치협력지구 선정시흥시, 2021: 98

2) 목표 및 활동 내용

1999년 평생교육법이 제정되면서 교육부가 중심이 되어 평생학습도시 조성 사업을 실시하고 있다. 평생학습도시란 지역사회 안에서 학습을 매개로 모든 주체가 네트워킹하여 행복한 삶을 추구하는 운동으로 정의된다.조윤정 외, 2016: 45 2006년 시흥시도 평생학습도시로 지정되면서 본격적인 활동을 시작했다. 현재 시흥시는 '시민의 생각이 살아 숨 쉬는 새로운 학습도시 시흥'이라는 비전을 갖고 '시흥형 평생학습마을' 사업을 시행하고 있다. 이 사업에는 다음과 같은 6개의 추진 과제가 있다.

(1) 평생학습마을 지원체제 정비를 통한 마을까지 순환되는 평생학습 시스템 구축

(2) 조직 개편 및 협업체계 정착을 통한 평생학습 발전의 추진 기반 강화

(3) 행정과 시민을 연결하는 거버넌스 구축

(4) 비문해자 없고 인생 2막 설계를 지원하는 행복한 평생학습 제공

(5) 건강한 지식을 나누는 플랫폼 운영을 통해 지역사회에 기여하는 학습동아리 활성화

(6) 평생학습축제, 시민교육 등을 통한 함께 만드는 평생학습문화 구현

이상과 같은 6개의 추진 과제 아래 2020년에는 다양한 활동을 했는데 이를 세 가지 범주로 나누어 보면 다음과 같다.

첫째는 마을 배움터를 조성하는 '공간 만들기'이다. 공간 만들기와 관련해서는 마을학교 공간 마련, 마을학교 이름 짓기, 마을학교 운영팀 구성, 주민 요구 조사, 마을 자원 조사, 프로그램 기획·운영, 마을학교 운영규칙 만들기 등의 활동이 시행되었다.

둘째는 마을자치역량 강화를 위한 '사람 만들기'이다. 이와 관련해서는 마을활동가 양성·배치, 마을코디네이터 양성·배치, 마을강사 양성·배치, 마을자치 시스템 운영, 마을활동 네트워크 구축, 마을활동가 상호 학습 운영, 마을활동 전문가 컨설팅, 마을활동 역량 강화 등의 활동이 시행되었다.

셋째는 관계적 자본을 형성하는 '문화 만들기'이다. 이와 관련해서는 마을축제 운영, 학습동아리 육성, 공유 활동 전개, 나눔 활동 전개, 모

임 활동 전개, 마을 일자리 창출, 마을 자립구조 마련, 마을 캠페인 활동 등이 시행되었다.

2020년 한 해 동안 평생학습마을의 운영 현황은 7개의 예비평생학습마을을 제외한다면 16개의 평생학습마을이 운영되었는데 이를 위해 19명의 코디네이터, 90명의 주민 강사, 139명의 주민리더들이 수고를 했다. 그리고 이 한 해 동안 19개의 학습동아리가 운영되었고, 200개의 각종 프로그램과 공동체 활동이 실시되었고, 여기에 참여한 인원은 4,216명이었다.^{시흥시, 2021: 22}

시흥시에서 이루어지고 있는 평생학습마을 만들기는 평생학습 활동과 마을 만들기 활동이 유기적으로 결합된 특성을 지니고 있다. 이 점을 좀 더 살펴보면 시흥형 평생학습마을 만들기를 더욱 잘 이해할 수 있다. 그 특징들을 정리하면 다음과 같다.^{양병찬, 2015: 16-18}

첫째, 시흥의 마을 만들기에서 학습은 개인의 욕구에 기반한 학습이라기보다는 주로 '사회적' 실천과 '공동체적' 실천을 강조하는 학습 과정이다.

둘째, 마을 만들기 사업과 관련해서 마을교육은 사회적 경제(협동조합, 사회적 기업, 마을기업)와 결합될 수 있는 가능성을 보여 주었다. 즉, 마을학교의 교육을 통해 주민들의 역량이 개발되고 이는 마을 일자리를 창출하는 데 기여하기도 했다.

셋째, 민·관 협력의 거버넌스가 어떻게 가능한지를 발견할 수 있게 했다. 협력적 거버넌스를 구축하는 데 지역의 평생교육사들이 중심이 된 '평생교육실천협의회'라는 민간단체가 중간지원조직의 역할을 잘 수행했다.

시흥시의 평생학습마을 만들기 사업은 마을교육공동체를 형성하는 중요한 한 축으로 작용했다. 그런데 시흥시에는 평생학습마을 만들기 외에도 마을교육공동체 형성에 기여하는 다양한 활동들이 있었다.

시흥시 마을교육공동체 활동의 또 하나의 축은 혁신교육지구 정책이 었다. 2010년 경기도교육청에서 시작한 이 정책을 2011년 시흥교육지 원청에서도 시행하면서 이 정책의 목적을 '지역공동체 구축'과 '교육협 력 모델 형성'으로 정했다. 혁신교육지구 정책은 일반행정 지방자치단체 와 교육행정 지방자치단체가 동일한 목표를 갖고 협력체제를 이루어 과 업을 수행한다는 점에서 마을교육공동체와 공통점을 찾을 수 있다. 혁 신교육지구 정책이 시흥에서 시행될 때 이 사업에 소요되는 예산을 시 흥시와 시흥교육지원청이 적절하게 분담했다. 구체적으로 사업 초기 1년 예산 60억 원 가운데 시에서 80%를 부담하고 교육지원청에서 20%를 분담했다. 2014년에는 시흥시의 혁신교육을 지원하기 위해 시흥 '혁신 교육협의회'가 구성되었는데 여기에는 시흥교육지원청 교육장과 실무책 임자, 시흥시의 시장과 실무책임자, 참여 학교의 교장과 교사 대표, 학부 모, 지역의 단체 대표 등 다양한 관련 인사들이 참여했다.

2011년부터 2015년까지는 정책 시행 1기로 시흥시 혁신교육지구 사 업이 학교의 혁신교육을 내실화하고 확산하는 데 필요한 인력을 확충하 는 일에 많은 노력을 기울였다. 그래서 교육혁신을 위해 필요한 수업보 조교사, 상담사, 독서토론지도사, 사서교사, 행정실무사 등의 인력을 확 보할 수 있었다. 2016년부터 시작된 정책 시행 2기에는 혁신교육지구 사 업에서 시흥교육지원청이 학교와 지역사회의 협력체제 구축을 주요 과 제로 삼고 사업을 시행했다. 구체적으로는 '함께하는 지역교육공동체 구 축'을 포함하여 세 가지 목표를 설정하고, 각 목표 아래 3~5개의 추진 과제를 수행했다. 구체적 내용은 [표 4]와 같다.

[표 4] 시흥교육지원청 혁신교육지구 추진 과제

목표	함께 만드는 지역 특색 교육도시 모델 구축	지속가능한 지역사회 교육 인프라 구축	학교와 마을이 함께하는 지역교육공동체 구축
과제	- 시흥창의체험 학교 - 학교 안 체험교실 - 적성 검사 및 진로 지도	- 예술체육으로 즐거운 학교 만들기 - 마을과 학교가 함께하는 마을교육과정 - 교육 인력 자원 양성 및 자원활동가 연계 프로젝트 - 학교 맞춤형 교육 정보 통합 운영	- 지역교육공동체 구축 - 혁신연구회, 연수 - 행복교육지원센터 운영 - 교육복지 지원 - 마을과 학교 상생 프로젝트(꿈의학교)

출처: 조윤정 외, 2016: 44

혁신교육지구 정책과 관련하여 2015년 시흥시는 '시흥행복교육지원센터'를 개설했다. 이 센터에는 시흥시청 공무원과 시흥교육지원청 공무원 그리고 학교교사가 함께 근무한다. 이 센터의 목적은 학교와 지역사회 사이의 허브 체제를 구축하여 지역사회에 있는 교육자원들을 발굴하고 인프라를 형성하여 마을교육공동체를 준비하는 것이다. 이를 위해 센터는 시흥창의체험학교 운영, 마을교육자원 데이터베이스 구축, 마을교육 자원 역량 강화 워크숍, 학부모 자원봉사자 양성 프로젝트 등을 실시했다. 이 센터의 설립으로 시청, 교육지원청, 혁신교육지구, 마을학교, 지역 내 시민사회단체, 교사, 학부모 등이 마을교육공동체를 이룰 수 있는 조직 체계를 갖추게 되었다.

시흥시에서 마을교육공동체 형성에 기여하는 또 하나의 기관이 진로체험지원센터이다. 이 센터에서는 '꿈을 키우고 행복을 만들어 가는 미래 설계'의 비전을 가지고 다양한 진로 프로그램을 제공하여 시흥의 청소년들이 자기주도적으로 진로를 찾아갈 수 있도록 지원한다. 여기서는 네 가지 과제-생애주기별 맞춤 진로활동, 자기주도적 진로활동, 마을 연계 진로활동, 진로 플랫폼 기획-를 수행한다. 마을교육공동체와 직접 관계있는 마을 연계 진로활동은 마을 직업 체험과 마을 인력풀을 이용한 진로교육과 같은 마을과 함께하는 진로활동을 통해 지역 기반 진로활동을 운영하는 것이다. 이 센터는 시흥시, 시흥시청소년수련관, 경기도 시흥교육지원청의 업무협약 체결을 통해 시흥시청소년재단에서 운영을 맡아서 하고 있다.http://www.shycdream.com/sub02/sub03.php

다음으로 시흥시는 교사들을 위한 마을융합학교를 운영했는데, 여기에서 마을교사들이 마을교육의 주체가 되어 교육을 통한 지역의 변화를 기획한다. 또한 이곳은 마을교사가 마을활동가로 변화하는 것을 지원하기 위해 교육 프로그램을 제공한다. 이곳은 마을교사와 학교교사의 소통과 협의의 장으로 활용되며 마을교사의 역량 강화 및 교육 공공성 확대를 위해 사용되기도 한다.

시흥시는 2020년 미래형 교육자치 협력지구 사업을 운영했는데 이는 지역교육의 협력체제를 구축하여 혁신교육을 확산하고 지역의 특색사업을 수행하는 것을 목적으로 했다. 교육 현안별로 민·관·학 협력의 시흥 혁신교육포럼을 의결구조화하고, 동 단위에서는 마을교육자치회를 구성했다. 그래서 마을교육자치회 기반의 학교자치를 실현하고자 하고 방과후 돌봄, 진로교육, 성장주기별 평생교육 등을 보완했다. 또한 다문화 아동의 학습 결손과 같은 위기 지원의 청소년 통합 지원 체계를 마련했다.

2020년부터 시행하는 시흥시-서울대 교육협력 사업은 마을교육공동체를 이루는 데 직접 기여할 수 있는 중요한 활동이다. 이 사업은 서울대의 인적·물적 교육자원을 활용하여 지역의 교육 경쟁력을 강화하는 것을 목적으로 한다. 서울대학교 시흥캠퍼스 교육협력센터는 관내 초·중·고 학생, 학부모, 학교교사와 마을교사 등을 대상으로 하여 학교

[사진 6] 시흥시–서울대 교육협력 사업시흥시, 2021: 108

의 보편적 교육을 보완하고자 교육 프로그램을 개발하여 운영했다. 이
사업을 통해 지역에 필요한 과학영재 교육, 학습장애자를 위한 교육, 다
문화가정 교육 등 공교육 밖 다양한 특성의 교육 수요에 대해 학습자 중
심의 맞춤형 교육을 지역의 아동과 청소년에게 제공했다.

또한 2020년에 시행된 청소년동아리 지원 사업은 관내 270여 개의 청
소년동아리를 대상으로 행·재정적 지원을 하는 것으로 마을교육공동체
형성에 중요한 역할을 하고 있다. 청소년동아리센터MOIM가 청소년의 문
화 향유와 정보 습득 및 교류 활동 등 동아리 활동의 허브 역할을 하도
록 다양한 활동을 육성·발굴하고, 특히 자기주도적이며 창의적인 활동
과 공동체의식을 함양하여 지역사회에서 동아리 활동을 활성화하는 데
기여했다.

이상에서 시흥시 마을교육공동체의 기반이 되는 평생학습마을 만들
기 사업과 혁신교육지구 사업에 대해 살펴보았다. 이들 사업과 관계하는

행복교육지원센터, 진로체험지원 센터, 마을융합학교 사업, 시흥시-서울대 교육협력 사업, 청소년동아리 지원 사업, 2020 미래형 교육자치협력 사업 등에 대해 간단하게 고찰했다. 이처럼 다양한 사업들이 마을교육공동체와 겹치는 지점은 이들 사업의 주 활동 내용이 지역의 아동, 청소년, 성인의 교육에 관한 것이란 사실이다. 이와 더불어 각 사업의 활동 주체가 학교와 지역사회의 다양한 기관들의 협의체란 점도 중요한 공통점이다.

3) 성과 및 한계 그리고 시사점

평생학습마을 만들기 사업에 대한 성과 분석 결과를 보면 먼저 이 사업이 지역 주민들의 평생학습권을 보장하는 중요한 방안이요 과정이 되었음을 알 수 있다. 주민들의 학습 수요를 조사하여 이에 따라 생애주기별 교육 프로그램을 마련하여 주민들에게 제공한 것이다. 여기서 아쉬운 점은 평생학습의 가장 중요한 수단이라 할 수 있는 학습동아리가 활성화되지 못한 점이다. 이것은 주민들이 학습에 대한 욕구는 있지만 적극성이나 자발성은 아직 부족함을 보여 준다고 할 수 있다. 그리고 성과 분석이 보여 주는 중요한 한 결과는 평생학습마을 만들기의 세 가지 활동인 공간 만들기, 관계 만들기, 문화 만들기 중에서 관계 만들기가 상대적으로 취약한 것으로 나타났다.조윤정 외, 2016

그런데 평생학습시범마을 만들기 과제를 2007년 우리나라에서 처음으로 수행한 참이슬아파트 사례는 이후 이루어진 평생학습마을 만들기의 벤치마킹 대상이 되고 있다. 2017년에는 시흥시가 노력한 평생학습마을 만들기가 제14회 대한민국 평생학습 대상 특별상을 받게 되었다. 시흥시의 사례는 국내뿐 아니라 국제적으로도 인증을 받았다. 2015년에는 평생학습마을 만들기가 유네스코의 '지속가능발전교육ESD' 공식 프로젝트로 인증을 받았고, 2017년과 2018년에는 시흥형 학습동아리와 평생학습 네트워크 활성화가 각각 유네스코 ESD 공식 프로젝트로 인증 되었다.

시흥시의 평생학습마을 만들기를 기반으로 하는 마을교육공동체운동은 우리나라에서 몇 되지 않는 성공 사례 중 하나로 볼 수 있다.조윤정외, 2016 그러므로 시흥시의 사례로부터 중요한 시사점을 얻을 수 있을 것이다.

먼저 시흥에서는 마을 만들기와 평생학습이 유기적으로 연결되어 있었다. 특히 마을 만들기 사업의 첫 번째 단계에서 마을학교를 거점으로 삼아 마을을 만들어 가는 주민 참여형 학습을 진행했다. 마을학교는 교육의 공간일 뿐 아니라 공동체 공간으로서 주민들 간 교류와 소통이 일어나는 곳이었다. 그리고 평생학습에의 참여는 주민들의 역량을 강화시켜 마을공동체운동의 주체로서 역할을 할 수 있게 했다. 이처럼 평생학습과 마을공동체운동이 선순환 구조를 이루어 이러한 활동들의 지속가능성이 높음을 보여 준다.

다음으로 시흥에서 마을 만들기와 평생학습 관련 정부의 공모 사업을 다수 수행했음에도 마을의 주체성과 자발성을 잃지 않으려는 노력을 기울였다는 점이다. 우리나라의 마을공동체 만들기 혹은 교육공동체 관련 활동들이 대개 정부의 공모 사업에 의존하고 있는 것이 사실이다. 이처럼 정부의 행·재정적 지원에 의지한 시민사회운동은 외부의 지원이 끊어지면 지속성을 갖기 어려운데, 시흥시는 정부의 공모 사업에 참여했지만 마을의 주체성과 자발성을 일정 부분 지켰기에 지역의 성격에 맞는 활동들을 할 수 있었다. 시흥에는 평생학습, 마을 만들기, 혁신교육,

교육공동체 등에 관심을 지닌 주민들의 자생적 모임이 있었고, 이는 평생학습을 통해 마을의 역량 강화를 이루어 마을교육공동체 형성에 기여할 것이다.

마지막으로 시흥에서 이루어진 마을교육공동체 활동의 성과와 한계에 대한 논의를 소개하면 다음과 같다.조윤정 외, 2016: 110-126

첫째, 참여 주체들의 마을교육공동체 개념에 대한 이해가 조금씩 달라 실천에 어려움을 겪기도 했다. '마을'에 주목하는 참여 주체들은 지역사회의 교육자원 활용과 지역의 발전을 강조하고, '교육'에 주목하는 이들은 학교나 청소년들에 관심을 쏟고, '공동체'에 주목하는 이들은 공동체를 형성하여 교육과 지역의 문제를 해결하고자 한다.

둘째, 마을교육공동체 활동을 통해 참여 주체들의 성장이 이루어졌다. 그들은 이를 '공동체 형성을 통한 협력과 소통', '교육 역량 강화' '마을에 대한 관심과 애착' 등으로 표현했다.

셋째, 마을교육공동체 참여 주체들의 문화적 차이 등으로 소통과 협력에 어려움을 겪기도 했다. 지자체와 교육지원청 소속 담당자들은 그들 조직의 보고 체계와 권한과 문화가 달라 정보와 자료를 공유하지 못하는 경우도 발생했다.

넷째, 마을교육공동체의 참여 주체로 활동하는 학교교사와 시청, 교육지원청 소속 공무원들의 순환근무제와 전직, 전보 등의 인사제도가 마을교육공동체 활동에 맞지 않아 이를 활성화하는 데 방해가 된다.

다섯째, 마을교육공동체가 참여 주체들의 충분한 이해와 공감 없이 정책으로 내려오는 경우 이는 수행해야 할 사업으로만 이해되고 마을교육공동체의 취지와 원래 목적 등은 간과되는 경우가 있다.

여섯째, 시흥 마을교육공동체의 참여 주체들 가운데 적극적 참여가 부족한 부류가 학생들이었다. 학생들이 마을교육의 주체이자 목적이란 점을 생각한다면 학생들을 적극적 주체로 세우는 작업이 시급하다고 할 수 있다.

2. W대학교와 지역사회의 네트워크

1) 형성 배경과 성장 과정

W대학교는 '황금백만냥불여일교자黃金百萬兩不如一敎子, 황금 백만 냥이 교육보다 못하다'를 설립 이념으로 삼아 1979년 개교한 호남 지역 소재의 대학이다. 충청 지역에 캠퍼스를 개교하여 현재는 두 곳에 캠퍼스를 두고 있으며 총 재학생 수는 8,700명 정도이다. 대학과 지역사회의 파트너십은 40년 이상 대학의 연고지가 되어 온 호남 지역에 주로 형성되어 있다.

W대학교는 지역사회와 네트워크를 형성하여 틈틈이 협력적 활동들을 하고 있다. 2008년에는 '결혼이민자가정 지원센터'를 설치하여 인근 지역의 결혼이주여성들에 대한 교육 등 지원 활동들을 하고 있다. 그리고 2008년과 2014년에 법무부로부터 '사회통합 거점대학ABT'으로 지정받아 지역사회에 있는 이주민들을 위한 사회통합 프로그램을 운영하고 있다. 2010년에는 앞의 사업과 유사한 '이민자 사회통합 거점 운영기관'으로 선정되어 인근 지역에 살고 있는 이주자들을 위해 사회통합 교육을 실시하고 있다. 2013년에는 교육부로부터 '지역혁신인력 양성 사업'과 '평생학습 활성화 지원 사업'에 선정되어 지역사회에 필요한 인력 양성하기 위한 노력을 기울이게 되었고, 지역 주민들의 교육을 위한 평생교육 프로그램을 개발하여 제공하게 되었다. 2015년에는 교육부로부터

[사진 7] W대학교 본관 건물 W대학교 홈페이지

'전라제주권 교육기부 지역센터'로 지정받아 지역사회의 다양한 기관들
과 함께 아동과 청소년의 교육과 성장을 지원하는 활동들을 했다. 2017
년에는 농림축산식품부로부터 '농촌중심지 활성화 지역역량 강화 사업'
주관 기관으로 선정되어 대학이 위치한 지역의 활성화를 위한 지역 주
민들의 역량 강화 교육을 실시했다. 2019년에는 교육부로부터 '대학혁신
지원 사업' 대상 대학으로 선정되어 지금까지 해 오던 교육활동을 '지역
과의 상생'이라는 목적 아래 새롭게 구조화하는 작업을 하고 있다. 이상
의 활동들 외에도 대학이 지역사회와 파트너십을 갖는 사례들은 소소하
게 많이 있다. 대학에서 주최하는 유명 인사들의 강연회에 주민들을 초
대하거나 대학 강좌의 일부를 주민들에게 개방하기도 한다. 또한 사범대
학 학생들이 지역의 아동·청소년을 위해 교육봉사를 한 것은 오래전부
터였다.

이상이 W대학교가 지역사회와 파트너십을 이룬 개략적인 내용이다. 이 책에서 W대학교를 마을교육공동체의 최근 사례로 삼은 이유는 지역사회와의 관계에서 특별한 활동들을 많이 하기 때문이 아니라 우리나라 대학의 전형적 모습을 보여 주기 때문이다. 지역에 대한 관심과 참여가 대학본부나 구성원에게서 나왔다기보다는 정부의 권면이나 평가에 부응하려는 시도로부터 발생한 경향이 강하다. 그러므로 이 대학이 형성해 가는 마을교육공동체는 여러 곳에서 한계를 드러낸다. 그럼에도 이 대학이 지역사회를 위해 지역사회와 함께 하는 활동들은 초·중등학교들이 하기 어려운 중요한 일들이 많다. 어쩌면 초·중등학교들이 중심이 된 마을교육공동체가 지향할 방향을 모색하는 데 대학이 실천하는 일들이 도움이 될 수도 있다. 나아가 마을교육공동체가 지역과 학교의 상생을 목표로 한다면 초등과 중등학교뿐 아니라 대학까지 함께하면 그 목표를 이루기가 더 좋을 것이다.

2) 목표와 활동 내용

W대학교의 중장기 발전계획에 따르면 대학의 3대 핵심 가치는 '학생행복', '지역상생', '신뢰소통'이고, 3대 발전 목표 가운데 한 가지가 '지역사회가 필요로 하는 창의 융합형 인재 양성'이다. 이 발전 목표를 달성하기 위한 발전 전략은 '지역 R&BD Research & Business Development 기반확립'이며, 이 전략을 위한 과제로는 '지역친화형 산학협력 인프라 정비', '지역상생형 산학협력 네트워크 강화', '지역역량 강화를 위한 평생교육 혁신' 등이다. 지역 상생을 중시하는 대학의 중장기 계획은 다양한 활동을 통해 이루어지지만, 특히 '산학협력대학 LINC+ 육성 사업'과 '대학혁신지원 사업'을 통해 더욱 체계적으로 실현되고 있다고 할 수 있다.

산학협력대학 육성 사업은 "산학협력을 통한 현장 중심 교육을 할 수 있도록 교육과정과 대학 운영 시스템을 개선하는 것"을 중요 목적으로 한다. 또한 지역산업을 혁신하여 지역사회 발전에 기여하기 위해 '6차 산업형 식품생명' 및 '사회복지 안전', '스마트에너지', '4차 산업/ICT 분야'를 중심으로 대학의 역량을 지역사회에 개방하여 지역산업을 선도하고자 한다.

대학혁신 지원 사업은 대학혁신의 목표를 '지역 상생에 기여할 수 있는 전문 창의 인재 육성'으로 삼았다. 이를 위한 전략은 '창의적 역량 향상을 위한 특성화 융합 모델 구축', '지역/조직/학문 체계 간 경계를 넘는 개방형 특성화 교육 시스템 구축', '지역과 함께 일하고 성장하는 특성화 산학연 시스템' 등 세 가지이다.

W대학교에서는 대학과 지역의 기관이나 단체들이 협력하여 지역의 청소년들을 돕거나 지역의 발전에 이바지하는 활동들이 다수 있다. 여기서는 지역 상생을 위한 활동으로 마을교육공동체를 형성하는 데 기여한 것으로 보이는 대학혁신 지원 사업, 농촌중심지 활성화 주민 역량 강화 사업, 교육기부센터 사업 등을 간략하게 소개하고자 한다. 그리고 나서 W대학교가 지역사회와 파트너십을 이루어 지역 상생을 위해 한 활동들을 연구, 교육, 봉사활동의 세 범주로 나누어 제시하겠다.

① 대학혁신 지원 사업

대학혁신 지원 사업은 교육부가 2019년부터 2021년까지 시행하는 대학 재정 지원 사업이다. '국가의 혁신 성장을 주도할 미래형 창의 인재 양성체제 구축'을 목표로 하여 대학 기본 역량 제고를 위한 일반 재정 지원과 대학별 중장기 발전계획에 따른 자율혁신 지원을 하고 있다. W

대학교는 2019년 이 사업에 선정되어 지역 상생에 이바지할 창의 융합형 인재 육성이라는 교육 목표를 내걸고 교육혁신을 추진 중이다. 이러한 대학혁신을 위한 중요한 과제로 교육과정 혁신이 있다. 먼저 교양교육과정 개편은 '지역 상생'을 하나의 목표로 '지역 연계 교육과정 확대 운영'과 '지역사회 나눔 교양교육 플랫폼 구축'을 주요 실천 과제로 삼고 있다. 전공교육과정 개편은 '현장 친화'를 한 목표로 삼아 '현장전문가 참여형 교육과정 확대', '지역사회 기반 현장형 비교과교육 강화', '단계형 현장 실무교육 시스템 체계화' 등을 실천 과제로 삼고 있다. 이처럼 대학혁신 지원 사업으로 W대학교는 교양교육과정, 전공교육과정, 비교과 프로그램 등을 '현장과 역량' 중심으로 혁신함으로써 대학교육을 전면적으로 개편하고자 한다.

② 농촌중심지 활성화 지역역량 강화 사업

농촌중심지 활성화 지역역량 강화 사업은 농림축산식품부로부터 주관 기관으로 지정받아 2017년부터 2019년까지 시행되었다. 이 사업은 농촌중심지 활성화 사업의 성공을 위해 필수적인 적극적인 주민 참여를 이끌어 낼 수 있는 주민리더를 양성하고, 중심지 활성화 사업으로 조성되는 주민공동시설을 관리 운영할 수 있는 분야별 주민 조직을 형성하는 것을 목표로 했다. 이 일을 위해 W대학교 교수 5명과 전담 연구원 1명이 주민추진위원회 임원들과 함께 주민리더교육 및 소득사업 전문가 교육 및 컨설팅을 담당했다.

③ 교육기부 지역센터 사업

교육기부 지역센터 사업은 한국과학창의재단에 의해 2014년 이후 지금까지 운영되는 교육기부 활성화를 위한 사업이다. 교육기부 지역센터는 그동안 우리나라의 '재능기부', '지식나눔' 등의 산발적이고 일부 지역에 편중된 교육기부 활동의 문제점을 인식하고 이를 극복하기 위한 노력을 추진하고 있다. 전국을 대상으로 교육기부 프로그램을 발굴하고, 기부 활동을 지원하며, 연계·협력 사업을 전담해 추진하는 등 교육기부자와 학교 현장과의 가교 역할을 맡고 있다. 지역별 교육기부 활성화 방안을 기획하고 지역 교육기부 자원이 투입된 단위학교의 성공적 수혜 사례 도출을 위해 교육기부 모델 학교를 선정 운영한다. 그리고 지역 내 특색 있는 교육기부 자원을 발굴하고 컨설팅 지원을 통해 프로그램을 개발한다.https://www.teachforkorea.go.kr/

W대학교는 2015년부터 2017년까지 전라제주권 교육기부 지역센터로 지정받아 3년 동안 지역의 아동·청소년을 위한 교육기부 활성화 활동을

[사진 8] 학생 인솔 기관 방문 및 직업 소개W대학교 홈페이지

했다. 대학의 교육기부 지역센터가 추진했던 활동들은 '지역별 교육기부 자원 및 데이터 체계화 매뉴얼 작성', '지역 내 교육기부 협력 네트워크 구축', '교육기부 신규 참여 기관 발굴', '지역 내 교육기부 프로그램 자원 관리 및 운영 지원', '개인 교육기부 자원 발굴 및 활동 지원' 등이 있다.

사업의 2차 연도였던 2016년에는 교육기부 프로그램의 운영 지원을 통해 856명의 학생이 혜택을 받았다. 프로그램에 참석했던 학생들의 참여한 활동에 대한 만족도는 대체적으로 높게 나타났다. 대학의 기부센터는 권역 내에서 발굴한 지역 자원을 활용하여 신규 프로그램 8개를 개발하여 학생들에게 제공했다. 여기에는 '책, 영상의 날개를 달다'를 타이틀로 한국출판문화산업진흥원을 방문하여 도서 출판 관련 체험을 하는 프로그램이 있다. 기관을 방문하면 진흥원에 대한 소개와 최근 출판문화산업에 대한 설명을 듣는다. 그리고 학생들은 책을 소개하는 예고편이라 할 수 있는 북 트레일러 제작을 실습하고, 완성 후 자신의 작품을 발표하는 시간을 가지면서 책에 대한 이해를 높이고 출판산업에 관심을 갖게 되었다. 사업의 3차 연도였던 2017년에는 교육기부 프로그램 매칭 추진이 30개 단체와 58회 이루어졌다. 이와 함께 교육기부 활성화를 위한 네트워크 행사가 도교육청이나 지역교육지원청과 협업하여 6회 개최되었다. 그리고 은퇴 교원을 포함하여 34명의 개인 교육기부자가 발굴되었다.

이상에서 W대학교가 지역과의 상생을 위해 지역사회의 여러 기관과 네트워크를 형성하여 파트너십을 발휘하는 데 기여한 대표적인 세 가지 사업을 소개했다. 여기서는 대학이 네트워크 형성과 파트너십을 발휘하

[사진 9] 교육기부 지역센터를 통해 실시된 체험학습 및 진로 탐색 활동
교육기부 지역센터 2017 결과 보고서

여 지역 상생에 기여한 활동들의 구체적인 내용을 연구, 교육, 봉사활동 등 세 범주로 나누어 소개해 보겠다.

연구 분야

W대학교가 지역사회와 마을교육공동체를 형성하여 마을과의 상생을 위해 한 연구 활동이 많지는 않다. 그중에 중요한 연구 활동이 대학혁신

지원 사업의 일환으로 시행한 교육과정 혁신을 위한 연구이다. 먼저 교양교육과정 혁신을 위해 '지역 상생 실무형 교양교육 강화'를 혁신 목표로 삼아 교양교육과정 개편을 연구하면서 시행하고 있다. 그리고 전공교육과정 혁신을 위해서는 '지역사회 기반 현장형 전문교육 강화'를 혁신 방향으로 삼아 전공교육과정 개편을 연구하고 있다. 이처럼 W대학교는 지역사회의 현장 중심 교육과정 혁신을 추구하는 동시에 지역 관련 기술 산업 연구를 강화하고 있다. 산학협력 선도대학LINC+으로서 W대학교는 6차 산업형 식품생명 산업과 태양광을 포함한 스마트 에너지 등 지역 관련 산업에 초점을 두고 산학협력 선도형 기업 지원으로 지역산업 경쟁력을 제고하고자 한다. 이를 위해 지역산업 선도형 신기술 개발과 애로 기술을 위한 지원을 하고 있다.

교육 분야

W대학교가 지역사회 기관들과 협력하여 지역의 아동, 청소년, 성인을 대상으로 그들에게 필요한 교육 기회를 제공한 경우는 다양하다. 그 가운데서도 중요한 교육 기회의 제공은 교육기부 지역센터 사업과 관계해서 이루어졌다. 먼저 교육기부센터에서는 지역 아동들에게 적절한 교육 기회를 더 효과적으로 제공하기 위해 지역 내 학교를 중심으로 교육청, 교육지원청, 지역 내 기업들을 포함한 다양한 기관들과 교육기부 협력 네트워크를 형성했다. 이 네트워크를 활용하여 전문가 초청 강연을 학교에서 개최하기도 하고, 학생들을 데리고 기관을 방문하여 기관소개와 체험을 통해 진로 탐색 기회를 제공하기도 했다. 전북청소년상담복지센터, JTV전주방송, 재활전문병원인 드림솔 병원 등의 기관에서 일하는 전문가들을 학교에 초빙하여 다양한 직업군에 대한 소개를 했다. 그리고

한국출판문화산업진흥원, 대한적십자사 전북본부, 국제한식조리학교, 국립문화유산원, (주)하림, 전주제지, 한국농수산대학교, 농촌진흥청 등의 기관들에서 지역 학생들의 방문을 받아들여 여러 가지 체험을 통해 적성과 진로 탐색을 할 수 있도록 했다. 특히 공유경제를 기반으로 하는 스페이스코윅이라는 벤처 기업을 방문한 학생들이 청년 CEO의 강연을 들으며 미래를 개척하는 꿈을 가질 수 있도록 하는 프로그램을 진행했다. 또 한 가지 소개할 사례는 교육적으로 소외받고 있는 지역아동센터 아동들을 인솔하여 제주도의 (주)카카오, (주)넥슨, 제주항공우주박물관 등을 방문하여 최근의 IT기술과 관련 산업 그리고 우주 항공에 대한 설명과 이 일에 종사하는 다양한 직업군에 대한 소개를 듣게 했다. 그리고 대학의 교육기부 지역센터가 교육기부 프로그램을 관리하고 운영 지원한 것 중에는 중학교의 자유학기제와 관련해 시행된 것들이 많다. 예를 들어, 센터 사업의 2차 연도인 2016년에는 김제 지평선중학교 1학년 학생들을 데리고 전주에 있는 국제한식조리학교에 가서 요리 실습을 하며 직업에 대한 소개를 받으며 자유학기제 활동을 했다. 조리학교에서는 요리사란 직업에 대해 경험을 기반으로 소개하며 적성과 진로를 탐색하는 시간을 갖게 했다. 김제 금구중학교 1학년 학생들은 전주에 위치한 국립무형유산원을 자유학기제로 방문하여 우리나라 전통문화와 예술의 중요성과 자긍심을 배우게 했다.

지역의 아동과 청소년을 위한 교육은 앞에서 소개한 교육기부 지역센터의 활동뿐 아니라 사범대학 소속 대학생들의 교육봉사 활동도 중요한 부분을 차지한다. 교육봉사를 하는 대학생 일부는 인근 학교를 방문하기도 하고 또 다른 학생들은 지역아동센터 같은 기관을 방문하여 보충학습이 필요한 아동들에게 학습지도를 제공했다.

교육은 지역 내 아동·청소년뿐 아니라 성인을 대상으로도 이루어졌다. 교육은 전북, 전남, 제주 지역에서 그곳의 교원, 개인 교육기부자, 기관 담당자 등 관계자들을 모시고 각각 교육기부 활성화를 위한 워크숍을 개최했다. 워크숍은 교육기부의 필요성에 대한 전문가의 강의와 교육기부를 모범적으로 하는 권역 내 기관들, 예를 들면 KAI(한국항공우주산업), (주)카카오, (주)하림, 국제한식조리학교 담당자들의 교육기부 사례 발표, 그룹별 토의 등으로 이루어졌다. 참석자들은 워크숍을 통해 청소년 교육에 다양한 기관들의 참여가 중요함을 깨닫고, 교육에 참여하는 효과적인 방법들을 배우게 된다.

지역사회의 성인 대상 교육은 지역역량 강화 사업의 일환으로도 시행되었다. 지역역량 강화 사업의 주요 내용은 마을추진위원회 임원을 대상으로 하는 리더교육과 소득사업 모둠 구성원들을 대상으로 하는 전문가 교육 및 컨설팅 등이다. 대학은 이런 교육활동을 완주아카데미란 명칭으로 마을 주민들을 대상으로 실시했다. 먼저 리더교육은 주민참여사업을 이끌고 조직을 운영할 수 있는 주민리더를 양성하는 것을 목적으로 한다. 이를 위해 리더십 개발, 주민 참여, 갈등 관리, 조직 운영 등의 교육 프로그램을 개발하여 진행했다. 다음으로 소득사업 모둠 전문가 교육 및 컨설팅은 지역의 특성과 필요를 고려한 소득사업을 운영할 수 있는 역량을 배양하는 것을 목적으로 한다. 소득사업 분야 선정은 주민 모임에서 이루어져 마을 만들기, 돌봄, 로컬푸드, 숙박, 문화예술 등 다섯 모둠이 형성되었다. 모든 모둠 구성원들을 대상으로 마을기업, 협동조합 등의 공통과목 교육을 실시했고, 각 모둠별로 각각에 필요한 전문지식과 기술을 교육했다. 다섯 모둠 특히 '마을 만들기'는 다른 모둠과 달리 소득사업을 지향하기보다는 마을 내 주민들 간의 소통과 마을 홍보 등 마을공동체 활성화의 기반을 튼튼히 하는 과제를 가졌다. 대학이 이들 모둠을 교육하는 방식은 소득사업 모둠에 대해서는 각 분야 전문가들을 대학 내외에서 초빙하여 일정 기간 교육을 받도록 관리하는 역할을 했다. 마을 만들기 모둠에 대한 교육은 먼저 관심 있는 주민들을 모집하는 데 힘을 쏟았고, 구성원들이 어느 정도 모였을 때 주민들 자체적으로 사업계획을 세우도록 촉진하는 역할을 했다. 대학의 지역역량 강화 사업 사무실에서 대학의 담당 교수에 의해 모둠의 모임이 정기적으로 진행되었다. 그 모임을 통해 모둠 구성원들은 주민들 간의 소통을 촉진하고 마을을 홍보하는 데 마을방송과 마을신문이 효과적이라는 의견을 모았다. 그리고 시작 준비가 비교적 복잡하지 않은 마을신문을 먼저 발행하기로 했다. 대학은 이처럼 마을 주민들이 마을공동체를 형성해 가는 과정을 면밀히 관찰하면서 주민들이 주체적으로 계획과 실천을 해 나가도록 촉진하고 지원하는 역할을 했다.

봉사활동

W대학교는 교육기부 지역센터 사업의 일환으로 지역 내 아동·청소년들에게 교육기부를 할 개인 기부자와 기관 기부자를 발굴하기 위한 노력을 기울였다. 그리하여 권역 내 다양한 배경을 지닌 개인들과 공공기관, 교육기관, 기업 등의 단체들을 발굴하여 교육기부를 위한 자원으로 활용할 수 있게 되었다. 개인 기부자 중에는 대학생들도 중요한 부분을 차지했다. 지역 청소년들을 위한 대학생들의 교육봉사는 W대학교에서는 오래전부터 활발하게 이루어지고 있던 활동이다.

지역사회에서 지역역량 강화 사업의 일환으로 마을신문 발간을 통해 마을의 공동체성을 강화하고자 할 때 대학은 여러 가지 방식으로 이를 지원했다. 마을 만들기 모임을 할 수 있는 공간을 제공하고 모임을 인도할 수 있는 교수를 배정했다. 신문 제작이 시작되었을 때 W대학교의 담당 교수와 신문방송학과 교수는 신문 발행을 위해 원고를 투고하고, 재정적인 지원을 하기도 했다. 그리고 대학의 신방과 교수는 신문 편집위원으로 있으면서 신문 발행을 위한 조언을 아끼지 않았다.

3) 성과 및 한계 그리고 시사점

이상에서 W대학교가 지역사회의 기관들과 네트워크를 형성하여 지역의 아동과 청소년, 그리고 성인들에게 제공한 교육 기회와 지역의 활성화를 위한 노력을 살펴보았다. W대학교의 구성원들 가운데 일부가 이전부터 지역사회에서 봉사활동을 해 왔지만 대학 차원에서 본격적으로 지역사회에 관심을 갖고 지역과의 상생을 위해 연구와 교육활동을 한 지는 오래되지 않았다. 그러므로 지역과의 협력 활동이 가져온 교육적 성과를 평가하기에는 이른 감이 있다. 그래서 여기서는 그 활동의 결과를 단순하게 정량적으로 제시할 따름이다.

먼저, W대학교는 대학혁신 지원 사업을 계기로 지역과의 상생을 위해 지역사회에 필요한 인재를 양성하기 위한 노력을 기울였다고 했다. 그러한 노력이 효과적으로 이루어졌는지 평가하기 위해서 대학은 자체적으로 자율적 성과지표를 만들었다. 그 성과지표를 '지역상생 발전지수'라 하였다. 여기서 발전지수를 구성하는 요소에는 '현장전문가 참여형 교과목 수', '서비스 러닝 교과목 수', '지역인재 인증 학생 수' 등이 있다. 사업의 1차 연도였던 2019년에는 지역상생 발생지수의 세 요소가 각각 92과목, 23과목, 60명이었던 것이 3차 연도인 2021년에는 106과목, 43과목, 200명을 목표로 하는 정도로 소폭 상승했다. 빠른 속도는 아니지만 지역 상생을 위한 대학의 교육적 노력은 조금씩 증가하고 있다.

다음으로 교육기부 지역센터의 사업으로 수행된 지역사회와의 네트워크 형성이 가져온 성과를 제시하면 다음과 같다. 교육기부 프로그램 매칭 등을 통해 교육기부 문화 활성화에 기여했고, 교육기부 활성화 워크숍 개최를 통해 기부에 관련된 인적 네트워크 구축했다. 지역의 네트워크 구축은 지역사회의 교육공동체 형성에 기여했다. 대학의 교육기부센터는 여러 공공기관에서 진행하는 교육기부 사업의 허브 역할을 담당했고, 신규 교육기관 발굴을 통해 교육기부 참여를 유도했다. 또한 학생들의 진로 탐색을 위해 교육기부 프로그램의 매칭을 강화하여 자유학기제 내실화에 기여했다. 교육 취약 학생들에게 교육기부 제공을 통해 교육 양극화 문제 해소를 위해 노력했다.^{전라제주권 교육기부 지역센터, 2018}

W대학교가 위치한 지역을 활성화시키기 위한 농촌중심지 활성화 지역역량 강화 사업을 맡은 W대학교의 교수 6명과 전담 연구원 1명은 대학과 지역의 네트워크를 구축하여 파트너십을 발휘함으로써 대학과 지역의 상생의 길을 찾기 위해 노력했다. 그러나 일이 진행됨에 따라 일부 마을 주민들과 담당 교수들의 사업 방향에 대한 의견이 달라 그들 사이에 긴장이 조성되었다. 소통이 원활하게 이루어지지 않아 어려움을 겪다가 사업 담당 교수가 교체되는 등 어려움을 겪었다. 그 와중에도 마을 주민들의 다섯 모둠 중 하나인 마을 만들기 모둠은 대학과 함께 마을의 공동체성 강화를 위해 마을신문을 발간하는 등의 활동을 하다가 발전적으로 확대되어 환경보호와 같은 마을지킴이 활동에도 많은 노력을 기울이고 있다.

시사점

W대학교의 사례는 마을교육공동체의 바람직한 방향을 모색하는 데 여러 시사점을 제공한다. 그중 중요한 세 가지를 제시하면 다음과 같다.

첫째, (대)학교와 지역사회의 협력에 대한 요구가 최근 들어 정부의 정책적 차원에서나 전 사회적 차원에서 증대되고 있음을 알 수 있다. 현대의 사회문제는 과거와 달리 매우 복잡한 성격을 띠고 있다. 다양한 분야에서 각각의 입장하에 문제의 원인을 규명하되 결국 그것들을 종합해야 문제의 원인을 총체적으로 이해할 수 있게 된다. 사람을 교육하는 일도 그러한 맥락에서 볼 수 있다. 한 아동의 성장에서 발생하는 문제들을 해결하기 위해서는 학교가 개별적으로 하기보다는 많은 기관과 협력하는 것이 훨씬 효과적이다. 학교와 지역 기관들의 협력은 학교뿐 아니라 지역사회의 활성화에도 기여함을 알기에 정부는 정책적으로 다양한 사업들을 통해 이러한 일들을 확산하고자 한다. 학교와 지역사회의 파트너십 형성에 대한 요구는 초·중등학교와 대학을 구분하지 않는다. 정부는 이러한 일에 많은 예산을 편성하여 여러 가지 사업을 통해 지원할 준비를 하고 있다. 그러므로 학교 현장에서는 협력의 필요성에 대한 이해를 넘어 각 사업의 취지에 맞게 계획을 수립할 수 있는 역량을 키워야 한다.

둘째, 학교와 지역사회의 협력에 관한 정부의 공모 사업은 사업을 수행하는 (대)학교의 준비 정도에 따라 그 성과가 달라짐을 알 수 있다. W대학교의 경우 산학협력 선도대학LINC+사업, 대학혁신 지원 사업, 지역역량 강화 사업, 교육기부 지역센터 사업 등 크고 작은 정부의 공모 사업에 선정되어 지역과의 파트너십 형성을 통해 지역과의 상생을 추구하고 있다. 아직 각 사업의 성과를 평가하기는 이르지만 지금까지의 실적을 놓고 볼 때 이 사업들이 추구하는 의도를 충분히 잘 살리고 있다고 보기는 어렵다. 실적을 정량적으로 볼 때는 어느 정도 긍정적으로 볼 수 있지만 좀 더 깊이 들여다보면 실적을 내기 위한 활동, 형식화된 활동들이 일부 있음을 발견하게 된다. 예를 들어, 교육기부 지역센터 사업에서 교육기부를 위한 지역 내 개인 기부자와 기관 기부자 명단을 만들고 지역의 많은 기관에게 요청하여 신규 기부 기관으로 등록하게 하는 활동을 했다. 이런 활동들은 마을교육공동체 형성에 유익한 일임이 분명하다. 그러나 이런 기초적인 일들은 다음 단계로 나아갈 때 의미를 지닌다. 그런데 W대학교는 이러한 중요한 활동들이 사업 평가를 위한 실적으로 사용되고는 더는 활용되지 못하는 경우가 많았다. 이유는 그 사업이 W대학교에서 계속되지 못하고 중단되었다는 점과 그 센터를 이어서 지역과의 파트너십 관련 데이터를 관리할 조직이 없었다는 점 때문이다. 더욱 본질적인 문제는 이러한 활동들이 (대)학교의 구성원에 의해 주체적으로 시작된 것이 아니라 외부 기관 혹 정부에 의해 시작되었기 때문일 것이다. 그럼에도 불구하고 지역과의 상생은 대학이 추구하는 중요한 방향이 되었기 때문에 이와 관련된 일들을 총괄하는 조직이 필요하다.

셋째, 학교와 지역사회의 파트너십 형성과 그와 관련된 활동들은 정부의 공모 사업이 중심이 되기보다는 학교 교직원과 마을 주민들의 관심과 주체적인 생각에 의해 주도되어야 한다. W대학교의 사례에서 보듯 정부의 공모 사업으로 인해 (대)학교가 지역사회와 긴밀한 협력관계를 구축하는 일의 중요성을 깨닫게 되고 협력 활동을 하게 되는 동기를 얻은 것은 사실이다. 학교혁신의 방향이 세계화를 지향하는 동시에 지역을 향하는 것이 시대적 조류임을 알게 된 것은 큰 수확이다. 그러나 공모 사업을 수행하는 일이 학교의 중요한 과제가 되고 있는 지역과의 파트너십 형성을 대체하는 것은 아니다. 공모 사업은 그 사업을 입안한 사람들의 의도가 있고, 그들이 요구하는 활동의 형태가 정해져 있다. 더구나 사업의 시행 기간이 있어 지속되지 못할 가능성도 크다. 그러므로 지역과의 협력 활동을 사업이 요구하는 방식에 따라 하기보다는 구성원들의 자율적이고 주체적인 생각에 따라 수행하는 것이 바람직하다.

12장
마을교육공동체의 최근 해외 사례

1. 미국의 오클랜드연합교육구 커뮤니티 스쿨
OUSD: Oakland Unified School District Community Schools

1) 형성 배경과 성장 과정

오클랜드연합교육구OUSD가 있는 오클랜드시는 미국의 캘리포니아주에 위치하며 미국 전역에서도 다문화 인구 비율이 가장 높은 지역 중하나이다. 오클랜드연합교육구에는 81개의 공립학교가 소속되어 있고 53,100명의 학생이 교육을 받고 있다. 이들은 소수인종 비율이 매우 높다. 이 교육구에 속한 학생의 35%인 18,600명이 풀서비스 커뮤니티 스쿨을 다니는데 이들 중에 교육구에 속한 중학교 학생의 72%와 고등학교 학생의 98%가 이에 속한다. 커뮤니티 스쿨에 다니는 학생 중 26%가아프리카계 미국인, 50%가 히스패닉, 12%가 아시안이며 6%만이 백인이다.Farher, 2019

교육구의 소속 학교 중 하나인 루스벨트중학교는 학생들의 인종, 언어, 문화적 다양성이 더욱 두드러진다. 이 학교처럼 인종적, 문화적 다양성을 지닌 학교에는 사회경제적으로 어려운 가정 배경의 학생이 다수 있다. 현재 이 학교 재학생이 520명인데 이 중에 아시안과 태평양 섬 원주민이 45%이고, 히스패닉이 34%나 된다. 아프리카계 미국인은 17%이고, 백인은 2%에 불과하다. 소수인종 학생 비중이 높은 미국의 다른 지역들처럼 이곳에도 가난과 불평등의 문제가 심각하다. 가난은 학생들의 낮은 교육 기회와 학업성취를 가져와 교육의 불평등을 야기하고 이는 결국 사회의 불평등을 심화시키는 원인으로 작용한다. 오클랜드 서부에서 태어난 아프리카계 미국인 아동이 인근의 부유한 오클랜드 힐즈 지역에서 태어난 백인 아동에 비해 가난을 경험할 확률이 7배나 높다고 한다. 이러한 경제적 문제는 곧 교육적 불평등과 관계한다. 오클랜드 서부의 아동이 4학년에 이르기까지 읽기 능력이 각 학년의 기준에 미치지 못할 확률이 오클랜드 힐즈 아동에 비해 4배나 높다. 더구나 가난한 그 지역의 아동이 학교를 졸업하지 못하고 중퇴할 확률은 부유한 지역의 아동에 비해 5.6배가 높다는 통계가 있다.

오클랜드연합교육구에서는 이런 심각한 불평등의 문제를 해결하기 위해 풀서비스 커뮤니티 스쿨Full-Service Community School, FSCS 정책을 도입했다. 커뮤니티 스쿨은 우리나라의 마을교육공동체와 비슷한 취지와 활동 내용을 지닌 교육개혁 방안으로 미국에서는 1980년대 이후 지금까지 확대 운영되고 있다. 학교와 지역사회의 협력을 통해 아동과 청소년의 배움과 전인적 성장을 돕는 일을 주요 목적으로 삼고 있기에, 커뮤니티 스쿨은 학교와 지역사회에 기반을 둔 조직들 사이에 잘 조정된 파트너십을 형성하는 일을 중요하게 여긴다. 그래서 이를 토대로 학생과 그 가정의 안녕well-being을 증진시키기 위해 통합된 서비스를 제공하고 있다. 오클랜드연합교육구에서 채택하고자 하는 풀서비스 커뮤니티 스쿨은 2014년 관련 법령이 제정되면서 더욱 주목받게 되었다. 「2014년 풀서비스 커뮤니티 스쿨 법령H.R. 5168-Full-Service Community Schools Act of 2014」에서 '풀서비스 커뮤니티 스쿨Full-Service Community Schools'을 다음과 같이 정의하고 있다.

> 풀서비스 커뮤니티 스쿨은 지역사회에 기반을 둔 조직들과 공공기관 및 민간 파트너들을 통해 제공되는 교육과 발달 서비스, 가정, 건강, 기타 종합적인 서비스를 조정하고 통합하기 위하여 지역사회에 기반을 두고 노력하는 공립 초·중등학교이며, 또한 수업 전후와 주말을 포함한 학기 중과 방학 동안에도 학생, 가족, 지역사회에게 그러한 서비스를 제공하는 공립 초·중등학교이다.H.R. 5168 IH

오클랜드연합교육구는 2010년 커뮤니티 스쿨에 대한 정책을 입안하여 그 이후 교육구 내의 학교들을 커뮤니티 스쿨로 전환하도록 유도하고 있다. 커뮤니티 스쿨로의 전환을 위해 오클랜드연합교육구의 교육청이 중심이 되고, 오클랜드시, 알라메다카운티, 건강 서비스 기관, 지역의 다양한 조직들, 아동과 청소년 대상 지역 기반 단체들, 그리고 자선단체들이 파트너십을 형성했다. 2011년 오클랜드연합교육구는 미 전역에서 최초의 풀서비스 커뮤니티 스쿨 교육구가 되고자 하는 의지를 천명했다. 그 이후 2016년에는 총체적 존재로서의 아동whole child에게 봉사하는 전국적으로 인정받는 모형으로 교육계를 선도했다. 이 정책은 꾸준하게 시행되어, 2019년 기준으로 이 교육구의 42개 학교에 커뮤니티 스쿨 관리자가 있어 커뮤니티 스쿨 활동을 수행하고 있다. 또 이 교육구의 대부분의 학교에서 커뮤니티 스쿨의 일부 프로그램을 시행하고 있어 미국에서 대표적인 커뮤니티 스쿨 교육구로 알려져 있다.

오클랜드연합교육구는 커뮤니티 스쿨을 확대하면서 그동안의 성과를 평가하고 그 개선안 마련을 위해 '청소년과 그 공동체를 위한 가드너 센터John W. Gardner Center for Youth and Their Communities at Stanford University'와 협력하여 2015년부터 4년에 걸쳐 커뮤니티 스쿨에 대한 연구를 수행했다.

이 연구 결과를 토대로 오클랜드연합교육구는 이를 체계적·장기적으로 내실화하고 확대하기 위해 노력하고 있다. 현재 교육구에서는 2021-2024년 전략계획The 2021-24 OUSD Strategic Plan을 세워 현세대와 미래 세대를 위한 큰 희망과 꿈을 재현하는 오클랜드공동체와 학교 시스템을 정교하게 만들어 가려고 한다.https://www.ousd.org/strategicplan

[사진 10] 오클랜드연합교육구 학생들의 방과후 활동 John Gardner Center, 2019: 4

2) 목표 및 활동 내용

오클랜드연합교육구는 관내 학교들을 커뮤니티 스쿨로 전환시켜 달성하고자 하는 목표가 있다. 그것은 교육구 내의 학생들, 특히 소수인종 학생들이 느끼는 학습에 대한 장벽을 제거하여 그들에게 배움의 기회를 확대함으로써 교육구 내의 교육 불평등을 해소하는 것이다. 그래서 교육구 내의 모든 학생이 중·고등학교 교육을 잘 이수하고 대학교육까지 마쳐서 지역사회에 필요한 인재로 준비되도록 하는 것이다.

이러한 목표 달성을 위해 교육청에서는 질 높은 커뮤니티 스쿨을 각 학교의 상황에 맞게 안착시키기 위한 전략들을 수립했다. 커뮤니티 스쿨 관리자, 각 학교의 교장, 파트너 기관의 대표들이 모여 커뮤니티 스쿨의 활동 기준을 수립하고, 활동에 필요한 자원과 도구를 제공할 것을 결의했다. 그들은 참여 교원들과 스태프들이 전문적 학습공동체를 형성하도록 자문하고 다양한 지원을 제공했다. 참여 학교 교원들과 파트너 기관 스태프들은 상호 간 신뢰 관계를 만들면서 리더십을 공유했다. 그들은 커뮤니티 스쿨의 새로운 구조를 만들고 실천 사항들을 수행함으로써 협력적 문화의 기반을 조성하고자 했다. 커뮤니티 스쿨 지도자들은 공유된 비전을 개발하고 그에 부합하는 활동을 수행했다. 또 이 수행 과정을 평가함으로써 커뮤니티 스쿨의 지속에 필요한 조직의 혁신을 탐색했다. 커뮤니티 스쿨이 강조하는 특징을 요약하면 다음과 같다.

(1) 통합된 서비스: 학생들과 가족들에게 건강 서비스, 방과후 활동, 보충학습 기회 등 그들에게 필요한 자원과 교육 기회를 제공하는 통합된 서비스를 갖춘다.

(2) 커뮤니티 스쿨의 조직 구조: 지역 기반 조직들과 헌신하는 커뮤니

티 스쿨 관리자와의 파트너십 같은 새로운 조직의 구조와 체계를 형성한다.

(3) 교수·학습에 초점: 커뮤니티 스쿨에 대해 교사의 가르침과 학생의 학습 결과를 지원하는 준거틀framework로서 강조점을 둔다.

오클랜드연합교육구청은 교육구의 모든 학교가 커뮤니티 스쿨로 전환하든지, 그 정신을 수용하여 일부 전략을 사용할 것을 권고한다. 이처럼 커뮤니티 스쿨은 오클랜드연합교육구의 우선적인 관심사이다. 그래서 커뮤니티 스쿨 업무를 효과적으로 하기 위해 구청 내에 '커뮤니티 스쿨과 학생 서비스Community School & Student Services, CSSS'라는 부서와 '학생, 가정, 지역공동체의 참여 오피스Office of Students, Families, & Communities Engagement, OSFCE'를 두었다. 커뮤니티 스쿨과 직접 관련된 업무는 커뮤니티 스쿨 부서CSSS에서 하고, 학교와 지역공동체의 네트워크와 파트너십 구축과 관련된 업무는 참여 오피스OSFCE에서 담당했다.

참여 오피스의 비전과 사명은 이 교육구의 커뮤니티 스쿨이 지향하는 바를 분명하게 보여 준다. 비전은 "[학교를] 불평등과 불의를 직접 대면하고 적극적으로 극복하는 학교 시스템으로 변화시켜 모든 학생이 학교를 졸업하고 우리 지역사회에 적극적으로 참여하는 주체적 시민이 되도록 하는 것"이다. 그 사명은 "오클랜드연합교육구의 학생, 가정, 지역사회를 격려하고 지원하여 학교의 진정한 주체가 되게 하고, 모든 학생에게 대학 공부와 직업 활동을 준비시키는 일에 책임을 공유하게 하는 것이다. 그리고 지역공동체 조직화와 교육구의 역량 강화를 통해 학습과 리더십에 적극 참여하게 하여 높은 학업성취도를 산출하게 하고 학생과 학교공동체가 중요한 기회를 갖도록 하는 것"이다."https://www.ousd.org/

오늘날 오클랜드 커뮤니티 스쿨은 확장된 배움, 학부모의 적극적인 학교교육 참여, 모든 학생과 가족의 신체적·정서적·사회적 건강, 교육 취약 학생들의 학교 적응 지원, 청소년의 리더십 강화 등을 중요한 가치로 삼고 있다.https://www.ousd.org/Page/13986 이 가치들을 구현하기 위해 많은 활동을 하는데, 이를 세 범주로 나누어 소개하면 다음과 같다.

(1) 학습: 실제 세계의 경험을 통해 배움을 확대하고 심화시킨다.
사회적·정서적 학습, 회복적 정의, 영양교육, 술과 마약 예방 교육, 정원 가꾸기 교육
(2) 번영Thriving: 건강하고 안전한 학교를 만듦으로써 배움에 대한 장벽을 극복한다.
건강과 웰빙, 학교 기반 건강센터, 학교 돌봄, 출석과 징계, 전환 중인 학생과 가정 지원
(3) 함께하기Together: 오클랜드의 가족들과 지역사회와 파트너십을 형성하여 함께 일한다.
가정의 학교교육 참여, 가정 리소스 센터, 커뮤니티 스쿨 관리자, 방과후 프로그램, 여름방학 학습, 지역사회 파트너십

이 활동 가운데 커뮤니티 스쿨이 학생과 그 가족에게 제공하는 주요 프로그램과 서비스는 다음과 같다.https://www.ousd.org/Page/15122

첫째, 정부의 재정 지원으로 교육구가 지역사회의 파트너 기관들과 협력하여 다양한 프로그램들을 제공하는 방과후 학교 프로그램이 있다.

둘째, 학생들의 학교 출석을 촉진하고 징계를 효과적으로 운영하기 위한 '출석과 징계 지원 서비스ADSS'가 있다. 서비스 담당자는 '학생 출석 검토 팀SART'과 '학교 출석 검토 위원회SARB'의 중재로 학생과 가족을 만나 결석 문제에 대해 토의하고 그 문제를 해결할 수 있도록 학교의 자원이나 상담 그리고 지역사회의 기관과 연결시켜 준다. 또한 징계 과정에서 긍정적이고 효과적인 처치가 취해지도록 네트워크 감독관, 학교 행정가, 다른 교육구의 스텝들과 협력을 한다.

셋째, 학부모 리더십 개발 프로그램, 학부모와 교사의 학습 파트너십을 위한 교직원 훈련 프로그램, 학부모 자원봉사 인프라 개발을 위한 지원, 가정의 참여에 대한 학교 거버넌스 팀을 위한 전문적 학습 등과 같은 가정 참여 활동이 있다.

넷째, 건강교육이 교수·학습 활동과 파트너십을 형성하여 운영된다. 이는 또한 영양교육과 중·고등학교의 성교육과도 관련하여 실시한다.

다섯째, 학생들의 문제 행동에 대해 징벌적 분위기에서부터 문화적으로 적절하고 긍정적인 재강화의 분위기로 전환하기 위한 준거틀인 '긍정적 행동 처치 및 지원PBIS' 활동을 제공한다.

여섯째, 징계의 징벌적 모형에서 책임감을 강화하고 치유를 유도하는 돌봄의 모형으로의 패러다임 전환을 제시하는 '회복적 정의RJ'를 실시한다.

일곱째, 학생들에게 종합적이고 총체적이면서 공정한 건강 서비스인 '학교 간호' 활동을 제공한다. 이 활동은 교육구 내의 부서와 프로그램들-학교 건강 클리닉, 여름 처방, 초기 유아교육, 방과후 프로그램-과 협력하여 시행된다.

여덟째, 다음 학년 준비를 위해 보충학습이 필요한 학생들에게 확장된 학습 기회를 제공하는 '여름학습 프로그램'이 있다. 이 프로그램은 지역사회 기관들과의 협력 가운데 이루어지며 초등학교에서 중학교로, 중학교에서 고등학교로 올라가는 학생들을 지원하는 브리지 프로그램을 포함한다.

지금까지 커뮤니티 스쿨의 특성과 활동 내용을 살펴보았다. 이제 한 학교가 커뮤니티 스쿨로 전환될 때 구체적으로 어떤 변화가 일어나는지, 학생들의 배움과 성장에 어떤 도움을 주는지 살펴보고자 한다. 루스벨트중학교의 사례가 좋은 예가 될 것이다. 소수인종 학생이 절대다수를 차지하는 루스벨트중학교는 장기결석하는 학생이 많고 여러 가지 문제행동으로 많은 학생이 징계를 받는 등 오랫동안 학생 지도에 어려움을 겪어 왔다. 이러한 고질적인 문제를 해결하기 위해 커뮤니티 스쿨로 전환할 것을 결정했다. 제일 먼저 학생들이 학교로부터 멀어지는 이유를 조사하기 시작했다. 조사 결과 학생들은 그들의 등굣길이 안전하지 않고 학교 내에서도 괴롭힘bully이 자주 발생하여 학교에 오는 것을 좋아하지 않았다. 이에 학교에서는 지역사회의 도움을 받아 함께 이 문제들을 해결하고자 했다. 먼저 학생들의 안전한 등굣길을 위해 지역 경찰서의 도움을 받았다. 등하교 시간 모니터링을 강화했고, 학부모와 지역 주민의 도움으로 점심시간 교내 순찰을 실시했다. 이런 노력의 결과 학교는 조금씩 안전한 곳으로 변화했다. 학교의 리더십 팀의 일원인 커뮤니티 스쿨 관리자는 지역의 파트너 기관이나 학교 관련 팀들과 협력하여 학생과 교원 대상으로 정기적인 설문조사를 해서 학생들의 필요를 파악, 적기에 필요한 서비스를 제공하려 노력하고 있다.

3) 성과 및 시사점

오클랜드연합 커뮤니티 스쿨은 가드너 센터와 협력하여 2015년부터 2019년까지 커뮤니티 스쿨의 성과를 연구했다. 그 연구 결과를 토대로 커뮤니티 스쿨의 성과를 제시하면 다음과 같다.[Fehrer, 2019]

첫째는 학생의 학습을 지원할 다양한 서비스와 기회의 통합이 이루어졌다는 점이다. 서비스조정팀COST: Coordination of Services Teams과 커뮤니티 스쿨 관리자에 의해 운영되는 전략적 파트너십의 확대는 학생들에게 통합된 서비스를 제공하는 주요 수단이 된다. 설문조사에 응답한 교사의 72%가 학생들에게 필요한 서비스와 지원을 제공하기 위해 서비스조정팀COST을 활용했다고 한다. 그러나 조정팀의 효과성과 사용 가능한 프로그램의 충분치 못함에 대해서는 아쉬워했다.

둘째는 교사와 교장이 학교의 다른 문제들보다 학교가 본질적으로 추구해야 하는 높은 수준의 교수활동에 초점을 둘 수 있는 여건이 만들어졌다는 점이다. 교사들은 커뮤니티 스쿨의 자원과 실천이 학생들의 학습을 촉진하고 교사의 역할 수행을 지원하고 학교에 긍정적 문화를 만드는 데 기여한다고 보았다.

셋째는 학교와 가정의 어른들 사이에 협력적 관계와 파트너십이 더욱 깊어졌다는 점이다. 풀서비스 커뮤니티 스쿨은 가정, 학교, 파트너 기관의 어른들 사이에 신뢰와 협력의 문화를 만드는 것을 목표로 삼고 있다. 교사는 학생의 학습을 지원하기 위해 가정 구성원들과 학생에 관한 소식, 학부모회의, 학생의 장래 희망 등에 대해 소통을 하는데, 이것이 학교-가정 파트너십 형성에 기여한다고 보았다. 교사들의 60%가 학교의 목표 성취에 학부모가 긍정적으로 기여한다고 보았다.

넷째는 학생들에 대해 높은 기대를 하게 되고, 학생 중심적이며 문화적으로 적절한 지원의 분위기가 형성되었다는 점이다. 92%의 교사가 학생과 강한 관계를 형성하는 일이 교실에서의 최우선 순위라고 말했다. 59%의 교사는 수업을 계획할 때나 교수 활동에서 학생들의 삶의 경험을 적극적으로 고려한다고 답했다.

[사진 11] 커뮤니티 스쿨의 핵심 가치https://www.ousd.org/newsroom

이상과 같이 오클랜드의 풀서비스 커뮤니티 스쿨은 학교 차원에서 네 가지 성과를 보여 주었다. 이와 함께 학생들 차원에서도 성과를 찾아볼 수 있다.Fehrer, 2019: 4-6 먼저 풀서비스 커뮤니티 스쿨이 의도한 것과 같이 커뮤니티 스쿨의 리소스와 실천은 가난의 부정적 영향력과 사회적 불평등에 가장 취약한 학생들에게 서비스와 지원을 제공했다. 풀서비스 커뮤니티 스쿨에서 교육받는 학생은 90% 이상이 백인이 아닌 소수인종 출신이었다. 학생들은 학교를 꾸준히 다녀 졸업하거나 아니면 자신에게 필요한 다른 종류의 교육 프로그램, 예를 들면 성인교육이나 커뮤니티 칼리지Community College 계속교육으로 전환을 한다. 최근 캘리포니아주의 정책 변화와 관련하여 오클랜드 커뮤니티 스쿨에서는 학교의 의사결정이나 관리체제에 학생과 가정의 참여가 증가하고 있다. 97%의 학부모가 자녀의 학교에 참여하는 것을 환영받는다고 느낀다. 89%의 학부모는 학교 기반 평의회와 위원회, 학부모 조직, 부모 학생 조언 위원회 같은 학부모 그룹에 참여하는 것을 격려받는다고 느낀다.

교육구에서 풀서비스 커뮤니티 스쿨 모형을 도입한 후 학교 차원에서나 학생 차원에서 교육적 성과를 보고 있다. 그중에서도 다문화 학생 비율이 매우 높은 루스벨트중학교의 성과는 눈에 띈다. 루스벨트중학교는 커뮤니티 스쿨로 전환한 뒤 많은 성과를 얻을 수 있었다. 무엇보다 학생들의 학교 출석률이 증가했고, 문제 행동으로 인해 징계를 받는 학생도 감소했다. 2010년 기준으로 루스벨트중학교 학생 가운데 장기결석자가 15%나 되었고, 문제 행동으로 징계를 받은 학생이 20%나 되었는데 2018년에는 장기결석자 비율이 6%, 징계 학생 비율이 3%로 감소했다.Center of Educational Leadership, 2018 이와 같이 학생들을 학교에 오게 하는 일은 학교교육의 기본이면서 가장 중요한 일이란 점에서 놀라운 성과라 할 수 있다.

2. 미국의 칼빈대학교와 그랜드래피즈시의 파트너십

1) 형성 배경과 성장 과정

칼빈대학교Calvin University는 미국 미시간주의 그랜드래피즈Grand Rapids 시에 있는 자유교양Liberal Arts 대학교다. 네덜란드 이민자들이 자신들의 문화적 종교적 전통을 유지하기 위해 1876년 설립했다. 2019년 기준으로 3,730여 명의 등록 학생이 있고 그중 유색인 미국 학생 비율이 18.9%이고, 전체 학생 중 12%가 63개 나라에서 유학 와서 공부하고 있다.

칼빈대학교가 추구하는 핵심 가치 가운데 '다양성/포용성diversity/inclusiveness'과 '지속가능성sustainability' 등이 있다. 다양성을 추구한다는 것은 "언제나 인종주의racism를 인식하는 데 민감하며, 화해를 촉진하는 데 마음을 쏟으며, 건강한 다문화적 공동체를 만드는 일에 적극적"

[사진 12] 칼빈대학교 캠퍼스 내 생태숲

인 것을 의미한다고 본다.Calvin College, 2004: 7 칼빈대학교에서 사용하는 지속
가능성이란 자연환경의 보호와 관계있을 뿐 아니라 사람들의 삶의 방식
을 일컫기도 한다. 즉, "우리의 일상 활동들이 다른 사람과 다른 생명체
의 안녕well-being을 촉진하고, 미래 세대의 모든 피조물이 융성할 수 있
는 능력을 위협하지 않고 촉진하는 방식"으로 이루어지는 것을 의미한
다.https://calvin.edu/about/sustainability/

칼빈대학교는 이념적 토대가 되는 개혁적 기독교 신앙의 영향으로 사
회와 세계에 대한 적극적 관심과 참여의 오랜 전통이 있다. 칼빈대학교
의 비전 선언문에 다음과 같은 문구가 있다.

> 칼빈대학교는 이 도시의 복지에 대한 이해와 촉진을 추구하고,
> 이 세계를 치유하는 개혁적 기독교 신앙에 의해 활기차게 운
> 영될 것이다. 우리는 평생학습, 교수 활동, 학문 활동, 예배 그
> 리고 봉사활동 등의 추구에서 하나님의 회복의 사역에 동참하
> 고자 우리에게 오는 사람은 누구나 환영하는 바이다.https://calvin.
> edu/about/who-we-are/

이 선언문에서는 대학에게 그 대학이 위치한 도시의 복지wellfare와 세
계의 치유를 위해 평생학습, 교육, 학문에 함께할 것을 촉구하고 있다.
이는 대학의 구성원들과 지역공동체의 학생과 성인 그리고 단체들이 그
지역사회의 안녕과 복지를 이루기 위해 유기적 협력관계를 맺는 마을교
육공동체를 지향하는 것이다. 여기서 개혁주의 신앙에 근거한 사회에
대한 관심과 적극적 참여의 궁극적 목적을 샬롬의 추구라 명하기도 한
다. 정의와 평화가 통합된 개념인 샬롬은 칼빈대학교가 연구와 교육을

통해 이루고자 하는 최종 목표인 셈이다.^{Plantinga, 2002; Wolterstorff, 2003} 정의와 평화의 구현을 위해서는 현대 사회에서 그 말의 명확한 의미 규명을 위한 이론적 작업이 필요하지만, 무엇보다 학생들과 이웃의 삶의 터전인 지역사회를 변화시키는 실제적인 노력이 더 중요하다. 그런데 진정한 변화는 자신이 대상화되지 않고 변화의 주체가 될 때 가능해진다. 그래서 칼빈대학교는 지역사회에 참여하여 일할 때는 대학이 주도하기보다는 지역사회의 기관이나 단체들과 파트너십을 맺어 협력적으로 하려고 노력해 왔다.

칼빈대학교가 지역사회와 협력관계를 맺어 참여해 온 역사는 오래되었다. 여기서는 현재까지 그 활동이 지속되거나 그 결과의 영향력이 커서 소개할 필요가 있는 것들을 중심으로, 2000년대부터 살펴보겠다.

2001년에는 그랜드래피즈의 몇 개 지역사회 단체들이 '지역공동체 지원 파트너십 센터COPC' 건립을 위해 미시간주 '주택 및 도시개발부'에 제출할 연합 계획서를 만들고자 칼빈대학교에 찾아왔다. 그 파트너십 센터는 버턴 하이츠Burton Heights라는 대학의 특정 이웃 지역에 초점을 두고 교육, 건강, 경제개발, 주택문제 등 네 가지 영역의 일을 하도록 되어 있었다.

2004년에는 대학이 지역사회 참여의 일을 더 체계적으로 하기 위해 부총장실 내에 '지역사회 참여부Office of Community Involvement'를 신설했다. 그 부서는 대학과 지역사회의 협력을 촉진하고 전략을 수립하는 데 초점을 두었다. 칼빈대학교는 대학 내에 '지역사회 참여부'라는 조직을 갖추고 나서 더욱 조직적으로 지역사회와 파트너십을 구축해 갔다. 그러던 중 2005년에는 칼빈대학교가 지금까지 해 온 사회참여에 관한 활동 전반의 학문적 성취를 평가하고 이후 10년간 이를 어떻게 심화시킬 것인지에 대한 전략기획의 시간을 마련했다. 부총장을 비롯해 다양한 학과의 교수 14명과 대학의 관련 스태프들과 지역사회 지도자들이 종종 자리를 만들어 연구하고 토의를 계속했고, 그 결과물을 2007년에는 보고서로 간행했다. 거기에서 칼빈대학교는 자유교양대학으로서 학교의 강점과 약점을 면밀히 검토했다. 이를 토대로 당대에 직면한 위기와 기회들을 역사의 흐름 가운데 살피면서 구체적으로 그랜드래피즈라는 도시의 필요와 중요 이슈들을 검토했다. 이런 탐색과 숙고의 결과 칼빈대학교는 앞으로 지역사회참여에 관한 연구와 실천을 집중할 네 개의 큰 분야를 정했다. 그것은 환경적 지속가능성, 도시재생, 인종 간 화해, 문해literacy 등이었다.Calvin College, 2007 그 분야는 현재까지 칼빈대학교의 여러 학과가 협력하여 지역사회를 위해 일하는 영역이 되었다.

2009년에는 하나의 지역사회 문제가 시급한 학문적 이슈로 등장했다. 칼빈대학교가 위치한 플라스터 하천 유역의 수질이 나빠져서 미시간 환경부에 의해 서부 미시간에서 가장 오염이 심한 도시 하천 유역이라 지목된 것이다. 칼빈대학교는 이러한 지역사회의 문제에 대응해야 할 책임감을 느끼고 하천 유역의 회복을 위해 '플라스터 하천 지킴이Plaster Creek Stward를 출범시켰다. 이 조직은 칼빈대학교의 교수, 스태프, 학생들이 지역사회의 학교, 교회, 지역의 파트너 단체들과 협력하여 플라스터 하천 유역의 아름다움과 건강을 회복하기 위해 다방면의 노력을 기울이는 단체이다. 플라스터 하천 지킴이 프로젝트는 이후 여러 개의 펀드를 받으면서 대학과 지역사회의 파트너십을 강화하며 활발하게 진행되어 오는 모범 사례이다.

2) 목표 및 활동 내용

칼빈대학교가 지역사회의 기관들과 파트너십을 이루어 더 나은 지역 공동체를 만들고자 하는 노력은 다양한 방면에서 이루어지는데, 칼빈대학교 내 부총장실의 기구인 '지역사회 참여부'가 전체적인 조정 역할을 한다. 지역사회 참여부는 대학과 지역사회의 협력을 촉진하고 전략을 수립하는 데 초점을 두고, 개별 학과에 도전 과제를 제시해 교수들이 교육과 연구 활동을 할 때 사회에 봉사하는 방식으로 하게끔 돕는 일을 하고 있다. 그러므로 지역사회 참여부의 네 가지 핵심 가치는 칼빈대학교가 지역공동체와 함께 파트너십을 형성하여 활동하는 준거틀이 된다.

첫째, 관련성Relevance이다. 학생, 교수, 지역공동체 개발이나 다른 활동을 할 때 현시대의 이슈와 관련한 것에 초점을 둔다.

둘째, 근본성Rootedness이다. 외적인 활동에 관심을 둘 뿐 아니라 감사의 정신, 청지기직, 제자도, 지속가능성 등 근원적인 것을 개발할 것을 추구한다.

셋째, 관계성Relationships이다. 환대, 겸손, 경청, 파트너십, 호혜성, 반인종주의, 포용성 등의 모범을 추구한다.

넷째, 책임성Responsibility이다. 정의, 자비, 비판적 사고, 평생학습 등을 향한 경향성을 개발하는 프로그램, 연구, 파트너십을 소개하고 주장하고 지원한다.

칼빈대학교의 지역사회 파트너십은 지역사회 참여부가 전체적인 조정자 역할을 하지만 '봉사학습센터Service-Learning Center' 역시 오래전부터 지역사회 참여 활동을 적극적으로 해 왔다. 그 센터의 사명은 "칼빈대학교의 학생, 교수, 직원, 지역사회 파트너, 동문, 기타 대학의 친구들이 지역사회 기반 봉사학습 그리고 사회정의 활동과 시민 참여 활동을 통해 함께 어울려 배우면서 하나님의 샬롬 안에 거하고 샬롬을 추구하도록 구비시키는 것"이다.https://calvin.edu/offices-services/service-learning-center/about-us/ 봉사학습센터는 지역사회 참여부와 연합하여 지역사회의 일을 하는 경우가 많다. 여기서는 편의상 봉사학습센터와 직접 관련된 내용은 이 장의 뒷부분에 기술하도록 한다.

앞에서 2000년대 중반에 칼빈대학교는 지역사회 참여를 네 개 분야에 집중하기로 했음을 살펴보았다. 이제 그 네 분야에서 어떤 일들이 일어났는지를 알아보겠다.

환경적 지속가능성

'칼빈 환경평가 프로그램CEAP'은 대학과 지역사회의 환경적 건강성을 평가하고 개선하기 위해 환경연구에 초점을 두는 봉사학습 이니셔티브다. '플라스터 하천 지킴이PCS'는 지역의 환경자원을 유지하고 보호하고 회복하기 위해 그들이 지닌 전문성과 프로그램을 어떻게 사용할지 함께 탐구한다. 그들의 지역이 오대호 생태계의 일부인 플라스터 하천 유역에 속하기 때문에 환경에 대한 지킴이 의식이 더욱 깊다. 또한 '개념 있는 식품: 농장에서 대학으로Food for Thought: A Farm-to-College Initiative'는 로컬푸드를 대학 캠퍼스 식당들에 제공하고 식품 관련 이슈들을 다양한 학문 분야의 교육과정에 관련짓는 일을 추구한다. 식품에 대한 이해는 문화, 경제, 토지의 사용, 계절, 환경 등의 다양한 이슈를 한번에 연결시킨다. 여러 기관과 단체들에 로컬푸드를 조달하는 일은 지속가능성에 대한 부가적인 열정을 일으키는 강력한 힘을 제공한다.

도시 재생

칼빈대학교의 간호학과는 지역사회 기반 연구와 교육에 주도권을 갖고 선봉에 섰다. 그들이 만든 '지역사회 건강계획Community Health Initiative' 은 주민들과 건강 서비스 제공자들의 목소리를 적극적으로 듣고 인정하는 세 곳의 이웃 지역에서의 지역 기반 연구를 포함한다. 그 계획서에 따라 세 지역에서 온 주민들이 지역사회 건강 관리인으로 채용되었다. 그들은 간호학 교수와 학생들의 파트너가 되어 주민들과 필요한 자원들을 연결시키는 일을 했다. 대학은 적극적인 지역 파트너들과 함께 일하는 것이 지역사회 주도 사업의 성장과 성공에 활력을 준다는 사실을 배웠다.

칼빈대학교는 학교가 위치한 켄트카운티의 많은 아동이 납중독으로 고통받고 있으며 그 원인이 납 성분이 포함된 페인트 때문이라는 사실을 알게 되었다. 지금까지 칼빈대학교는 어린이 납중독을 근절하기 위해 노력하는 다양한 기구들과 협력하여 '납 추방!' 활동을 하고 있다. 이들은 고질적인 이 문제를 해결하기 위해 다양한 기관들의 협력을 기반으로 새로운 방식의 사고와 행동을 강구하고 있다. 또한 더욱 효과적인 예방책을 위한 시스템을 구축하고 지역의 역량을 강화하고자 노력하고 있다.

문해Literacy

칼빈대학교는 그랜드래피즈의 성인 문맹률이 전국의 평균에 해당할 만큼 높다는 사실에 주목했다. 칼빈대학교 학생들은 지역 학교들의 개인교습 프로그램과 방과후학교에 지속적으로 참여하고 있다. 일부 교수들은 문해 개발에 대한 협력 연구를 수행하고 있다. '그랜드래피즈 읽기GGRR'는 '지역사회 문해 정상회의'를 주최하여 그랜드래피즈가 직면한 중요 이슈들에 관한 협력적인 지역사회 활동을 도울 수 있는 '지역사회 문해 계획CLP'을 소개했다.

인종 간 화해

칼빈대학교는 인종 간 화해를 추구하는 반인종주의 기관이 되는 데 전력투구해 왔다. 칼빈대학교의 궁극적 사명인 샬롬의 추구는 인종 간 화해와 신앙공동체를 이루기 위해 노력할 것을 요구할 뿐 아니라 개인적·제도적 차원에서 그러한 노력을 약화시키려는 태도, 구조, 실천 사항들을 분명하게 규명, 제시할 것을 요구한다. 그래서 칼빈대학교는 인종적 정의, 화해, 문화 간 참여 등의 중요 이슈에 대한 종합적 계획안인 〈모든 민족으로부터From Every Nation〉를 발간했다. 또한 인종 화해 문제를 더욱 심도 깊이 파악하기 위해 '지역공동체의 목소리 프로젝트Community Voices Project'를 수행했다. 이는 이 지역의 장기 거주자, 난민, 최근 이민자들의 이야기와 관점들을 채록하는 작업이다. 이러한 과정을 통해 그들의 삶의 경험에 목소리를 부여하고, 문화적, 인종적, 윤리적, 사회적 차이들을 연결시켜 준다.

칼빈대학교가 오래전부터 지역사회 참여에 적극적이었던 이유는 앞에서 소개한 것처럼 지역사회에 대한 책임감이 중요하게 작용했다. 그런데 그 이유뿐 아니라 또 하나의 다른 요인이 영향을 주고 있다. 그것은 진정한 지식을 가르치고자 하는 교육에 대한 책임감이다. 그래서 강조하는 교육 방식이 봉사학습service learning이다. 봉사학습은 학생들이 지역공동체나 국제사회에서 필요한 일들을 실천하면서 비판적 성찰을 연마하고 그곳의 문제들과 그 이면의 이슈들을 파악하고 해결하는 역량을 신장시켜 준다. 또한 사람들의 차이점과 공통점을 이해하게 하여 다른 사람과 협력하여 문제를 해결하는 능력을 고양시킨다.

칼빈대학교에서는 '안다는 것이 무엇인가'라는 질문을 종종 받는다. 안다는 것은 애통해하는 마음을 요구한다는 사실을 강조한다. 이 말은 진정한 지식이란 반드시 책무성이 함께 온다는 사실을 의미하기도 한다. 청소년에게 이러한 참된 지식을 얻게 하는 좋은 방법은 '우리의 지역사회가 직면하고 있는 중요한 문제는 무엇인가?'라는 질문을 수시로 던지는 것이다. 봉사학습Service-learning은 학생들에게 세계에 대해 단순히 아는 것과 세계에 대해 사랑의 마음을 갖는 것 사이에 존재하는 불균형을 줄여 준다. 달리 말하면 세계를 알고 싶은 우리의 욕망과 세계를 변화시키고 싶어 하는 우리의 갈망 사이에 균형을 맞추는 데 도움을 준다.Bouman, 2019

칼빈대학교에서는 다수의 학생이 '학문적 기반의 봉사학습ABSL'에 참여하고 있다. 학문적 기반의 봉사학습은 수업 과정으로 진행되는데, 이는 교수와 봉사학습센터에 의해 조정된다. 학문적 기반의 봉사학습 파트너십에서는 기존의 지역사회의 필요들을 담당 교수가 학생들에게 필요한 특정한 배움에 연결시킨다. 어떤 학생들은 학과 수업이 아닌 대학 '기숙사 지역사회 파트너십' 프로그램에 참여한다. 이처럼 학생들은 다양한 비학문적 프로그램을 통해 봉사학습에 참여할 수도 있다. 비학문적 프로그램에는 장애인 올림픽을 위한 선수 보호자 역할을 하는 것도 있고 봄방학 중 미국 대륙을 다니며 봉사학습을 하는 경우도 있다.

1993년 이후 칼빈대학교는 '학문적 기반의 봉사학습'을 강조해 왔다. 학문적 기반의 봉사학습은 의미 있는 봉사와 깊은 학습이 만나는 교수 활동으로 설계되었다. 이런 봉사학습은 지역사회와의 파트너십, 양측의 호혜성, 그리고 자신과 사회에 대한 성찰을 요구https://calvin.edu/offices-services/

service-learning-center/about-us/한다. 칼빈대학교의 가장 오래된 봉사학습은 대학생들의 지역 아동들에 대한 개인교습tutoring 프로그램이다. 학생들은 개별적으로 동네 아동들과 관계를 맺어 가르치기도 했지만, 많은 경우에는 대학 기숙사 자치회 산하의 '기숙사 지역공동체 파트너십'의 지도하에 봉사학습으로서의 개인교습이 활발하게 일어났다.

[사진 13] 지역사회 환경보호 관련 봉사학습 수업

또 다른 예로, 지역사회인 그랜드래피즈 주민들에게 자기 고장에 대한 이해 증진과 외부 사람들에게 지역에 대한 홍보와 관광 안내 목적으로 스마트폰 앱을 개발했다. 대표적으로 그랜드래피즈에서 걷기 좋은 길을 안내하는 'GR Walks'가 있다. 이 앱은 칼빈대학교의 미국 문화사 수업과 그랜드래피즈 공공도서관이 그 지역에서 봉사학습을 하는 학생들과 프로그램 개발자 동문들과 협력하여 개발한 것이다.

한 예를 더 든다면, 칼빈 학생들이 조성한 유기농 정원이다. 그 정원은 2009년에 시작하여 점차 확대되어 지금까지 이어져 오고 있다. 이 정원은 지역사회에 있는 도시 농장과 파트너십을 맺었는데, 이 파트너십을 통해 환경 청지기 의식을 고양하고 지역 청소년 개발을 위해 활동을 취할 수 있었다. 2014년에는 학생들이 전국적인 조직인 '음식 복구 네트워크Food Recovery Network'의 한 지부가 되어 성공적으로 운영했다. 이는 대학 캠퍼스 식당에서 남은 음식들을 모아서 지역의 음식 배분 센터에 전달하는 일을 주로 한다. 학생 자원봉사자들이 적극적으로 나서서 지역사회에 도움을 줄 수 있었다.Bouman, 2019

이상과 같이 칼빈대학교와 그랜드래피즈의 파트너십 활동은 대학의 지역사회 참여부와 봉사학습센터가 주체가 되어 이루어져 왔다. 칼빈대학교에는 그 외에도 지역 주민들의 배움과 성장을 위한 활동들이 소소하게 많이 있다. 먼저 소개할 것은 지역 주민들을 위한 평생학습 프로그램이다. 칼빈대학교는 지역사회의 시니어 그룹과 파트너십을 맺고 칼빈 평생학습원CALL, Calvin Academy of Life-long Learning을 설립, 운영하고 있다. 주로 50세 이상의 장년과 노년층을 대상으로 문화적, 신체적, 사회적, 지적, 영적 영역 등 다양한 영역의 과목들을 개설해서 주민들이 필요로 하는 지식, 교양, 취미, 기술 등을 배울 수 있게 한다. 개원 이후 주민들의 참여가 점차 증가하여 현재는 2,000명 정도가 유료 회원으로 가입하여 교육을 받고 있다.

지금까지 지역사회 참여의 활동이 대학 조직에 의해 체계적으로 이루어지는 내용을 살펴보았다. 여기서는 필자가 이곳에 머물면서 위의 내용 외에 관찰하고 경험한 바를 간단하게 기술하고자 한다. 먼저 대학 캠퍼스는 학생들과 지역 주민들이 자연스럽게 어울리는 곳이다. 날씨가 좋으면 어김없이 강아지와 산책 나온 주민들과 자주 마주치게 된다. 코로나바이러스로 캠퍼스 내 건물들을 폐쇄할 때도 '주민들의 마스크 착용과 안전 주의라면 산책 환영'이라는 팻말이 곳곳에 설치되었다. 캠퍼스 한쪽에는 육상 트랙이 있는데 동네 어르신들이 자주 이용하는 공간이다. 물론 대학 도서관의 풍부한 장서도 지역 주민들이 이용할 수 있다. 매우 인상적인 점은 칼빈대학교는 작은 대학임에도 불구하고 문화 공연 홀에서 다양한 공연과 전시 기회가 많고 그 주 고객은 연세 많으신 동문과 지역 주민이라는 사실이다. 또한 명사 특강으로 이름 높은 칼빈대학교의 제뉴어리 시리즈January Series를 비롯한 강연회들의 좌석을 채우는 이들도 많은 부분 지역 주민이 차지한다. 이처럼 칼빈대학교는 지역사회 주민들에게 수준 높은 문화생활을 영위하게 할 뿐 아니라 현시대의 중요한 이슈들을 심도 깊이 논하는 담화의 장에 참여하는 기회를 제공해 준다. 마지막으로 칼빈대학교가 관리하는 생태숲Calvin Ecosystem Preserve & Primitive Garden은 대학의 구성원뿐 아니라 지역 주민들에게 훌륭한 휴식처와 치유의 공간이 된다. 더구나 아동과 학생들에게는 생태계의 중요성을 배울 수 있는 교육의 장이기도 하다. 요약하면, 칼빈대학교는 지역사회를 위해 매우 우수한 운동과 산책의 공간이자, 교육과 문화 예술기관이요, 휴식과 치유의 장소이기도 하다.

3) 성과 및 시사점

앞에서 살펴본 바와 같이 칼빈대학교는 대학과 지역사회의 협력관계를 비교적 체계적이고 조직적으로 수행해 왔다. 그 협력관계를 통해 얻은 성과가 무엇인지 평가하기는 쉽지 않다. 그래서 여기서는 칼빈대학교의 지역사회를 위한 노력을 공식적으로 인정한 사례를 소개하고, 2017-2018 지역사회 참여부의 연차 보고서에 나와 있는 실적 부분을 요약하여 제시하고자 한다.

2010년에는 칼빈대학교가 '교육 발전을 위한 카네기재단Carnegie Foundation for the Advancement of Teaching'으로부터 '지역사회 참여 등급 Community Engagement Classification'을 부여받는 대학에 속하게 됨으로써 지역사회 참여에 대한 전 국가적인 인정을 받은 셈이 되었다. 카네기재단은 칼빈대학교의 교육과정 영역과 지역사회와의 파트너십과 지원 활동 영역 등 두 분야에서 인증서를 부여했다. 이는 칼빈대학교가 해 왔던 일이 교육, 학습, 학문 활동에서 학생과 교수와 지역사회 모두에게 상호 호혜적 방식으로 협력이 이루어져 왔음을 확인한 것이다. 이러한 상호작용은 먼저 지역사회가 인식한 필요들을 제시했고, 학생들의 시민적, 학문적 배움을 심화시켰으며, 지역사회의 안녕을 고양시켰고, 교수들의 학문을 더욱 풍부하게 했다.

지역사회 참여부의 연차 보고서에는 플라스터 하천 유역 지킴이 프로젝트와 관련해서 대학과 지역사회의 파트너십을 통해 교육과 연구 그리고 실천의 면에서 어떤 실적이 있는지 살펴보겠다.

교육

칼빈대학교는 2017-2018년 1년 동안 강의 유역 회복에 대한 발표를 통해 다양한 교육의 기회를 가졌다. 지역의 학교 8곳, 교회 6곳, 대학 행사에서 6회, 지역사회 행사에서 16회로 1년 동안 총 36회, 모두 1,535명의 학생과 지역 주민에게 교육한 것이다. 이런 교육을 통해 의도한 바는 지역사회가 하천 유역의 생태계에 대한 지식을 넓히고 플라스터 하천 유역에 영향을 주는 요인들을 이해하는 사람들이 증가하도록 하는 것이다. 칼빈대학교의 교육활동들은 늘 실천을 하는 기회와 결합되어 있고, 하천 유역을 건강하게 회복시키는데 필요한 지식과 기술을 지역 주민들에게 구비시키고자 한다. 이런 정기적 지역공동체 모임은 하천 유역의 회복을 위해 함께 일하는 다양한 연령층의 사람들을 한자리에 모은다. 그리고 칼빈대학교는 클라스터 하천 유역에 살고 있는 도시 고등학생들을 교육하는 프로그램인 그린팀Green Team을 출범시켰다. 그린팀은 도시의 청소년들에게 대학의 교수와 대학생 조교의 멘토링 아래 하천 유역의 연구 경험을 제공하고 녹색 인프라와 관련된 직업 기술을 개발하는 데 도움을 준다.

연구

칼빈의 많은 교수가 플라스터 하천 유역의 문제와 이슈를 탐구하는 데 참여해 왔다. 손상된 하천 유역을 회복하는 일을 하기에 앞서 문제점들을 정확하게 파악할 필요가 있었다. 생물학 연구 방법 수업을 듣는 학생들이 수질 데이터를 모았다. 이 데이터는 수질이 시간 경과에 따라 어떻게 변하는지를 추적하는 데 사용되었다. 그리고 그 하천 유역의 이른 역사에 대한 데이터도 수집했는데, 이는 지난 80여 년 동안 플라스터 하천 유역에 살았던 지역 주민들로부터 구전 역사oral history를 듣고 기록하는 방법을 취했다. 칼빈대학교에서 개발한 혁신적인 연구 파트너십 중 하나는 강 상류에 있는 중학교와 하류의 중학교 사이에 있었다. 이 학교들은 각자의 지역에서 동시에 데이터를 모았다. 그리고 발견한 것들을 비교하여 상류와 하류의 차이점을 알려 주었다. 칼빈의 과학교육과 학생들은 참여자들의 배움의 경험을 돕는 역할을 했다. 매 여름에 '플라스터 하천 지킴이'는 다양한 연구 질문들에 필요한 자료를 구하기 위해서 칼빈대학교의 대학생 연구원들을 채용하기도 했다. 2018년에는 원 식물들이 진흙 안에 제공하는 침윤의 유익한 점을 측정하고, 그 식물들이 자람에 따라 그 침윤의 변화는 어떻게 진행되는지 알기 위해 장기적인 실험계획을 수립하여 진행하고 있다. 2017-2018학년도 지역사회 참여 연구에 함께한 칼빈대학교 학생 연구원들은 생물학 수업을 듣는 학생들 40명과 그 외 지질학과 학생, 엔지니어링 학생, 지도정보시스템GIS 학생 등 63명이었다.

복구

과도한 양의 빗물은 도시 하천과 개천의 오염을 일으키는 원인이 된다. 플라스터 개천 지킴이는 연구 결과를 이용하여 복구 활동이 우선적으로 필요한 특정 지역을 선정했다. 긴 뿌리를 가진 미시간의 원 풀들은 수질을 향상하기 위해 빗물을 거르고 생물다양성을 증가시키는 데 중요한 역할을 한다. 플라스터 하천 유역 지킴이는 하나의 원 식물 종묘원을 갖고 있었는데, 그곳에서 강수역 복구 프로젝트를 필요로 하는 대부분 원식물들이 성장하고 있다. 2018년 여름, 새로운 온실이 보쉬 커뮤니티 재정Bosch Community Fund과 여러 사람의 개인적 기부에 힘입어 지어졌다. 서너 개의 대규모 복구 프로젝트와 여러 개의 작은 규모의 프로젝트들이 미시간주의 환경부, EPA/오대호 복구 이니셔티브, 오성과 도시 수역 복구 이니셔티브의 지원하에 프로젝트를 완수했거나 수행 중이다. 이런 일들이 대학 캠퍼스 안팎에서 지역사회 참여를 위한 촉매자 역할을 한다.CCEGL, 2017 칼빈대학교는 2017-2018학년 기준으로 주정부와 여러 재단으로부터 총 여섯 개의 재정, 총 1,788,834달러를 지원받아 지속적으로 프로젝트를 수행하고 있다.

시사점

칼빈대학교가 지역사회인 그랜드래피즈의 다양한 기관과 단체들과 파트너십을 맺어 더 나은 지역공동체를 만들기 위해 노력해 온 지는 오래되었다. 그런 노력의 성과를 양적으로 평가하기는 어렵다. 파트너십 활동의 총책임을 맡았던 칼빈대학교의 전 부총장은 필자와의 인터뷰에서 성과를 말하기는 쉽지 않다면서도 간단하게 세 가지를 제시했다. 첫째, 칼빈은 지금까지 지역사회가 필요로 하는 바를 수행하기 위해 노력해 왔다. 그런 노력을 지역사회는 알고 있다. 둘째, 칼빈대학교가 지역사회와 함께 오랫동안 노력해 온 플라스터 하천의 환경은 점차 개선되고있다. 셋째, 지역사회와의 파트너십 활동을 통해 칼빈대학교의 학생들은 구체적인 사람과 장소에 대한 헌신을 더욱 깊이 배울 수 있었다.

자유교양 대학인 칼빈대학교가 상아탑 속에 갇혀 있지 않고 지역사회로 나와 구체적인 지역의 문제를 해결하기 위해 지역의 주민들과 협력관계를 맺어 함께 노력할 수 있었던 데는 몇 가지 이유가 있다. 먼저, 대학의 비전과 사명 그리고 사상적 토대가 대학의 지역사회 참여를 뒷받침하고 있고, 이러한 대학의 이념적 특성을 칼빈대학교의 교수, 행정직원, 학생 대부분이 명확하게 알고 있었다. 또한 지역사회와의 협력과 참여의 필요성을 실제 시행하는 데 필요한 인적·물적 자원을 칼빈대학교는 갖출 수 있었다. 지역사회 참여부를 부총장실에 설치하여 전문가들에게 지역사회 관련 일들의 기획과 조정의 역할을 하게 한 것이 주효했다. 그리고 중요한 시점에 외부로부터 재정이 지원된 것도 큰 도움이 되었다. 플라스터 하천 프로젝트를 위한 펀드뿐 아니라 2005년 지역사회 참여 관련 평가 및 기획에 대한 대규모 보고서 작업도 외부 재단의 자금 지원이 있어 용이하게 할 수 있었다.

이 외에 칼빈대학교가 지역사회와 협력하여 더욱 건강한 (교육)공동체 형성에 적극적으로 나설 수 있었던 데는 그러한 일의 중요성과 방안에 대한 이론적 지식을 갖추고 있었기 때문이기도 하다. 즉, 대학의 교수들과 스태프들은 대학이 지역사회에 대해, 지역사회와 함께, 지역사회를 위해 적극적으로 나서는 것이 대학의 기능인 교육과 연구에도 중요하다는 것을 이론적으로도 알고 있었다. 그들이 중요하게 생각한 이론적 틀은 '장소 기반 교육PBE, Place- based Education'과 '지역공동체 기반 연구CBR, Community-based Research' 등이 있다.

칼빈대학교가 의도하는 교육은 학생들에게 자신의 지역 공동체 속으로 스며 들어가서 특정 지역과 구체적인 사람들에 대한 관심을 갖고 그들을 위해 헌신적 삶을 살게 하는 것이다. 이것은 장소 기반 교육이 추구하는 바이기도 하다. 장소 기반 교육으로 길러진 이러한 삶의 태도는 학생이 거주하는 곳을 옮기더라도 전이되는 것이기에 대학에서 가르쳐야 하는 중요한 역량이다. 학생에게 장소 기반 교육이 필요하듯이 교수에게는 지역공동체 기반 연구가 중요하다. 지역공동체 기반 연구는 단순히 지역공동체에 대한 연구를 넘어 지역의 주민들을 공동 연구자로 삼아 영향을 주고받으며 이루어진다. 지역공동체 연구는 지역공동체 기반 연구가 될 때 더욱 정확한 문제 제기와 실질적인 해결 방안을 모색하게 될 것이다.

이처럼 대학이 지역사회와 파트너십을 이루고 공동체 형성에 적극적이어야 할 이유가 대학의 설립 이념에 근거해 보거나 학문적 차원에서 생각해 보아도 근거가 분명하다. 칼빈대학교가 지역사회와 협력관계를 맺어 지역사회 참여에 적극적일 수 있었던 요인들은 우리나라에서도 필요한 내용일 것이다.

4부

마을교육공동체의
미래

마을교육공동체의 미래를 전망하기 위해서는 먼저 미래교육에 대한 예측이 필요하다. 그리고 미래에 교육이 어떤 변화를 갖게 될지는 교육에 영향을 주는 환경의 변화가 무엇인지가 중요하게 작용할 것이다. 미래학자들이나 다수의 교육학자들은 미래교육을 전망하면서 중요한 환경의 변화로 4차 산업혁명을 제시한다. 사물인터넷이나 인공지능의 발전은 우리의 생활을 혁신적으로 바꿀 뿐 아니라 교육의 개념을 근본적으로 변화시킬 것으로 본다. 이러한 과학기술의 발달과 더불어 점차 심각해지는 자연재해나 질병의 확산 등 자연환경의 위기적 상황도 매우 중요한 교육환경의 변화라 할 수 있다. 특히 2019년에 시작되어 2022년 현시점까지 계속되고 있는 코로나19 같은 전염병은 전 인류의 생활 패턴은 물론이거니와 가치관에까지 큰 변화를 주고 있어 교육의 영역에서도 근본적인 변화를 요구하고 있다.

그리고 국가 간 경계가 약화되면서 세계화로 인한 경제 양극화의 심화와 난민 문제 그리고 전쟁과 테러와 같은 사회문화의 위기적 상황도 미래교육에 큰 영향을 주리라 예측된다(OECD, 2019). 이처럼 우리 삶의 환경을 구성하는 다양한 요인들의 급격한 변화 가운데 교육은 어떻게 변화해야 할지 여러 기관과 학자들은 다양한 전망과 예측을 내놓고 있다. 그런데 미래교육에 대한 전망들은 많은 경우 마을교육공동체와 관련되어 있음을 알 수 있다. 미래교육에 대한 전망들 가운데 주목할 만한 두 논의를 참고하면서 마을교육공동체의 미래 전망을 논하도록 하겠다.

첫째, 미래교육에 대한 예측과 이를 위해 마을교육공동체가 어떤 역할을 해야 할 것인지를 OECD의 〈교육2030 프로젝트〉(OECD, 2018)를 살펴보면서 논의를 전개하고자 한다. 이는 13장에서 다루게 될 것이다. 그리고 이 장에서는 온 인류가 현재 경험하고 있는 코로나19 사태가 초래한 교육의 변화와 마을교육공동체의 역할에 대한 논의도 함께 논의 될 것이다.

둘째, 미래교육 중에서 이 책에서 주로 관심 갖는 학교교육의 미래 전망을 예측하고 이것과 마을교육공동체의 관계를 논의하고자 한다. 이 논의는 미국의 대표적인 교육개혁학자인 앤디 하그리브스(Andy Hargreaves)와 데니스 셜리(Dennis Shirley)의 공동저서 『학교교육 제4의 길』(1, 2)을 참조하여 이루어질 것이다. 이 논의는 14장에서 다룰 것이다.

13장
학생의 미래역량과 마을교육공동체

1. OECD 교육 2030 프로젝트와 미래교육

OECD는 21세기를 맞이하면서, 1997년부터 2003년까지 '미래 사회를 대비하는 학교교육'에 대한 광범위한 연구를 진행하여 그 결과로 미래핵심역량 교육을 제안했다.[DeSeCo, 2003] OECD는 이어서 지금의 학생들이 성인이 되는 2030년, 세계에서 살아가는 데 필요한 역량이 무엇인지를 탐구하는 또 하나의 대규모 연구 과제인 '교육 2030 프로젝트'를 2015년부터 현재까지 지속적으로 수행하고 있다. 2018년 나온 연구보고서에 따르면 인공지능과 인터넷의 발달로 교사에 의한 지식 전달의 중요성은 점차 약화되고 학생의 주체적 학습이 중요해진다고 본다. 이 보고서에서는 미래를 대비하는 교육의 기반 혹은 최종 목표를 '학생 행위주체성student agency'이라 한다. 학생 행위주체성이란 "변화를 만들기 위해 목표를 세우고, 그것을 반성하고, 책임감 있게 행동하는 능력"을 일컫는다. 그러므로 학생이 학습에서 행위주체자가 된다는 것은 그들이 무엇을 어떻게 배울 것인지를 결정하는 과정에서 스스로가 적극적인 역할을 하는 것을 의미한다. 행위주체자로서 학생은 학습에 대한 높은 동기를 가지며 자신의 학습을 위한 목표 설정을 분명히 할 수 있을 가능성이 크다. 그래서 그들은 일생 동안 사용할 수 있는 더할 수 없이 귀중한 기술인 '배우는 법을 배우는 능력'을 얻게 될 것이다.OECD, 2018

이전 DeSeCo 보고서에서는 학교가 학생들이 성인이 되어 직면하게 될 사회에서 성공적인 삶을 사는 데 필요한 '미래핵심역량'을 길러 주어야 한다고 보았다. 그리고 미래핵심역량으로 '도구를 상호 교환적으로 사용하는 역량', '다양성의 사회에서 차이와 갈등을 처리하고 조정하는 역량', '자율적으로 행동하는 역량' 등을 제안했다. 이에 비해 2030 프로젝트에서는 교육이 추구하는 바를 '학생의 성공적인 삶' 대신 '개인적, 사회적 안녕wellbeing'으로 제시함으로써 좀 더 공동체적이고, 물질적인 것과 정신적인 것의 통합을 추구하고 있음을 보여 준다. 또 개인적, 사회적 안녕은 고양된 삶의 질을 전제로 하며, 이를 모든 사람이 향유하려면 지속가능한 포용적 성장inclusive growth이 필요하다고 말한다. 지속가능하고 포용적 성장에 필요한 지식, 기능, 태도와 가치 등을 학생들이 갖추도록 돕는 것이 교육의 역할이라는 것이다.

교육 2030 프로젝트는 이러한 지식, 기능, 태도와 가치를 역량이라 하고, 미래를 대비하는 역량에는 특히 세 가지가 중요하다고 한다. 그것은 '책임감 갖기', '새로운 가치 창출하기', '긴장과 딜레마 조정하기' 등이다. 이 세 역량의 기반이 되는 것을 '변혁적 역량'이라 한다. 여기서 변혁적 역량이란 '학생들이 삶의 모든 영역에서 적극적으로 참여하여 보다 바람직한 방향으로 변화를 미치려는 책임의식'이다. 그리고 그 역량을 '학생들이 혁신적이고 책임감 있으며 의식 있는 인간으로 성장하는 데 필요한 능력'이라 설명하고 있다.OECD, 2018

OECD의 프로젝트인 'DeSeCo'와 '교육 2030'에 나타난 역량의 정의와 특징을 비교하면 [그림 4]와 같다. 지금부터 10년 후의 미래를 대비하는 교육은 학생들의 미래역량을 향상시켜야 하며, 미래역량의 핵심에는 '학생 행위주체성'이 있다. 이 행위주체성은 미래역량의 특징인 변혁적 역량을 성장시킬 때 형성된다. 그러므로 학교는 미래교육의 목표를 달성하기 위해서 변혁적 역량의 구성 요소인 책임감 갖기, 새로운 가치 창출하기, 긴장과 딜레마 조정하기 등의 역량을 학생들이 갖출 수 있도록 지도해야 한다.

[그림 4] 'DeSeCo'와 '교육 2030'에서 제시한 역량의 의미와 특징

구분	'DeSeCo' 프로젝트	'OECD 교육 2030' 프로젝트
역량의 목표	• 개인과 사회의 '성공(success)'	• 개인과 사회의 '웰빙(well-being)'
역량의 정의	• 특정 맥락의 복잡한 요구를, 지식과 인지적·실천적 기능뿐만 아니라 태도·감정·가치·동기 등과 같은 사회적·행동적 요소를 동원시킴으로써 성공적으로 충족시키는 능력	•복잡한 요구를 충족시키기 위해 지식, 기능, 태도와 가치를 동원하는 능력 - 지식: 학문적, 간학문적, 인식론적, 절차적 - 기능: 인지적·메타인지적, 사회적·정서적, 신체적·실천적 - 태도와 가치: 개인적, 지역적, 사회적, 글로벌적
역량의 특징	• '핵심(key)' 역량 - 경제적 활동에 중요한 역할을 하고, 개인적이고 사회적 유익을 야기할 수 있는 것	• '변혁적(transformative)' 역량 - 학생들이 삶의 모든 영역에서 적극적으로 참여하면서 보다 나은 방향으로 영향을 미치려는 책임의식
역량의 범주	- 여러 도구들을 상호작용적으로 사용하기 - 이질적인 집단에서 상호작용하기 - 자율적으로 행동하기	- 새로운 가치 창출하기 - 긴장과 딜레마 조정하기 - 책임감 갖기
역량의 핵심	• 성찰(reflectiveness)	• 학생 행위주체성(student agency)

출처: KEDI, 2019에서 변용

2. 코로나19와 교육의 미래 그리고 미래역량

코로나19 사태는 전 인류에게 전대미문의 사건으로 기억될 것이다. 전혀 예상치 못한 방식으로 일상생활은 중단되었고, 사람들은 지금까지 추구해 온 것들에 대해 심각한 반성을 하게 되었다. 코로나19의 진행 과정은 우리에게 중요한 깨달음을 주었고, 미래 사회에 대한 적절한 준비를 촉구하고 있다. 또 한 나라에 사는 모든 사람과 이 지구상의 모든 나라가 긴밀하게 연결되어 있음을 자각하게 되었다. 선진 국가들이 백신 개발이나 치료 기술의 발달로 자국민을 코로나로부터 보호한다 해도 후진 국가에서 창궐한 바이러스는 어떤 경로를 통해서든 선진 국가에 침투할 가능성이 매우 크다. 한 나라 안에서는 더욱 그러하다. 포스트 코로나 시대에는 사회 구성원들 사이의 연대의식이 무엇보다 중요하다. 우리 사회와 이 세계가 유기적으로 연결된 운명 공동체라면 자기 자신이 조금 불편해도 공동체를 위해 양보하는 태도와 공공의 선을 위해 타인과 힘을 모으는 일이 중요하다.

이와 함께 다른 사람들과 연결되기 힘든 상황에서도 사람들은 다양한 방법을 강구한다는 점을 기억해야 한다. 코로나 사태의 가장 보편적인 방역인 사회적 거리두기는 대면적 만남을 기피하게 만들었다. 그러나 언콘택트un-contact 시기가 길어지면서 사람들은 가상공간에서라도 만남on-contact을 이어 가려고 노력하고 있다. 만남의 형태가 이전과 다를지라도 때로는 이전보다 적극적인 만남이 이루어지기도 한다. 그렇기 때문에 우리는 가상공간에서 이루어지는 새로운 접촉의 경향과 방식에 익숙해질 필요가 있다.

코로나19가 가져온 이상과 같은 개인적 생활방식의 변화와 사회 문화의 새로운 형성은 교육의 영역에도 큰 영향을 끼쳤다. 코로나19가 우리에게 일깨워 준 코로나 이후 미래 사회에서 이루어질 교육의 변화에 대한 논의는 다양하지만, 다음 세 가지로 요약될 수 있다.[김진숙, 2020]

첫째는 자기주도성을 가진 학생 중심 교육으로의 전환이다. 코로나19로 인해 바뀐 교육현장의 대표적인 모습은 대면 수업에서 비대면 원격수업으로의 전환이다. 교실에서 이루어지던 기존의 교육 방법에서는 교사가 지식 전달자가 되고 학생은 수동적인 태도로 지식을 받아들이는 역할을 하도록 요청받았다. 그러나 온라인을 이용한 원격수업에서는 교사와 학생의 역할이 달라져야 한다. 교사에게는 단순한 지식 전달자에서 학생이 필요한 지식을 탐색하고 응용하는 일을 촉진하는 촉진자facilitator 혹은 코치coach의 역할이 요청된다. 이와 함께 학생에게는 수동적 존재에서 능동적 주체가 되어 지식을 탐구하고 실천하고 성찰하는 더욱 적극적인 태도를 지니도록 격려해야 한다. 이러한 점은 OECD의 '교육 2030'에서 미래역량의 핵심으로 제시한 '학생 행위주체성'과 일맥상통한다. 원격수업에서 이런 변화가 전면적으로 일어나려면 교사와 학생의 개인적 노력뿐 아니라 교육과정 편성이나 수업의 설계에서부터 이러한 점들이 충분히 반영되어야 한다.

둘째는 디지털 시민의식을 강화하는 교육으로의 전환이다. 학생들에게 사회에서 타인과 더불어 살아갈 수 있는 시민의식을 교육하는 일은 학교교육의 중요한 과업이다. 마찬가지로 이들이 살아갈 시대는 코로나19로 경험하고 있는 바와 같이 디지털 전환digital transformation이 활발하게 일어난 시점일 것이다. 디지털 전환이란 "인공지능, 빅데이터, 사물인터넷 등 고도화된 디지털 기술 발달로 기업과 비즈니스, 경제, 사회 구조까지 급격하게 변화되고 있는 하나의 현상"[김진숙, 2020: 11]이다. 그러므로 그 시대에 살아갈 사람들에게는 일반적인 시민의식뿐 아니라 디지털 시대에 필요한 시민의식이 요구되는 것은 당연하다. 디지털 문해력literacy, 책임감과 투명성, 적극적이고 자발적인 참여 태도 등이 특히 중요하다. 디지털 문해력이란 디지털 기기 및 기술을 자신의 필요에 맞게 활용할 뿐 아니라 디지털 기술이 우리 사회에 가져오는 새로운 사회현상을 읽고 그 의미를 해석하는 능력을 의미한다. 여기서는 기기를 통해 획득한 정보의 진실 여부를 판단하고 객관적 사실과 주관적 의견을 구분하는 능력도 중요하다. OECD의 조사 결과, 디지털 기기 사용에 뛰어난 우리나라 청소년이 디지털 문해력 검사에서는 회원 국가 중 최하위란 사실은 앞으로 디지털 교육이 어떤 방향으로 나아가야 하는지를 잘 보여 준다.

책임감과 투명성 역시 매우 중요한 디지털 시민의식이다. 코로나 이후 시대에 더욱 광범위하게 확대될 비대면 만남과 모임에는 자신을 숨기는 익명성이 증가할 가능성이 크다. 자신의 정체성 혹은 얼굴을 숨긴 채 타인과 인격적 만남-나와 너의 관계-을 하기는 어렵다. 자신을 분명하게 드러내는 투명성과 자신의 의견에 대해서는 책임을 지는 책임감을 갖추도록 하는 교육이 필요하다. 또한 디지털 시대에는 정부 혹은 특정 기관이 정보를 독점하기 어렵다. 독점하려 할 때는 온갖 부정확한 정보들이 사회를 혼란스럽게 할 것이다. 그러므로 중요한 정보를 확보하기 유리한 기관, 특히 정부는 정보를 투명하게 공개하는 것이 중요하다. 코로나19가 시작된 초기에 우리나라가 방역의 모범 국가로 인정받았던 사실도 이 점 때문이었다.

적극적인 참여 태도는 디지털 시대의 중요한 시민의식에 속한다. 일할 때는 강압적 방법이 아니라 내적 동기를 부여하는 것이 특히 중요하다.

내적 동기로 인한 자발적 태도를 갖추었을 때 디지털 시대에 진실로 필요한 창의적인 아이디어가 나올 수 있다. 내적 동기는 적극적인 참여 의지의 토대가 된다. 참여 의지의 바탕은 그 일에 관한 관심이다. 그러므로 디지털 시민의식 교육은 학생 개개인의 관심사에 초점을 두어야 한다. 학교나 교사가 일방적으로 교육 내용을 정하기보다 학생들의 관심사를 교육과정으로 연결시키고 그러한 내용을 탐구하도록 격려하는 것이 필요하다.

셋째는 우리가 살아가는 지구촌이 운명 공동체라는 의식하에 공감 능력과 연대감을 강화하는 방향으로 교육이 전환되어야 한다. 코로나19로 인해 지구촌 한구석에서 일어나는 자연재해가 그 지역에 한정되지 않고 전 지구적 범위로 빠르게 확산된다는 사실을 알게 되었다. 지구촌에 사는 모든 사람은 넓은 의미의 한 공동체에 속해 있다. 따라서 앞으로 강조해야 하는 공동체 교육은 학생이 속한 집단-학교, 지역사회, 국가 등-의 차원을 넘어 전 지구적 범위에서 이루어져야 한다. 이 말은 세계 모든 나라 사람들을 우리의 이웃으로 보는 인류애적인 태도와 훼손된 자연환경을 복구하고 보존해야 하는 생태적 삶의 방식이 더욱 요구된다는 의미이다. 이러한 태도나 삶의 방식은 단기간에 갖추어지는 것이 아니다. 타인의 아픔과 기쁨을 나의 것으로 느끼는 공감 능력을 지속적으로 배양해야 한다. 그 공감 능력은 단지 사람만이 아니라 생명을 지닌 모든 생명체에 적용될 수 있어야 한다.

코로나 현상은 나 홀로, 우리만 잘 살 수는 없음을 분명히 알려 주었다. 이제 우리는 지구촌 곳곳에서 일어나는 다양한 문제들에 관심을 갖고 이의 해결 방안을 찾는 데 관심을 기울여야 한다. 또한 이러한 과제들은 학교의 교육과정에 포함되어야 하는데, 이는 소수의 사람이 해결할 수 있는 문제가 아니므로 여러 사람과의 연대가 필요하다. 그러므로 미래교육에서는 다양한 사람들, 기관들과 어떻게 연대해야 하는지를 배우는 것이 중요할 것이다.

3. 미래교육과 마을교육공동체

앞에서 살펴본 바와 같이 미래교육에서 강조되는 바는 어느 정도 예측이 가능하다. 이는 코로나19라는 엄청난 자연재해가 가져다준 깨달음의 결과와도 일치한다. 이를 요약하면, 지구촌 모두의 안녕well-being을 추구하는 변혁적 역량이 요구되며 이는 학생 행위주체성을 토대로 한다는 것이다. 변혁적 역량이란 OECD에서 제시한 책임감 갖기, 새로운 가치 창출하기, 긴장과 딜레마 조정하기 등의 세 가지에 공감력을 기반으로 하는 연대감을 갖고 실천하기를 포함한 것이다. 이를 좀 더 구체적으로 제시하면 [표 5]와 같다.

[표 5] 변혁적 역량의 내용

변혁적 역량	책임감 갖기	새로운 가치 창출하기	긴장과 딜레마 조정하기	공감력과 연대감 갖고 실천하기
특징	자신의 행위를 개인적·사회적 목표와 옳고 그름에 비추어 성찰하고 평가할 수 있는 능력	창의적으로 사고하고 새로운 것을 개발할 수 있는 능력	모순적 상황에서 상호 관련성을 고려하면서 좀 더 통합적인 방식으로 사유하고 행동하는 능력	공동의 문제의식을 갖고 다양한 사람, 조직, 기관들과 함께 연계하여 해결하는 능력

미래 사회에서 요구되는 변혁적 역량과 그 기반이 되는 학생 행위주체성을 위한 교육은 마을교육공동체와 밀접한 관련성을 지닌다. 여기서 미

래교육에서 요구하는 것과 마을교육공동체의 관련성을 살펴보면 다음과 같다.

첫째, 미래역량의 핵심이 되는 행위주체성과 책임감을 기르는 교육은 마을의 협력 없이는 효과적으로 이루어지기 어렵다. 학생이 주체적 존재로 자신과 사회에 대한 책임감을 갖고 자기 자신의 고유한 삶을 개척하고 사회를 변화시켜 나가는 행위주체성에는 무엇보다 자아의 발견 및 주체성 확립과 책임감 있는 삶의 실천이 중요하다. 이러한 것들을 형성하는 데는 학생을 둘러싼 가정, 학교, 사회의 유기적인 협력체제가 필요하다. 학생이 자기를 찾기 위해서는 자신의 내면을 성찰하는 일과 다양한 사람들과의 만남과 여러 가지의 경험이 필수적이다. 종종 청소년의 자기정체감이 혼란을 겪는 우리나라의 상황에서 일부의 청소년이 건강한 자아정체성을 갖고 당당하게 자신의 삶을 개척해 가는 과정을 보여주는 연구가 있다.강영택, 2021[8] 이에 따르면 청소년기 학생의 자아 발견의 과정에서 주변의 다양한 사람들과 기관들의 협력적 지원이 얼마나 중요한지를 알 수 있다. 연구에 참여한 청소년도 한때 분주한 일상 혹은 지나친 경쟁 구도로 자아정체감의 혼란을 겪으며 힘든 청소년기를 보내는 우리나라의 많은 청소년처럼 고통스러운 시간을 보냈다고 한다. 그들은 중학 시절을 보내면서 자신의 참모습을 억압하여 감추고 학교 혹은 친구들이 요구하는 모습페르소나, Persona을 자신인 양 살아갔지만 삶이 어둡고 부정적이었다고 한다. 이런 상황을 벗어나기 위해 이들은 고등학교

---

8. 이 연구는 우리나라에서 시도되고 있는 한국형 갭이어(Gap year)인 '꽃다운 친구들'에 참여한 6명의 학생이 경험한 쉼의 의미와 교육적 성과에 관한 것이다. '꽃다운 친구들'은 일주일 가운데 이틀 동안 프로그램을 진행하는데 사회 전체가 교육의 장이 된다. 다양한 분야의 전문가와의 만남을 통해 의미 있고 흥미로운 일들이 세상에 많이 있음을 깨닫고 자신의 꿈을 다시 생각하기도 하고, 세월호 유가족 방문을 통해 우리 사회의 고통의 문제를 배우기도 한다. 그리고 학생들 스스로가 기획한 여행을 통해 각 지역의 역사와 사회문화적 특성을 배우기도 한다(기독교학교교육연구소, 2021).

진학 대신 1년간 쉼을 누리며 다양한 경험을 할 수 있도록 안내하는 모임에 참여하기로 부모와 함께 결정했다. 그들은 1년간 자유롭게 지내면서 상처 입은 자아를 회복하고 정체감을 확립하는 시간을 보냈다. 연구 참여 학생들이 이런 성장을 경험할 수 있었던 데는 여러 사람과 기관의 도움이 있었다. 가정에서 부모의 적극적인 후원, 그 모임 교사들의 친근하면서도 헌신적 태도, 그리고 이 소수의 청소년을 위해 기꺼이 달려와 이들에게 사진, 영화, 철학, 생태계 등에 대해 이론적·실제적 이야기를 깊이 있게 들려준 전문가들이 있었기에 그런 배움이 가능했다. 이 사례는 마을교육공동체가 어떻게 청소년의 정체감 형성에 도움을 줄 수 있는지를 잘 보여 준다.[9]

학생 행위주체성에 반드시 포함되어야 하는 것이 책임감responsibility이다. 책임감은 자신의 행동을 옳고 그름의 기준에 맞추어 성찰하는 능력이며, 자신의 행동과 관련된 상대에게 적절한 반응response을 보이는 실천력이다. 이런 책임감은 학생에게 자율적으로 과업을 수행하도록 맡길 때 길러진다. 과업의 성공 여부가 자신의 노력과 태도에 달려 있음을 경험할 때 더욱 책임감 있는 행동을 하게 될 것이다. 이런 자율적 과업의 수행은 학교 내의 학습 과정에서도 가능하겠지만 학생들의 실제 삶의 현장에서 더욱 다양하게 일어날 수 있다. 그러므로 학생들의 '책임감 있는 삶의 실천'을 하나의 교육 목표로 삼아 가정, 학교, 지역사회가 협력한다면 더욱 효과적으로 이 능력을 기를 수 있을 것이다.

둘째, 긴장과 딜레마적 상황에 대처하는 통합적이고 창의적인 사고력

---

9. 엄밀하게 말하면 연구 결과에서는 청소년의 자기발견을 가능케 한 근본 요인은 쉼이었다. 그러나 이들은 충분한 쉼을 누리며 이 가운데 자신이 좋아하는 일을 하면서 자신의 적성과 꿈을 더욱 분명하게 하거나 또는 다양한 경험을 하면서 새롭게 자신의 적성을 찾기도 하였다. 그리고 대부분의 활동을 청소년 스스로가 기획하고 진행함으로써 주체성과 자발성이 길러진다고 하였다(강영택, 2021).

계발에는 더욱 체계적이고 전 사회적인 노력이 요구된다. 미래 사회에서 요구되는 능력들은 다양하지만, 그중에서 창의력은 필수적이다. 창의적 사고는 개인이 처한 딜레마 상황에 적절하게 대처하는 데 필요할 뿐 아니라 사회 국가적 차원에서도 4차 산업혁명 시대의 경제적·사회적 발전과 성장을 위해서는 필수적인 요소이다.

창의성을 기르는 좋은 방법 중에는 놀이와 프로젝트 수업이 있다. 어릴 때 친구들과 함께한 놀이는 창의성을 키우는 중요한 발판이 된다. 놀이에는 나름의 형태와 규칙이 있지만, 그것은 고착되지 않고 가변적이다. 그래서 놀이에 참여한 아이들은 여러 상황에 맞추어 즉흥적으로 놀이를 변형시킬 수 있다. 놀이는 아이들이 창의성을 발휘할 수 있는 장이 되는 셈이다.

학교에서 하는 프로젝트 수업 역시 창의력 계발에 도움을 준다. 프로젝트 수업에서는 동료와 함께 연구 주제를 찾고 가설을 설정한 뒤 이를 검증하기 위해 기존의 지식을 새로운 관점에서 재구성하는 과정을 거친다. 이 과정에서 (집단적) 창의력이 계발되곤 한다.[OECD, 2018] 연구 주제를 선정할 때나 연구 방법을 정하여 연구를 진행하는 과정에서 참여 학생들의 접근 방식이 중요하게 작용하는데, 그들의 접근이 상황의 문제에 초점을 두면서도 상투적이지 않고 창의적, 독창적일 때 그 수업은 더욱 풍성하고 흥미로워진다. 특히 프로젝트 수업에서는 그 지역사회의 고질적인 문제를 다루는 경우가 많아 기존의 방식으로 해결되기 어렵고 창의적 접근 방식이 요구되곤 한다. 그러므로 잘 계획된 프로젝트 수업은 창의성을 계발하고 발휘하기 좋은 방안이자 터전이 된다.

이처럼 창의력 증진에 필요한 놀이나 프로젝트 수업은 학교에서만 이루어지기는 힘든 활동이다. 가정과 학교와 지역사회가 협력체제를 갖추어 지원할 때 효과적일 수 있다. 즉, 창의성 계발을 위해서는 마을교육 공동체를 형성하여 활용하는 것이 중요하다. 지역의 여러 기관이 협력 체제를 이루어 학생들의 활동을 지원하고 창의성에 도움이 되는 다양한 프로그램을 운영하는 것이 필요하다. 이에 덧붙여 감수성과 상상력이 풍부해질 수 있도록 마을의 물리적 환경을 창의적으로 조성하는 작업도 반드시 필요하다. 또한 물리적 환경의 개선과 함께 포용적인 사회의 분위기 형성이 창의성 계발에 필수적이기도 하다. 한 사회가 주민들, 특히 아동과 청(소)년의 실패와 일탈을 수용하고 새로운 도전을 격려하는 분위기를 조성할 때 이는 창의성 계발의 토대가 된다는 연구 결과가 있다.[OECD, 2018] 지나친 경쟁 분위기에서 한 번의 실패가 결정적 영향을 주는 사회에서는 창의성이 길러지기 어렵다. 결국 마을교육공동체에서 무엇보다 중요하게 추구할 일은 성장하는 아동의 다양한 개성의 표현이나 무모한 도전을 결과와 관계없이 격려하는 태도와 분위기를 확산하기 위해 노력해야 한다는 점이다.

셋째, 오늘날은 물론 미래 사회에서 더욱 중요하게 요구될 공감 능력과 연대감을 기르기 위해서는 학생들이 주민들의 실제 삶이 이루어지는 현장으로 나가야 한다. 학교의 테두리에 갇혀 있지 않고 이를 넘어 지역사회로 나가 학습을 하고 교육을 받을 때 그들은 배우는 내용이 자기 자신, 또 이웃과 관계있는 것임을 알게 된다. 그러고 나면 냉담하고 무의미한 태도로 학습 내용을 대하지 않고 그것에 관심을 보이고 공감하게 될 가능성이 크다. 그러므로 지역 주민들이 어려움을 겪는 현안을 수업의 주제로 선정하여 다른 기관들과 협력하여 과제를 수행해 간다면 학생들의 공감 능력과 연대감을 기르는 데 효과적일 것이다.

캐나다 온타리오주의 해밀턴시에 위치한 해밀턴기독교고등학교

Hammilton Christian High School는 프로젝트 수업이나 문제기반학습(PBL)을 중요하게 실천하고 있다.강영택, 2017 도심지에 살던 주민들이 외곽으로 빠져나가자 중심가의 관공서 건물들을 찾는 사람들이 감소하고 나중에는 건물이 비게 되었다. 도심지에 빈 건물이 생기면 그 주변으로 슬럼가가 형성되곤 한다. 지역 주민들의 염려가 커지자 해밀턴기독교고등학교에서 지리 수업 시간에 이 문제를 학습 주제로 삼자는 의견이 나왔다. 논의 결과, 지리 수업과 관련된 세 종류의 수업이 협력하여 집중이수 수업 형태로 이 문제를 주제로 프로젝트 수업을 진행하기로 했다. 학생들은 이 문제를 자신들의 문제로 인식하고 열심히 탐구하여 나름대로 해결 방안을 내놓았다. 프로젝트 수업 마지막 날에는 그룹별 연구 결과를 발표했고, 그 자리에 시의회 의장이 참석하여 학생들의 제안을 귀 기울여 들었다. 좋은 제안은 시의회에서 적극 검토하겠다고 약속했다. 이 프로젝트 수업은 학생들에게 사회에서 발생하는 많은 문제가 자신의 삶과 관련됨을 깨닫는 공감의 시간이었고, 이런 문제들은 다양한 전문가와 기관들이 협력해야만 해결할 수 있음을 배우는 연대의 중요성을 새기는 시간이었다.

이처럼 공감 능력과 연대감의 함양은 학교와 지역사회의 긴밀하고도 세심한 협력체제 가운데 효과적으로 이루어질 수 있다. 특히 공감력을 키우기 위해서는 학교가 위치한 지역에 사는 어려운 사람들과의 만남이 필요하다. 이웃의 아픔과 고통이 그것을 겪고 있는 사람들을 떠나 이야깃거리로 전락한다면 그 아픔을 공감하기가 쉽지 않다. 그러므로 어려움을 겪고 있는 사람들의 마음이 상하지 않도록 하면서 학생들과 만나게 해 줄 수 있는 기관이나 숙련된 사람이 필요하다. 연대감도 마찬가지다. 학생들이 과업 수행 중에 누군가와의 협력의 필요성은 알게 되지만 구체적으로 누구와 연대해야 할지 모를 수 있다. 이 경우에는 지역에 이들을 매개하는 기관이 있어야 한다. 이처럼 학생들의 공감력과 연대감을 체계적으로 교육하려면 이런 일들을 전문적으로 수행하는 사람들과 조직이 필요하다. 여기에 마을교육공동체의 중요성을 다시 깨닫게 된다. 가정, 학교, 지역사회가 긴밀하게 소통하며 협력체제를 갖춘다면 학생들에게 더욱 큰 교육적 도움을 줄 것이다.

14장
학교와 마을이 상생하는 마을교육공동체

앞 장에서는 미래 사회에 필요한 역량을 교육하는 데 마을교육공동체가 어떻게 작용하는지를 살펴보았다. 마을교육공동체는 학생의 미래 삶을 준비시키는 동시에 학생이 속한 학교와 지역사회의 지속가능성을 추구한다. 즉, 학교와 지역사회가 협력체제를 구성하여 마을교육공동체를 형성하는 것은 지역의 아동, 청소년, 성인에게 필요한 교육 기회를 제공하기 위함이지만 이러한 활동이 결과적으로 학교와 지역사회의 상생을 가져오기를 기대하는 것이다. 그러므로 마을교육공동체의 미래에 대한 논의는 학교의 지속가능성을 위해 지역사회가 어떤 역할을 할 것인지, 또 지역사회의 지속가능성을 위해 학교는 지역사회와 어떻게 협력해야 하는지를 살펴봐야 한다.

1. 학교의 지속가능성을 위한 개혁과 마을교육공동체

미국의 대표적인 교육개혁학자인 앤디 하그리브스와 데니스 셜리는 공동 저서 『학교교육 제4의 길』에서 학교교육개혁의 미래 방향을 논의했다. 미래 사회에서 학교가 자신의 역할을 제대로 수행하는 데 필요한 학교개혁의 방향을 그들은 네 가지로 제시했다.

첫째, 학교가 사회적 번영과 가능성과 창조에 대한 비전과 혁신을 지향하며 책임감과 지속가능성을 추구해야 한다. 둘째, 사회와 교육에 대한 비전을 중심으로 정부정책과 교육계의 헌신과 시민사회의 참여가 유기적 협력체제를 이루어야 한다. 셋째, 민간, 교육계, 정부 사이에 평등하고 상호 소통이 활발한 파트너십을 구축해야 한다. 넷째, 교사는 정부의 통제로부터 어느 정도 자유로워지지만 학부모와 지역사회에 대한 책임감은 더욱 강조된다. 그래서 지역 주민들은 교육 서비스를 단순히 소비만 하기보다는 교육의 비전을 논의하는 의사결정에 참여하는 주체가 된다.^{Hargreaves & Shirle, 2017}

저자들이 제시하는 학교개혁의 방향은 사실상 마을교육공동체와 밀접한 관계가 있다. 학교가 미래 사회에서 도태되지 않고 지속가능성을 확보하려면 무엇보다 학교를 둘러싼 지역사회 구성원들의 적극적인 참여와 시민사회와 정부 등 여러 기관 사이에 유기적 협력체제가 튼튼하게 구축되어야 한다. 가정, 학교, 사회의 구성원들과 관련 기관들이 상호 소통하며 협력 활동에 참여하여 지역 주민들의 교육을 위해 파트너십을 이루는 것을 마을교육공동체라 한다면, 미래 학교교육의 개혁을 위해서는 마을교육공동체가 필수적이다. 나아가 건강한 마을교육공동체 형성 그 자체가 학교개혁이 추구하는 목표이기도 하다. 여기서는 미래를 위한 학교개혁의 방향 가운데 '시민과 기업의 교육에 대한 관심과 적극적인 참여', '학교와 지역사회의 다양한 기관들 간의 네트워크 구축을 통한 파트너십 형성'에 대해 논의하면서 이들이 마을교육공동체와 관계하는 방식을 설명해 보겠다.

1) 시민과 기업의 교육에 대한 참여

하그리브스와 셜리는 앞으로 학교의 개혁은 관료주의나 시장에 의해 주도되기보다는 민주주의와 교원의 전문성에 의해 이루어질 것으로 보았다.Hargreaves & Shirle, 2017 이는 앞으로의 교육을 형성할 주체는 전문성을 갖춘 교사들과 교육활동에 참여하는 시민사회임을 의미한다. 이런 차원에서 본다면 시민들의 교육을 보는 태도와 참여를 통한 실천이 얼마나 중요한지를 알 수 있다. 지금까지도 시민들이 교육개혁 혹은 학교의 지속가능성을 위해 여러 가지 방식으로 참여해 왔다. 미국에는 대표적으로 '지역공동체 조직화Community Organizing'가 있다. 지역공동체 조직화란 인근 지역의 주민들이나 혹은 동일한 문제를 가진 시민들이 조직을 구성하여 다 함께 그 문제들을 해결하고 사회의 변화를 이끌어 내고자 하는 활동이다. 이런 운동을 통해 그동안 교육정책을 따라가면서 학교 교육활동의 대상이 되거나 보조를 하던 입장이었던 지역 주민들은 교육의 변화를 위해 주체적으로 참여하는 모습으로 변모해 간다. 지역공동체 조직화는 시카고를 비롯해 소수인종이 다수 거주하는 미국의 여러 지역에서 다양한 사회적, 교육적 문제들을 해결하고자 노력하고 있다.

오랫동안 조용하게 진행되던 이런 활동이 세상에 널리 알려지게 된 계기에는 지역 공동체 조직운동가 일을 하던 버락 오바마Barak Obama가 미국 대통령이 된 게 한몫을 했다. 오바마는 대학 졸업 후 시카고 남부 지역을 대상으로 하는 교회 관련 지역 공동체 조직에서 공동체 개발 프로젝트의 디렉터로 일했다. 그는 공동체 조직가로서 그 지역의 어려운 주민들을 위해 직업훈련 프로그램이나 대학입학 튜터링 프로그램을 만드는 일을 도왔다. 그는 또 가마리엘 재단의 지역공동체 조직화 연구소에서 교수자와 컨설턴트로 일했다.https://en.wikipedia.org/wiki/Barack_Obama#Community_organizer_and_Harvard_Law_School

다른 예로, 텍사스주의 '산업지역재단the Industrial Area Foundation'은 도심지 학교 학생들이 겪는 문제를 해결하기 위해 다른 기관들과 협력한 지역 공동체 조직화의 좋은 사례를 보여 준다. 이런 노력의 결과 그 지역의 학교들은 종교단체나 지역사회 조직들과 연결하고자 '학교연합Alliance Schools' 네트워크를 형성했다. 이 학교연합은 150여 개 학교를 중심으로 구축되었다. 텍사스의 댈러스시 도심부터 리오그란데 밸리를 따라 분포된 낙후한 멕시코 출신 미국인 밀집 지역에서 학교연합은 교사와 학부모의 활동을 촉진하는 일을 하고 있다. 그 결과 학생들의 학력이 향상되고, 학부모와 공교육제도가 다시 이어지고, 보건, 주거, 치안 등 지역사회의 제반 여건이 조금씩 개선되고 있다고 한다.Hargreaves & Shirle, 2017: 152-153

지금까지 지역사회에 산적한 교육 문제를 해결하고 학교의 지속가능한 개혁을 이루기 위해 시민들이 중심이 된 교육공동체운동을 살펴보았다. 이제 학교교육과 비교적 거리가 있다고 간주되는 기업의 교육 참여에 대해 살펴보고자 한다. 현대 사회의 많은 조직 가운데 그 중요성이 점점 더 강조되는 것이 기업이다. 기업은 사람들의 소비 패턴을 결정할 뿐 아니라 넓은 의미에서 특정 생활 패턴을 형성하는 데 큰 영향을 준다. 즉, 기업은 개인의 생활뿐 아니라 전체 사회의 문화를 결정하는 핵심적인 기관이다. 이처럼 사회에서 기업의 중요성이 커짐에 따라 기업은 자신들의 이익만을 추구하는 이기적인 집단으로서는 미래에 지속하기가 어렵다. 그래서 일부 기업은 이미 공공선을 추구하는 사회적 책임을 강조하며 이를 실천하고 있다. 다우존스의 지속가능지수, 환경오염물질

배출량의 감소, 직원 삶의 질 향상, 지역사회에 대한 시간 서비스 기부 등은 기업들이 사회적 책임 경영으로 중요하게 보거나 실천하는 사례들이다.

기업의 사회적 책임 가운데서도 사회의 미래를 생각한다면 교육적 책임을 강조하지 않을 수 없다. 기업의 교육적 책임이란 기업의 사회적 책임이 사회정의와 교육 기회의 균등과 만날 때 형성되는 것이다.[Hargreaves & Shirle, 2017: 193] 지금까지 우리나라에서 기업이 교육적 책임을 다하는 데 적극적이었다고 하기는 어렵다. 그러나 최근 들어 정부가 정책적으로 기업의 교육적 책임을 강조하면서 기업들도 이에 발맞추어 교육을 위해 여러 가지 활동들을 수행한다. 교육적 책임을 수행하는 대표적인 한 방법이 교육기부 활동이다. 교육부는 교육기부를 "21세기가 요구하는 창의적 미래 인재를 양성하기 위해 기업·대학·공공기관 등 사회가 보유한 인적·물적 자원을 유·초·중등 교육활동에 직접 활용할 수 있도록 다양하고 수준 높은 교육 기회를 제공하는 것"[www.teachforkorea.go.kr]이라 말한다. 기업의 교육기부는 장학금 지원, 교육 시설 건립 및 시설 기자재 기부, 프로그램 개발 및 운영, 학술대회 개최, 활동 지원, 재능기부 등의 유형으로 이루어지고 있다. 예를 들어, 대한항공은 비행기 관련 공학기술 실습 지도 등 주니어공학교실 등을 운영했다. 포스코는 어린이 철강과학 캠프 등 과학 관련 체험 프로그램을 실시했다. 인텔은 스마트 교육 관련 교사 연수 등을 운영했다.

기업의 사회공헌 활동을 더욱 체계적으로 수행하는 삼성은 교육기부 활동으로 '삼성 스마트 스쿨', '삼성 청년 SW 아카데미', '삼성 주니어 SW 아카데미', '삼성 드림클래스' 등을 운영하고 있다. 삼성 역시 우리나라의 다른 기업들과 유사하게 자기 기업의 스마트 기술과 기기를 이용해 인공지능, 사물인터넷, 빅데이터, 클라우드 등 미래 사회에서 필수적인 기기와 시설을 학교에 공급하거나 이들을 활용할 수 있는 역량을 기르는 일에 중점을 두었다. 그중에서 '삼성드림 클래스'는 다른 프로그램과 차별되는 다중적인 목적을 지닌, 비교적 활발하게 수행되고 있는 활동이다. 삼성 드림클래스의 홈페이지에는 이를 다음과 같이 소개하고 있다.

> 삼성 드림클래스는 교육 여건이 부족한 중학생에게 대학생이 멘토가 되어 학습을 지원하는 청소년 교육 프로그램입니다. 부족한 여건이 꿈의 격차가 되지 않도록 온라인 교육 시스템을 도입하고 기초학습뿐만 아니라 진로 포부 형성을 위한 진로·직업교육, 그리고 4차 산업혁명 시대 기본 소양이 될 미래역량 교육을 제공합니다.
> 삼성 드림클래스는 대학 및 외부 전문기관과 협업하여 청소년들의 꿈을 키우기 위한 진로 탐색, 미래역량, 기초학습 3대 교육과정을 제공합니다. 진로 탐색은 진로/직업 적성 진단, 직업 소개/체험 등 진로를 설계하고 체험하는 과정을 통해 진로 포부를 형성하는 데 도움을 줍니다. 미래역량은 4차 산업 시대의 기본 소양이 될 소통/글로벌/수리/SW 역량 교육을 제공합니다. 기초학습은 학생별 수준을 감안한 맞춤형 영어, 수학 학습을 제공합니다. http://csr.samsung.com/ko/programViewDC.do

삼성 드림클래스는 청소년 시기에 필요한 세 가지 교육과정인 진로적성 탐색과 기초학습 그리고 미래역량교육을 기업, 대학, 기타 전문기관들이 협력하여 청소년을 교육하는 프로그램이다. 이는 교육의 기회가 많지 않은 어려운 청소년에게 꿈과 희망을 갖게 하며 이를 성취하는 데 필요한 기초학습 능력과 미래역량을 교육한다는 점에서 교육의 평등성과 수월성을 동시에 추구하는 좋은 사례라 할 수 있다. 더구나 이 프로그램에 참여하는 대학생들에게도 장학금 수혜와 멘토로서의 귀중한 경험을 갖게 하여 청소년과 청년 모두에게 교육적 효과를 주고 있는 셈이다. 이 활동은 기업을 비롯해 다양한 사람들과 기관들이 함께한다는 점에서 마을교육공동체 개념과 유사하다. 2002년부터 2010년까지 이 프로그램에 참여한 중학생은 83,548명이며, 대학생은 23,522명이었다.

그런데 이 프로그램을 비롯해 기업의 교육 참여 활동이 마을교육공동체의 성격에 더욱 부합하기 위해서는 몇 가지 보완이 필요하다.

첫째, 기업은 이런 활동들이 기업홍보의 수단으로 전락하지 않도록 주의해야 한다. 공공선을 이루는 데 충실하면 결과적으로 기업의 이미지 홍보가 된다는 사실을 기억할 필요가 있다.

둘째, 이런 활동들은 여러 기관과 사람들의 협력이 필요하다. 그러므로 주최하는 기업이 활동의 기획과 운영 과정을 독점하기보다는 참여하는 관련 기관들의 협업체제를 갖추어야 한다.

셋째, 활동의 외적인 양적 성과를 넘어 내적인 질적인 성과를 얻는 것을 지향해야 한다. 예를 들어 삼성 드림클래스가 표방하는 목표는 그럴듯하지만 1~2개월의 짧은 기간에 그 교육과정의 성과를 내기는 어렵다. 그러므로 교육의 성과가 나타날 정도의 기간에 그 활동을 할 수 있도록 해야 한다. 이를 위해서는 기업 담당자의 생각이 청소년 중심으로 변화될 필요가 있고, 이러한 기업의 활동을 독려하는 정부의 행정적 지원이 필요하다.

2) 학교와 지역사회 간 네트워크 구축을 통한 파트너십

하브리그스와 셜리는 학교교육의 변화를 위해 좋은 방법은 정부의 강압적인 정책 시행이나 교사와 학교들 사이의 경쟁을 통한 보상과 징계의 방법이 아니라 교사들 상호 간에 또는 유사 학교들 사이에서 가르치고 배우는 활동을 서로 보고 듣는 것이라 하였다. 이런 활동을 효과적으로 수행하기 위해서 필요한 것은 사람들 사이와 관련 기관들 사이에 새로운 관계를 형성하는 일이다.Hargreaves & Shirle, 2017: 228-229 그 관계를 그들은 통합을 위한 네트워크라고 한다. 그리고 효과적인 네트워크가 되기 위해서는 개방성과 방향성이란 특징이 조화를 이루어야 한다고 본다. 개방성이 너무 강하면 시스템이 느슨해지면서 목적이 불분명해진다. 방향성이 너무 강하면 시스템이 과도하게 엄격해져 네트워크는 행정 편의적으로 구획된 학교들의 집단으로 전락하고 말 것이다. 그러므로 네트워크에 참여하는 개별 학교나 기관들은 강제성이 아닌 자발성을 토대로 네트워크에 참여하지만, 그 목적을 분명히 알고 그 일에 책임감을 지녀야 한다.

미국에서 학교 개선을 위한 네트워크 가운데 대표적인 예는 학생들의 학업성취가 부진한 학교들과 그들과 짝을 이루는 멘토 학교들로 구성된 '성취도 향상과 학습 변혁RATT 네트워크'가 있다. 여기에는 우수한 학교가 인구 특성이 유사한 이웃의 부진 학교를 도와 교육 평등성을 이루려는 의도가 있다. 이 네트워크에 속한 학교 구성원들은 자신들이 개발한 새로운 교육과정이나 교수 방법과 평가와 관련된 개선 전략들을 다른 학교 교원들과 공유한다. 그들은 다른 학교 구성원들로부터 조언을 들으면서 그 전략들을 자신의 상황에 맞게 실천한다. 이 네트워크가 잘 운영된 지역에서는 학교 간 격차가 감소하고 학교들이 이전보다 안정화되었다고 한다. 교육 불평등은 우리나라와 마찬가지로 서구에서도 심각한 사회문제이기에 네트워크를 통해 어려운 학교를 돕는 학교에 대해서 미국 정부는 재정 지원을 늘리기도 한다. 일부 학군에서는 고등학생들이 오전에는 본교에서 공부하고 오후에는 지역 네트워크 내 다른 학교에서 자신이 공부하고 싶은 과목을 듣거나 타 인종, 다문화 학생들과 함께 공부하기도 한다.

이러한 네트워크는 학교들 사이에서 구축되기도 하지만 미국의 커뮤니티 스쿨처럼 학교와 교육청, 지방정부, 기업, 재단, 시민단체 등 지역사회의 여러 조직과 기관들 사이에 형성되기도 한다. 미국에서 커뮤니티 스쿨이란 학교와 지역사회의 전문기관이나 여러 단체가 파트너십을 형성하여 학교와 지역의 아동과 청소년에게 필요한 교육 기회를 제공하려는 공립학교이며, 우리의 마을교육공동체와 성격이 매우 유사하다고 할 수 있다. 미국의 대표적인 커뮤니티 스쿨인 시카고 커뮤니티 스쿨은 시카고공립학교, 시카고시, 폴크 브로셔 재단Folk Bros. Foundation, 지역의 은행과 기업들, 자선단체들이 시카고의 청소년 교육을 위해 네트워크를 구축하여 시카고 캠페인Chicago Campaign이라는 조직을 만들었다. 시카고 캠페인은 시카고 지역 커뮤니티 스쿨의 운영과 확산을 지원했고, 이후 시카고는 미국 전역에서 커뮤니티 스쿨이 가장 활발한 지역으로 자리 잡게 되었다.

우리나라에서도 학교와 지역사회 기관들의 네트워크 구축은 매우 중요한 교육의 변화로 받아들여진다. 마을교육공동체 개념을 처음 사용한 경기도의 경우에 교육청, 교육지원청, 지자체, 지역 학교들, 교육 관련 시민단체들, 그리고 지역의 사업체들이 네트워크를 형성하여 지역 청소년의 진로 탐색과 통합적 교과 지식 습득에 도움을 주고 있다. 이 네트워크가 더욱 체계화되어 효과적인 민·관·학 거버넌스Governance를 구성할 때 마을교육공동체가 성공적으로 정착할 가능성이 커진다.

지금까지 학교의 지속가능성을 위해서 시민과 기업의 교육 참여, 학교들 사이 혹은 학교와 다른 기관들 사이의 네트워크 구축이 어떻게 작용해 왔는지를 살펴보았다. 또 네트워크가 구축되어 실제 학교교육을 변화시키고 있는 사례인 지역공동체의 조직화나 교육기부 그리고 커뮤니티 스쿨 등을 소개했다. 이들은 학교교육이 오늘날의 한계를 넘어 미래를 대비하는 방향으로 가는 데 기여하고 있다. 미래 사회가 정의롭고 건강하려면 학교가 이런 사회를 개척해 갈 인물들을 길러야 한다. 이런 일을 위해 학교를 중심으로 지역사회의 기관이나 조직들이 공동체적 노력을 기울이는 것은 당연한 일이다.

2. 지역사회의 지속가능성과 마을교육공동체

학교의 지속가능성 여부는 상당 부분 학교가 속한 지역사회에 의존한다. 인구 감소나 산업의 쇠락 등으로 지역사회가 쇠퇴하면 그 지역의 학교들은 자연스럽게 어려움을 겪다 결국 문을 닫게 될 가능성이 크므로, 지역사회의 발전은 학교의 존속을 위해서도 반드시 필요하다. 그렇다고 학교가 지역사회의 경제적, 사회적 발전에 직접 기여하기는 쉽지 않다. 초·중등학교의 목표는 사회의 발전에 필요한 실용적 지식이나 기술을 개발하고 훈련시키는 것이 아니기 때문이다. 따라서 학교는 지역사회의 현안과 미래 전망에 대해 깊이 관심을 보이되 단기적인 대책 마련이 아니라 장기적인 면에서 지역의 지속가능성을 위한 방안을 모색하고 이를 실천할 필요가 있다.

한 지역사회의 지속가능한 발전 여부에 가장 큰 영향을 주는 요소는 사람이다. 그 사회에 필요한 인력이 적절하게 공급된다면 다른 요인이 다소 부족해도 이를 극복하고 마을의 발전을 가져올 수 있을 것이다. 이렇게 보면 학교가 지역사회의 지속가능성에 이바지할 수 있는 길은 교육받은 졸업생이 고향을 떠나 대도시로 가지 않고 고향에 남아 지역을 지키게 하는 것이다. 그런데 졸업생이 지역에 남는 것도 중요하지만, 그들이 지역에서 미래를 개척할 역량을 갖추도록 지도하는 것도 중요하다. 또한 지역사회에 뜻을 둔 청년이 마을에 정착하고자 할 때 행·재정적 지원이 필요하다. 이러한 일들은 학교와 지역사회 모두의 운명과 관계있으므로 양측의 적극적인 협력체제가 요구된다. 이는 마을교육공동체가 수행해야 하는 핵심적인 과제이다. 이를 세 가지로 나누어 좀 더 자세히 설명해 보겠다.

1) 자신의 지역에서 살아가도록 교육하는 마을교육공동체

마을교육공동체는 마을에서, 마을을 통해, 마을에 대해, 마을을 위해 교육하는 것을 지향한다. 그렇다고 마을의 아동과 청소년을 마을의 발전을 위한 수단으로 보는 것은 아니다. 아동과 청소년의 배움과 성장을 최우선적인 목표로 삼는 것이 마을교육공동체의 본질이다. 마을교육공동체에서 배움과 성장을 얻은 후 어느 곳에서 자신의 삶을 살아갈 것인지는 스스로가 결정할 문제이다. 다만 청년들이 더 좋은 교육을 받기 위해서 대도시로 나가고 졸업 후에도 더 큰 도시에서 삶을 살아가는 것을 당연하게 받아들이는 세태에 문제를 제기하는 것이다. 청년들이 고향을 떠나 대도시에 정착하려는 이유는 그곳에 소위 좋은 직장들이 편중되어 있고 생활의 편리함을 누릴 수 있으리라는 생각 때문이다.

이러한 실용적 이유와 함께 자신이 자란 지역에 대한 애착과 자긍심의 결여도 고향을 쉽게 떠나게 하는 요인으로 작용하는 듯하다. 한 고장에 대한 애착과 자긍심은 그곳에서의 기억과 그곳에 대한 깊은 이해 가운데서 발생한다. 하지만 지금까지 우리의 전통적인 교육은 청소년이 고장과 관련된 기억을 간직하고 고장을 이해할 기회를 차단해 왔다. 어린 시절부터 어린이집, 학원, 학교 등과 같이 울타리가 쳐진 건물에서 많은 시간을 보냈기에 마을의 구체적인 장소나 사물과 관련된 스토리를 만들 기회가 별로 없었다. 게다가 보편성과 객관성이라는 명목 아래, 학교에서 배우는 도회지적 관점에서 기술된 지식만 보다 보면 농산어촌이나 소도시는 뭔가 부족하게 느껴질 수도 있다. 이러한 상황이 반복되면 자기 고장에 대한 자부심을 느끼지 못하고 벗어나야 할 대상으로 인식하게 된다.

학교가 지역사회와 함께 마을교육공동체를 이루어 교육할 것은 자기 지역사회에 대한 바른 이해이다. 지역의 역사, 고장의 축제와 놀이 같은 문화적 특성, 산과 강 그리고 야생화 같은 자연의 특징, 유적지, 특산물, 고장의 인물, 현재 직면한 사회적·경제적 문제 등 고장과 관련하여 배울 것은 매우 많다. 마을에 관한 배움은 학교 울타리를 벗어나 마을에서 이루어져야 한다. 마을에서 이루어지는 배움의 과정에서 마을의 구체적 장소와 얽힌 스토리가 생기게 된다. 이런 스토리를 여럿이 함께 만들고 이를 공유하면, 이는 개개인에게는 고장에 대한 애정을 갖게 할 뿐 아니라 그들 사이에 '기억의 공동체Community of Memory'를 형성하는 기반이 되기도 한다. 이처럼 마을교육공동체는 청소년에게 자기 마을에 대한 이해를 통해 애정과 자부심을 느끼게 하지만, 이것으로 청소년들이 자기 마을에 남아서 적극적으로 살아가도록 하기에는 부족한 점이 있다. 그

중 하나는 성공적인 삶 혹은 좋은 삶을 도시에서의 삶과 관련짓는 경향과 관계있다. 대도시에서 부유하게 사는 삶을 성공적인 것으로, 자기 고장에 남아 검소하게 사는 것을 성공하지 못한 것으로 보는 시각이 만연한 상황에서는 마을에 좋은 인재를 공급하기 어렵다. 그러므로 '성공적 삶' 혹은 '좋은 삶'에 대한 의식의 전환이 필요하고 이러한 의식의 깨우침이 마을교육공동체가 해야 할 중요한 과업인 셈이다.

이처럼 마을교육공동체는 참여 학생들이 의식을 깨우치고 공부를 마친 후 고향으로 돌아가서 그 고장의 주민들과 함께 자주적인 삶을 사는 것이다. 이런 일은 이미 오래전 덴마크에서 시행되었다. 유럽의 작은 나라 덴마크가 주변 강대국과의 영토분쟁 등으로 어려움을 겪던 18, 19세기 덴마크의 그룬트비는 농민들을 대상으로 의식의 깨우침을 목표로 하는 교육을 주창했고, 마을교육공동체의 성격을 지닌 평민대학을 일으켜 각성된 시민을 길러 각자의 고향으로 가서 살아가도록 하는 일을 실천했다. 평민대학의 의식화 교육은 덴마크 사회를 작지만 강한 나라로 성장시키는 데 크게 기여했다. 이처럼 마을교육공동체의 미래 방향 모색은 전혀 새로운 작업일 수도 있지만 때로는 과거의 역사로부터 다시 배우는 것일 수도 있다.

2) 지역의 미래를 개척하는 역량교육

지속가능한 지역공동체를 만들기 위해서는 학교와 지역사회가 협력하여 마을교육공동체를 형성함으로써 자기 고장에 대한 애정과 자부심을 지닌 의식 있는 청년들을 길러내는 것이 중요하다고 하였다. 교육받은 그들이 마을에 남아 삶을 개척하도록 하려면 '성공적 삶'이나 '좋은 삶'에 대한 건강한 생각을 하게 하는 의식화 작업이 필요하다. 이러한 각성

교육에 한 가지 더 필요한 것은 여건이 열악한 우리나라의 지방에서 창업이나 취업을 위해서 마을의 미래를 개척할 수 있는 역량을 갖추는 일이다. 우리나라는 많은 고용을 창출하는 대기업이나 공공기관들이 수도권에 집중되어 있어 지방의 작은 도시나 농어촌에서는 취업하기가 쉽지 않다. 더구나 기존의 직장들이 급속히 사라지는 시대이기에 앞으로는 새로운 일자리를 만들어서 일하는 능력이 요구된다. 이런 능력은 두 가지로 나누어 생각할 수 있다.

첫째는 미래 사회를 살아가는 데 필요한 역량이다. 미래역량교육의 중요성은 앞에서 자세히 논의했으므로 여기서 재론할 필요는 없다. 다만 강조하고자 하는 것은, 역량이란 어떤 상황에서 문제를 해결하기 위해 지식을 활용하는 능력이므로 새로운 일자리를 창출해야 하는 상황에 처한 사람들에게 특히 요구된다. 이들에게는 다양한 역량 가운데서도 사고를 유연하게 하여 새로운 시각으로 사물을 보고 새로운 가치를 창출할 수 있는 개방적이고 창의적 역량을 갖추는 것이 중요하다. 그러므로 마을교육공동체는 청소년에게 새로운 시대를 살아가는 데 필요한 역량을 기르는 장이 될 것이다.

둘째는 지역사회에 대한 이해를 기반으로 미래에 필요한 산업을 예측하고 일자리를 만들 수 있는 능력이다. 4차 산업혁명 시대에 기존의 직업들이 급속히 사라지는 상황에서 새로운 일자리를 만드는 일은 필수적이다. 미래 사회는 인공지능, 사물인터넷, 빅데이터 등을 생활 가운데 활용하는 '초지능화 사회'가 되고, 스마트 디바이스로 사람들을 연결하는 '초연결 사회'인 동시에 접속과 공유를 기반으로 하는 '공유경제 공유사회'가 된다고 한다.https://www.korea.kr/news/policyNewsView.do?newsId=148886082

이런 특징들을 활용하면서 이를 지역사회의 주요 관심사와 연결시킨다면 이전에 존재하지 않던 새로운 일자리가 만들어질 것이다. 우리나라 마을교육공동체의 대표적인 모범 사례인 풀무학교와 홍동마을은 벼 수확량을 증대시키는 것을 가장 중요하게 생각하던 1970년대에 유기농법을 도입하여 가르쳤다. 이 일은 지속가능한 농촌 사회를 만들고자 시대를 앞서간 활동이었다. 농촌을 떠올리면 농사짓는 일만을 생각하던 고정적인 이미지에서 벗어나 농작물과 관련된 종합적인 활동을 하는 다면적인 곳으로 그 이미지를 확대시켰다. 홍동마을 주민들 대부분이 농업에 종사하지만 그렇다고 모두 농사를 짓는 것은 아니다. 과거에는 농촌에서 벼농사를 짓는 일이 거의 전부였지만 오늘날은 농산물의 품종도 다양하거니와 농산물의 생산과 가공, 유통, 판매 등 전 경로에 관계함으로써 일자리를 새롭게 창출하고 마을의 자주성을 확대하는 효과를 얻고 있다. 풀무학교는 오늘의 문제들을 잡고 씨름한 결과 새로운 해결 방안을 찾은 것이다. 미래는 현재의 한계 속 끄트머리에 웅크리고 있음을 홍동의 마을교육공동체 사례가 우리에게 알려 준다.

　지금까지 마을교육공동체의 과거, 현재, 미래에 대해 살펴보았다. 최근 마을교육공동체 논의와 실천이 매우 다양하게 이루어지고 있어 그 실체를 파악하는 일이 쉽지 않다. 이럴 때 마을교육공동체와 유사한 사회적 현상이 과거 우리의 역사에서 전개된 적이 있었다면, 이를 고찰해 보는 것은 현재의 현상을 이해하는 데 도움이 될 것이다. 어떤 이들은 최근의 우리나라 마을교육공동체 현상을 이전에 없었던 전혀 새로운 것으로 보기도 하고, 또 다른 이들은 이 현상의 뿌리를 일본이나 서구 사회에서 찾기도 한다. 그런데 앞에서 살펴본 바와 같이 우리의 역사에는 학교와 마을이 혼연일체가 되어 서로의 상생을 추구했던 훌륭한 사례들이 있었다. 우리의 과거 역사에 등장하는 사례들을 깊이 들여다보는 일은 현재 마을교육공동체에 대한 이해의 폭을 넓혀 줄 뿐 아니라 마을교육공동체가 나아가야 할 방향과 이상을 설정하는 데 도움이 될 것이다.

　오늘날의 마을교육공동체는 우리 선조가 가슴에 품고 구현하고자 노력했던 자취들로 점철된 역사에 뿌리를 두고 있다. 나아가 우리 후손이 장차 살아갈 건강한 미래를 열어 가는 디딤돌이 될 것이 분명하다. 미래

교육을 예측하는 많은 사람이나 기관들이 공통적으로 하는 말은 교육은 학교의 울타리를 넘어 사회와 함께 유기적 관계 가운데서 이루어져야 한다는 것이다. 이런 유기적 관계 가운데 형성된 마을교육공동체를 통해서만 미래 세대에 필요한 미래역량인 창의, 융합, 자율, 소통, 공감능력 등을 온전히 키울 수 있기 때문이다. 또한 불확실성을 주요 특징으로 삼는 미래에 학교와 사회의 지속가능성을 확보하기 위해서는 마을교육공동체를 형성하여 상생의 길을 찾는 길밖에는 다른 도리가 없음을 살펴보았다.

이처럼 오늘날의 마을교육공동체는 과거의 역사로부터 자양분을 공급받아 미래에 이상적 공동체라는 꽃을 피우기 위해, 현재 다양한 시도를 하면서 그 모습을 열심히 가꾸어 가고 있는 셈이다. 지금 학교와 마을이 협력관계를 형성하여 학교의 교육개혁을 완성하려 하고, 지역 주민들의 평생학습을 강화하여 지역의 교육력을 높이려는 노력을 기울이고 있다. 학교와 마을의 협력관계에서 관계를 형성하는 주체, 관계의 형태, 목표, 활동 내용 등이 모두 중요한 이슈다. 지역마다 추구하는 목표가 다르고 관계를 형성하는 주체와 관계의 형태도 다를 수 있다. 이런 요인의 차이에 따라 마을교육공동체의 모습은 달라질 것이다.

마을교육공동체의 다양한 모습에도 불구하고 마을교육공동체가 우리 사회에 성공적으로 정착하려면 다음과 같은 점들에 유의해야 한다.

첫째, 마을교육공동체는 학교공동체와 마을공동체의 유기적 결합으로 생성된 새로운 형태의 공동체이다. 그러므로 마을교육공동체를 만들기 위해서는 공동체에 대한 분명한 이해와 공동체를 이루려는 의지와 실천이 필수적이다. 마을교육공동체의 형태는 다양할 수 있지만 그 형태의 다양성과 관계없이 공동체로서의 본질을 지녀야 한다. 즉, 마을교육공동체가 되려면 마을 구성원들이 개개인의 가치와 개성을 존중하면서도 그들이 추구하는 가치와 목표를 공유하기 위해 노력해야 한다. 거기에 지역 주민들 사이의 친밀감과 유대감이 기초가 되어야 한다. 공유된 목표의식과 견고한 유대감은 활발한 상호 소통의 결과이므로 공동체에서는 소통을 중요하게 격려해야 한다.

둘째, 마을교육공동체를 추구하는 노력의 저변에는 인간을 관계적 존재Human Being-in-Relatedness로 보는 존재론이 깔려 있다. 근대 철학의 주류인 실증주의나 자유주의 존재론ontology에서는 실재reality가 각기 개별적으로 독립되어 존재한다고 본다. 이런 관점에서는 인간이 독립적으로 존재하며 각자가 필요한 바들을 개별적으로 배워 가는 것은 전혀 문제가 되지 않는다. 반면 '관계의 철학'이나 공동체주의에서는 실재가 분리되어 존재하지 않고 상호 연결되어 있듯이 인간 존재 역시 관계성 가운데 존재한다고 본다. 독일의 유대인 철학자 마르틴 부버Martin Buber는 진정한 인간 존재는 다른 존재(인간, 자연, 신)와의 인격적 관계인 '나와 너' 가운데서만 발견된다고 했다. 그래서 그는 "나는 네가 존재하기 때문에 존재할 수 있다I am because you are"라고 했다. 프랑스 철학자 에마뉘엘 레비나스Emmanuel Levinas는 인간이 자신의 존재 이유를 발견하는 것은 타자와 대면할 때라고 말했다. 즉, 타자와의 대면이 없다면 인간에게 윤리가 발생하지 않고 존재함의 의의도 없다는 것이다. 그러므로 이들의 주장에 의하면 학교와 마을에서 사람들은 상호 교류와 소통을 하지 않을 수 없으며 타인과의 대면과 만남 가운데에서만 구성원들은 참된 인간으로 성장해 간다는 것이다.

셋째, 사람을 '인간 존재Human Being'에서 '되어 가는 존재로서의 인간Human Becoming'으로 보고, '함께하는 존재Being Together'에서 '함께 되어 가는 존재Becoming Together'로 이해하는 인식의 전환이 필요하다. 되어 가는 존재로서의 인간은 부버가 강조한 개념이다. 인간은 되어 가는 존재이기 때문에 배움과 성장이 중요하다. 그런데 배움이란 인간 혼자서는 일어날 수가 없다. 나와 너의 관계에서 배움이 일어난다. 그러므로 되어 가는 존재로서의 인간은 필연적으로 함께 되어 가는 존재가 된다. 인간은 언제나 어디에서나 너와의 만남이 일어나 나와 너의 관계가 형성된다면 배움과 성장이 발생한다. 이는 마을교육공동체의 중요한 철학적 근거가 된다. 마을교육공동체가 견고하게 구축되어 아동과 주민들의 배움과 성장을 가져오게 하려면 어떤 점을 중시해야 할지 시사점을 제공해 준다.

넷째, 함께 되어 가는 존재인 인간은 대화를 통해 진정한 공동체를 형성해 간다. 인간은 나와 너의 관계를 형성함으로써 함께 되어 가는 존재로서 진정한 모습을 갖추어 간다. 여기서 나와 너의 관계는 대화적 관계이고 대화는 철저히 상호적mutual 성격을 지닌다. 대화는 말하기보다 듣기에서 성립된다. 듣는 행위는 나의 판단기준에 의해 선별적으로 상대의 말을 취사선택하는 것이 아니고 전적으로 상대를 포용하는 것이다. 그럴 때 상대는 나와의 관계 속에서 자신의 전 존재를 드러내면서 부분적/기능적 존재에서 인격적/전인적 존재로 변화된다. 이처럼 전인적 존재들이 대화적 관계를 이루어 배움과 성장이 일어날 때 우리는 이를 진정한 배움의 공동체라 한다. 그러므로 우리가 살아가는 지역에서 참된 마을교육공동체가 형성되려면 무엇보다 먼저 우리가 대화적 인간이 되어야 한다. 대화적 인간은 타자에게 마음을 열고 그의 소리에 귀를 기울여 그가 자신의 전 존재를 드러낼 수 있도록 공간을 만들어 주는 자이다. 마을교육공동체는 이처럼 넉넉한 마음의 여유를 가진 이들에 의해 형성되고 지속될 것이다.

다섯째, 진정한 공동체를 이루기 위한 노력과 함께 우리가 이미 본질적으로 공동체의 일원임을 깨닫는 것이 중요하다. 우리가 이 땅에 태어날 때부터 우리를 둘러싼 공동체의 협력적 노력이 작용했다. 엄마와 아빠의 사랑의 협업과 의사의 도움으로 우리는 이 땅에 태어났고, 주위에 있던 많은 사람의 애정의 손길로 유아기와 아동기를 무사히 보낼 수 있었다. 이후 청소년기와 청년기 그리고 장년기를 지나 노년기에 이르기까지 주위 사람들과 사물의 도움이 없이 지나온 시기가 있었던가? 우리가 의식하든 하지 못하든 우리는 공동체 안에서 도움을 주고받고 영향을 주고받으며 살고 있다. 우리는 철저히 타자와 더불어 살아갈 수밖에 없는 상호의존적 존재Interdependent Being이다. 이것을 깨닫고 의식하면서 삶을 영위하는 것이 공동체적 삶의 출발점이다. 지금의 내가 된 것이 주위 사람들의 도움의 결과임을 인정할 때 나는 겸손을 배우게 된다. 이 겸손의 태도는 내가 타인에게 도움의 손길을 자연스럽게 뻗을 수 있게 한다. 마을 곳곳에서 주민 모두의 즐거운 배움과 건강한 성장이 일어나는 마을교육공동체는 소수의 지도자의 원대한 비전과 강력한 리더십에 의해 만들어지지 않는다. 그것은 보이지는 않지만 우리를 둘러싼 공동체의 일원으로 지금까지 타자의 도움으로 살아왔음을 깨닫고 앞으로도 그들과 함께 살아가겠노라고 다짐하는 겸손한 이들에 의해 이루어질 것이다.

표, 그림, 사진 차례

갓골생태농업연구소(2009). 자립하는 마을 생각하는 농민, 우리마을입니다. 홍성: 그물코.

강민정(2015). 서울시 혁신교육지구사업의 현황 및 과제. 제2회 시민교육포럼, 학교와 마을이 만나는 마을교육공동체운동의 현황과 과제. 흥사단교육운동본부·한국교육연구네트워크.

강선보·정해진(2012). 그룬트비의 평민교육사상과 그 실제. 한국교육학연구, 18(2), 5-24.

강영택(2009a). 고통의 교육에서 희망의 교육으로. 서울: SFC.

강영택(2009b). 학교공동체의 기독교적 모형에 대한 연구. 한국기독교교육정보학회, 24집, 255-279.

강영택(2010). 대안교육의 사상적 기반으로서 이찬갑의 교육사상에 대한 연구. 한국교육, 37(4), 5-23.

강영택(2012). 초기 기독교학교의 신앙교육 비교 고찰: 배재, 경신, 대성, 오산학교를 중심으로. 신앙과 학문, 17(2), 7-37.

강영택(2014a). 미래 사회가 요구하는 핵심 역량과 기독교학교의 과제. 신앙과 학문, 20(1), 7~37.

강영택(2014b). 이상적 마을공동체를 향한 홍순명의 사상과 실천. 기독교교육논총, 40집, 231-258.

강영택(2016). 마을교육공동체 미국 사례연구. 김영철 외. 마을교육공동체 해외사례 조사와 정책방향 연구. 경기도교육연구원.

강영택(2017). 마을을 품은 학교공동체. 서울: 민들레.

강영택·김정숙(2011). 농촌지역 활성화를 위한 학교와 지역공동체의 협력모형에 대한 연구. 한국연구재단 보고서.

강영택·김정숙(2012). 학교와 지역사회의 파트너십에 대한 사례연구: 홍성군 홍동 지역을 중심으로. 교육문제연구, 43집, 27-49.

경기도교육연구원(2018). 시흥형 평생학습마을 성과 분석 연구 보고서.

경기도교육청(2016). 2016 경기 꿈의학교.

고병헌(2003). 그룬트비와 풀무학교. 처음처럼, 36호, 84-93.

교육개혁위원회(1995). 신교육체제 수립을 위한 교육개혁 방안.

김기석(2005). 남강 이승훈, 서울: 한국학술정보.

김기홍(2014). 마을의 재발견. 서울: 올림.

김도태(1950). 남강과 오산학교 창설. 남강문화재단 편. 남강 이승훈과 민족운동. 서울: 남강문화재단 출판부.

김미향(2020). 학교와 지역사회 간 연계·협력에 기반한 마을교육공동체의 개념 탐색. 평생학습사회, 16(1), 27-52.

김별희(2014). 학교운영위원회 도입과 정착과정 분석: 정책차용과 맥락회. 서울대학교 석사학위논문.

김선양(1988). 남강 이승훈의 교육사상. 남강문화재단 편. 남강 이승훈과 민족운동. 서울: 남강문화재단 출판부.

김성오(2003). 그룬트비 읽기: 핵심 개념들을 중심으로. 처음처럼, 36호, 66-83.

김성천 외(2009). 학교를 바꾸다. 서울: 우리교육.

김성천(2011). 혁신학교란 무엇인가? 서울: 맘에드림.

김수중 외(2002). 공동체란 무엇인가? 서울: 이학사.

김영·이필용·김남룡·정규식(2008). 마을 만들기 거버넌스 특성과 평가에 관한 연구. 도시행정학보, 21(3), 87-108.

김영철 외(2016). 마을교육공동체 해외사례 조사와 정책방향 연구. 경기도교육연구원.

김용련 외(2015). 마을교육공동체의 개념정립과 정책방향 수립 연구. 경기도교육연구원.

김용련(2015). 지역사회 기반 교육공동체 구축 원리에 대한 탐색적 접근: 복잡성 과학, 사회적 자본, 교육 거버넌스 원리 적용을 중심으로. 교육행정학연구, 33(2), 259-287.

김용련(2016). 일본의 커뮤니티 스쿨이 주는 마을교육공동체에 대한 시사점. 세미나 자료.

김용련(2019). 마을교육공동체: 생태적 의미. 서울: 살림터.

김용련·김성천·노시구·홍섭근·이승호·윤지훈(2014). 경기도 혁신교육지구 사업 발전 방안 연구. 경기도교육청.

김위정 외(2015). 지역사회연계를 통한 진로교육 활성화 방안. 경기도교육연구원.

김위정·김성식·이은정(2016). 자유학기제와 마을교육공동체 연계 방안. 경기도교육연구원.

김은경(2019). 마을교육공동체의 협업체제 구축 방식에 대한 인식 분석. 성인계속교육연구, 8(3), 21-39.

김장생(2009). 역자 후기. Poul Dam. 덴마크의 아버지 그룬트비. 서울: 누멘.

김조년(1998). 지역이 학교요, 학교가 지역이다: 풀무학교와 지역사회 공동체. 서울: 내일을여는책.

김지나·최혜자·김영현·김영삼·이창환·이희숙(2015). 2015 마을과 학교 상생 프로

젝트 모니터링 및 사례연구 보고서 여섯 갈래의 마을학교로 가는 길. 서울시마
　을공동체 종합지원센터.

김진숙(2020). 코로나19가 던진 교육 혁신 방향과 과제. KINX2020205721.

김진아(2014). 마을 만들기에 대한 공동체주의 이론적 해석: 델파이 방법을 통한
　적용가능성 탐색. 국토연구, 83권.

김치성(2016). 윤동주 시 연구: 북간도 기독교와의 관련성을 중심으로. 한양대학교
　박사논문.

김현주(2015). 혁신교육을 이어가는 마을교육공동체-의정부 이야기. 학교와 마을이
　만나는 마을교육공동체운동의 현황과 과제. 흥사단교육운동본부 2차 시민교육
　포럼.

김형미(2009). 한국의 생활협동조합 기원과 전개과정. 지역과 학교, 18호, 78-102.

김형수(2018). 문익환 평전. 서울: 다산글방.

나가하타 미노루(2014). 커뮤니티 스쿨 추진에 관한 연구(1)-커뮤니티 스쿨 도입의
　정책경위. 대학교육, 11호, 88-95.

나가하타 미노루(2015). 커뮤니티 스쿨 추진에 관한 연구(2)-커뮤니티 스쿨의 과제
　와 전망.

나종석(2013). 마을공동체에 대한 철학적 성찰: 마을인문학의 구체화를 향해. 사회
　와철학, 26호.

남강문화재단(1988). 남강 이승훈과 민족운동. 서울: 남강문화재단출판부.

다무라 아키라(2007). 마을 만들기 실천. 장준호·김선직 역. 서울: 형성출판사.

덴마크 프리스콜레협회(2001). 그룬트비와 콜의 교육사상과 덴마크의 프리스콜레.
　처음처럼, 23호, 78-110.

류선정(2017). 핀란드 초·중학교에서의 지역 간 교육격차 현황 및 해소 방안. 교육
　정책네트워크 정보센터.

마을활력소(2015). 우리 마을입니다.

문대골(2012). 함석헌과 송산. 들소리신문, 1440호(2012년 2월 12일).

문영금·문영미(2006). 기린갑이와 고만례의 꿈: 문재린 김신묵 회고록. 서울: 삼인.

민들레공동체(2011). 민들레공동체 20주년 기념 자료집.

박상진 외(2013). 기독교학교 역사에 길을 묻다. 서울: 예영.

박상현·김보은·양지은(2015). 마을결합형학교의 개념과 유형화 연구. 서울특별시교
　육연구정보원.

박원순(2010). 마을에서 희망을 만나다. 서울: 검둥소.

박원순(2010). 마을이 학교다. 서울: 검둥소.

박호성(2009). 공동체론: 화해와 통합의 사회, 정치적 기초. 서울: 효형출판사.

방덕수(1988). 윤인구 박사 그 참다운 삶과 정신. 서울: 제일.

배병대(2016). 학교와 지역사회 협력을 통한 인성교육 활성화 사례. 교육정책 네트
　워크 정보센터(2016년 8월 19일).

배영주(2019). 지방자치단체 '마을교육공동체' 사업의 실천공동체(CoP)적 운영 방안 탐색. 교육문화연구, 25(3), 209-228.

백승종(2002). 그 나라의 역사와 말. 홍성: 그물코.

사토 마나부(2001). 교육개혁을 디자인한다. 서울: 공감.

사토 마나부(2008). 수업이 바뀌면 학교가 바뀐다. 서울: 에듀케어.

서굉일(1988). 1920년대 사회운동과 남강. 남강문화재단 편. 남강 이승훈과 민족운동. 서울: 남강문화재단 출판부.

서대숙(2008). 김약연: 간도 민족독립운동의 지도자. 서울: 역사공간.

서용선 외(2016). 마을교육공동체란 무엇인가? 탄생, 뿌리, 그리고 나침반. 서울: 살림터.

서용선·김용련·임경수·홍섭근·최갑규·최탁(2015). 마을교육공동체의 개념 정립과 정책 방향 수립 연구. 경기도교육연구원.

서울특별시시 노원구의회(2016). 노원구 마을학교지원센터 설치 및 운영지원 조례.

서울특별시의회(2013). 서울특별시 마을공동체 만들기 지원에 관한 조례.

서재복·김유화·최미나(2008). 남강 이승훈의 민족교육사상 연구. 인문과학연구, 13호. 137-158.

서화숙(2012). 서화숙의 만남: 홍순명 밝맑도서관 이사장. 한국일보(2012년 9월 23일).

세계한민족문화대전. 명동 5현의 교육 이야기. http://www.okpedia.kr/ 2020. 4. 30. 인출.

손민아(2013). 의정부여중: 민주적 학교문화 우수 사례.

손인수(1971). 한국 근대교육사: 1885-1945. 서울: 연세대학교 출판부.

송두범(2016). 홍동지역 마을교육공동체와 마을의 발전. 충남연구원.

송순재 외(2011). 위대한 평민을 기르는 덴마크 자유교육, 서울: 민들레.

시미즈 미츠루(2014). 삶을 위한 학교. 서울: 녹색평론사.

시흥시 평생교육원(2020). 행복한 학습 새로운 인생: 2020 시흥시 평생교육원 성과집.

신서영·박창언(2019). 마을교육공동체의 현황과 쟁점. 예술인문사회 융합 멀티미디어 논문지, 9(8), 95-104.

신현석(2006). 공교육 내실화를 위한 교육공동체 운영모형 개발. 한국교육학연구, 12(1), 37-61.

신현식(2006), 교육공동체의 형성과 발전: 동서양 공동체론으로부터의 시사. 교육행정학연구, 22(1), 135-156.

심성보 외(2015). 마을과 학교가 만나는 마을교육공동체운동의 현황과 과제. 제2차 시민교육포럼 자료집. 흥사단·교육연구네트워크.

심성보 외(2019). 마을교육공동체운동: 세계적 동향과 전망. 서울: 살림터.

양병찬(2008). 농촌 학교와 지역의 협력을 통한 지역교육공동체 형성-충남 홍동지역 '풀무 교육공동체' 사례를 중심으로. 평생교육학연구, 14(3), 129-151.

양병찬 외(2003). 건강한 지역교육공동체 조성을 위한 지역사회학교 운영 방안에 관한 연구. 공주대학교 교육연구소.

양병찬(2007). 학습도시에서의 주민 교육공동체 운동의 전개. 평생교육학연구, 13(4), 173-201.

양병찬(2008). 농촌 학교와 지역의 협력을 통한 지역교육공동체 형성-충남 홍동지역 "풀무교육공동체" 사례를 중심으로. 평생교육학연구, 14(3), 129-151. 한국평생교육학회.

양병찬(2009). 농촌 지역 교육공동체의 주체 형성 과정-'청원교육문화연대'의 사례를 중심으로. 평생교육학연구, 15(4), 413-429.

양병찬(2014). 혁신학교와 지역사회의 협동-지역사회에 뿌리내리는 혁신교육의 가능성 탐색. 교육비평, 33호, 98-120.

양병찬(2015a). 마을만들기사업과 평생교육의 협동 가능성 탐색: 시흥시 '학습마을' 사업을 중심으로. 평생교육학연구, 21(3), 1-23.

양병찬(2015b). 농촌의 교육공동체운동. 서울: 교육아카데미.

양병찬(2018). 한국 마을교육공동체운동과 정책의 상호작용. 평생교육학연구, 24(3), 125-152.

양병찬(2019). 마을교육공동체 현상의 확산과 진화. 2019년 한국교육사회학회 학술대회.

엄영식(1988). 오산학교에 대하여. 남강문화재단 편. 남강이승훈과 민족운동. 서울: 남강문화재단 출판부.

엔도 야스히로(1997). 이런 마을에서 살고 싶다: 주민들이 직접 나서는 마을 만들기. 김찬호 역. 서울: 황금가지.

여관현(2013). 마을만들기를 통한 공동체 성장과정 연구: 성북구 장수마을 사례를 중심으로. 도시행정학보, 26(1), 53-87.

연변민족교육연구소(1987). 연변조선족교육사. 연길: 연변인민출판사.

오마이뉴스 특별취재팀(2013). 마을의 귀환: 대안적 삶을 꿈꾸는 도시공동체 현장에 가다. 서울: 오마이북.

오산백년사편찬위원회(2007). 오산 백년사: 1907-2007. 서울: 학교법인 오산학원.

오이타 대학 고등교육개발센터(2015). 가정, 학교, 지역사회의 '교육협동'에 관한 조사연구: 커뮤니티 스쿨의 코디네이터 기능을 중심으로. 조사 보고서.

오혁진(2005). 지역공동체와 평생교육. 서울: 집문당.

오혁진(2006a). 지역공동체와 평생교육. 서울: 집문당.

오혁진(2006b). 지역공동체 평생교육의 개념과 성격에 관한 고찰. 평생교육학연구, 12(1), 53-80.

오혁진(2008). 그룬트비 교육사상에 기초한 한국 사회교육의 전개과정과 의의. 평생교육학연구, 14(4), 1-28.

왕기항 외(2000). 교육조직론 탐구. 서울: 학지사.

우석대학교 전라제주권 교육기부 지역센터(2016). 전라제주권 교육기부 지역센터 2016년 중간 보고서.

우석대학교 전라제주권 교육기부 지역센터(2018). 전라제주권 교육기부 지역센터 2017년 결과 보고서.

윤구병·김미선(2008). 변산공동체학교-어제, 오늘 그리고 내일. 서울: 보리.

윤병석 외(2008). 북간도 지역 한인 민족운동: 명동학교 100주년 기념. 천안: 독립 기념관 한국독립운동사연구소.

윤소영(2018). 일제강점 말기 송산고등농사학원과 김두혁의 독립운동. 한국독립운 동사연구, 62집, 207-253.

윤창국(2009). 지역사회 네트워크 형성 과정의 장애요인과 학습의 의미. 평생교육 학연구, 15(1), 31-65.

의정부여자중학교(2014). 2014학년도 교육과정 안내.

이만열(1988). 남강 이승훈의 신앙. 남강문화재단 편. 남강 이승훈과 민족운동. 서 울: 남강문화재단 출판부.

이명화(2007). 북간도 명동학교의 민족주의교육과 항일운동. 백산학보, 79권, 329-376.

이민희(2019). 교육과 마을의 상생 발전, 지속가능한 미래는 가능하다. 오마이뉴스 (2019년 10월 8일).

이병곤(2016). 마을교육공동체: 시흥과 의정부 사례. 세미나 자료.

이병원(2013). 윤인구의 생애와 교육사상 연구. 한국로고스경영학회 학술발표대회 논문집, 611-630.

이영남(2008). 풀무 50년 '각성한 존재의 새로운 역사'. 풀무교육 50년 기념사업추 진위원회. 풀무교육 50년: 다시 새날이 그리워 1. 홍성: 호성문화사.

이윤미(2015). 마을공동체운동의 현황과 과제. 흥사단교육운동본부 편. 학교와 마 을이 만나는 마을교육공동체운동의 현황과 과제. 제2차 시민교육포럼 자료집.

이찬갑(1994). 산 믿음의 새 생활(증보). 홍성: 시골문화사.

이찬갑(1994). 산 믿음의 새 생활. 홍성: 시골문화사.

이찬갑(2010). 풀무학교를 열며. 홍성: 그물코.

이케다 히로시·시즈아 사토루(2015). 커뮤니티 스쿨의 가능성을 추구하는 학교 만 들기. 야마구치대학 교육학부 부속 교육실천 종합센터 연구기요, 제39호.

이해주(2011). 지역 중심 평생교육으로의 회귀: 그 필요성과 전략의 탐색. 평생학습 사회, 7(1), 43-59.

이희수(2014). 마을학교, 마을학교, 마을학교, 마을학교. 웹진 15호. 서울특별시 마 을공동체 종합지원센터(2014년 5월 26일).

이희수(2016). 학교와 지역사회의 연계 협력이란 상상의 다리를 놓으며. 교육정보네 트워크 정보센터(2016년 8월 19일).

일본 문부과학성(2005). 일본 커뮤니티 스쿨 설치 지침서.

일본대학 문리학부(2013). 커뮤니티 스쿨 추진에 관한 교육위원회 및 학교의 대처 성과 검증에 관한 조사연구 보고서.

임아영(2015). 의정부 마을교육 1년: 청소년들 "없던 꿈이 생겼어요". 경향신문(2015년 12월 29일).

임은진(2010). 지속가능한 촌락에 대한 고찰: 충남 홍성 문당리를 사례로. 한국사진지리학회지, 20(3), 61-72.

임지연·김정주·김정숙(2014). 자유학기제를 통한 청소년 활동 활성화 방안 연구-학교·지역연계 체험활동을 중심으로. 한국청소년정책연구원.

장길섭(2011). 전공부 농업실습 10년을 돌아보며. 지역과 학교, 22호, 60-69.

장원섭·최상덕·배을규(2006). 지역 평생학습 촉진을 위한 민·관·산·학 학습 파트너십 구축 방안 연구. 한국교육개발원.

장지은·박지숙(2014). 지역연계를 바탕으로 한 학교교육지원-일본의 학교지원지역본부와 학교 볼런티어 프로그램을 중심으로. 평생교육연구, 20(1), 213-243.

젊은협업농장 소식지, 1호.

정기석(2008). 무소유를 욕심내는 산청 민들레공동체. 인물과 사상, 2008년 8월호, 142-157.

정수현·박상완(2005). 학교운영위원회의 운영 실태 및 성과 분석. 교육행정학연구, 23(2), 303-328.

정지영(2012). 지속가능한 마을 만들기를 통한 생태적 계획공동체의 견고화와 사회화: 민들레공동체 사례를 중심으로. 서울대학교 환경대학원 석사학위논문.

정해진(2004). 대안교육의 사상적 기반으로서의 그룬트비 교육사상과 실천. 고려대학교 박사학위논문.

정협 길림성 연변조선족자치주위원회(2008). 연변문사사료휘집 2. 연길: 연변인민출판사.

조영태(2017). 여가와 교과교육: 피이퍼의 여가론과 진리론을 중심으로. 도덕교육연구, 29(2).

조윤정(2018). 의정부 마을교육공동체 사례 연구: 협력적 교육 거버넌스 형성을 중심으로. 2018년 한국교육사회학회 추계학술대회.

조윤정·이병곤·김경미·목정연(2016). 마을교육공동체 실천 사례 연구: 시흥과 의정부.

조한혜정 외(2008). 가족에서 학교로 학교에서 마을로. 서울: 또하나의문화.

조한혜정(2009). 다시 마을이다. 서울: 또하나의문화.

조현욱(2002). 오산학교와 서북학회정주지회. 문명연지, 3(1), 37-62.

진동섭 외(2005). 한국 학교조직 탐구. 서울: 학지사.

차석기(1986). 교육사 교육철학. 서울: 집문당.

차정식(2016). 기독교공동체의 성서적 기원과 실천적 대안. 서울: 짓다.

최경환·마상진(2009). 농촌학교의 활성화 실태와 시사점. 한국농촌경제연구원 보고서.

최봉룡(1992). 중국조선족 반일민족운동에서의 종교의 력사적 역할에 대하여. 김춘선 편집. 항일전쟁과 중국조선족. 연길: 연변인민출판사.

최상덕(2016). 자유학기제를 통한 학교와 지역사회 협력방안. 교육정보네트워크 정보센터(2016년 8월 22일).

최승호·김상균(2008). 지역마을 공동체 만들기를 통한 자립방안 모색: 충남 홍성군 홍동 풀무마을.

최혜석(2006). 평생교육 관점에서의 가나안농군학교 사례연구. 아주대학교 석사학위논문.

충남교육소식(2014). 2014. 6. 6.; 2014. 6. 19; 2014. 6. 20; 2014. 6. 21.

커뮤니티 스쿨 연구회(2008). 커뮤니티 스쿨 실태와 성과에 관한 조사연구보고서.

학교법인 오산학원(2008). 오산 백년사: 1907-2007. 오산학원출판부.

한국교육개발원(2019). 2030년에 성인이 될 학생에게 필요한 미래 핵심역량 재정립. 보도자료(2019년 11월 11일).

한국교육과정평가원(2014). OECD의 PISA가 대한민국 교육에 주는 시사점. 교육부·교육과정평가원.

한국농촌경제연구원 삶의질정책연구센터(2017). 통계로 보는 농촌: 삶과 공동체. 한국농촌경제연구원.

한국학중앙연구원. 한국민족문화대백과. http://encykorea.aks.ac.kr/

한규무(2008). 기독교민족운동의 영원한 지도자 이승훈. 서울: 역사공간.

한병철(2013). 시간의 향기. 서울: 문학과지성사.

한승완(2002). 전통공동체에서 민주공동체로: 서구 근대에서 공동체 기획의 두 가지 모델.

한철호(2009). 명동학교의 변천과 그 성격. 한국근현대사연구, 51권, 262-280.

함석헌(1988). 남강 이승훈 선생의 생애. 남강문화재단 편. 남강 이승훈과 민족운동. 서울: 남강문화재단 출판부.

허청선·강영덕(2014). 朝鮮族教育史料集 2: 淸朝時期. 延吉: 延教育出版社.

홍동마을사람들(2015). 마을공화국의 꿈, 홍동마을 이야기: 새로운 농업, 교육, 정치를 일구다. 서울: 한티재.

홍동중학교(2015). 2015학년도 학교운영계획서.

홍순명(1998). 더불어 사는 평민을 기르는 풀무학교 이야기. 서울: 내일을여는책.

홍순명(2005). 경쟁에서 공생으로. 학교와 지역, 11-12월(2호), 4-14.

홍순명(2006). 풀무의 교육, 신앙, 농업. 학교와 지역, 1-2월(3호), 6-14.

홍순명(2007). 학교, 농업, 지역. 학교와 지역, 3-6월(10호), 2-7.

홍순명(2008a). 풀무에 바친 생애. 풀무교육 50주년 기념사업추진위원회. 풀무교육 50년: 다시 새날이 그리워.

홍순명(2008b). 개교 50주년 풀무의 뿌리와 과제, 풀무교육 50주년 기념사업추진
　위원회. 풀무교육 50년: 다시 새날이 그리워 2.

홍순명(2008c). 풀무학원과 지역재생사업, 지역과 학교, 9-10월(13호), 5-12.

홍순명(2009a). 한국 풀무전공부의 실천과 비전, 지역과 학교, 3-4월(16호), 8-20.

홍순명(2009b). 지역학교와 풀무생협의 과제, 지역과 학교, 9-12월(19호), 15-29.

홍순명(2009c). 홍순명 선생님이 들려주시는 풀무학교이야기. 서울: 부키.

홍순명(2010). "만나고 싶었습니다" 홍인기와의 인터뷰, 좋은교사, 2010년 12월호,
　106-117.

홍순명(2016). 교육과 정치. 풀무학교 전공부 연속포럼 자료.

홍사단교육운동본부(2015). 학교와 마을이 만나는 마을교육공동체운동의 현황과
　과제. 제2차 시민교육포럼 자료집.

Abowitz, K. K.(2000). *Making Meaning of Community in an American High
School: A Feminist-Pragmatist Critique of the Liberal-Communitarian
Debates.* Cresskill, NJ: Hampton Press.

Adkins, A., Awsumb, C., Noblit, G. W., & Richards, P. L.(1999). *Working
Together? Grounded Perspectives on Interagency Collaboration.* Cresskill,
NJ.: Hampton Press.

Adler, L. & Gardner S.(1994). *The Politics of Linking Schools and Social
Services.* Washington: The Falmer Press.

Aegidius, K. K.(2001). 덴마크 사회와 그룬트비의 사상. 처음처럼, 23호, 67-77.

Arguea, N. M. & Conroy, S. J.(2003). "The Effect of Parental Involvement in
Parent Teacher Groups on Student Achievement." *The School Community
Journal* 13(2).

Beck, L. & Foster, W.(1999). Administration and Community: Considering
Challenges, Exploring Possibilities. In Murphy & Louis (Eds.) *Handbook of
Research on Educational Administration*(337-358). San Francisco: Jossey-
Bass.

Beck, L.(1992). Meeting the Challenge of the Future: The Place of a Caring
Ethic in Educational Administration, *American Journal of Education*,
100(4), 454-486.

Beck, L.(2002). "The Complexity and Coherence of Educational
Communities: An Analysis of Images that Reflects and Influences
Scholarship and Practice." In Furman, G.(Ed.) *School as Community: From
Promise to Practice.* Albany, NY: State University of New York Press.

Bellah, R., Madsen, R., Sullivan, W. M., Swidler, A., & Tipton, S. M.(1985).
Habits of the Heart: Individualism and Commitment in American Life.

NewYork: Perennial Library.

Blank, M., Berg, A., & Melaville, A.(2006). Growing Community Schools: The Role of Cross-Boundary Leadership. Coalition for Community Schools. ERIC Number: ED491689

Blank, M., Jacobson, R., Melaville, A., & Pearson, S.(2010). Financing Community Schools: Leveraging Resources to Support Student Success. Coalition for Community Schools. ERIC Number: ED515222

Blank, M., Melaville, A., & Shah, B.(2003) Making the Difference: Research and Practice in Community Schools. The Coalition of Community School.

Bonhoeffer, D.(1978). Life Together. 문익환 역. 신도의 공동생활. 서울: 대한기독교서회.

Bottrell, D., Freebody, K., & Goodwin, S.(2011). School-Community Engagement: Shifting Boundaries of Policy and Practice. Paper presented at the AARE Annual Conference 2011.

Bouman, J.(2019). Sticking with Service-Learning: Cultivating Generative Citizenship in Christian Higher Education. unpublished report.

Boyd, W.(1964). *The History of Western Education*. 이홍우·박재문·유한구 역. 서양교육사. 서울: 교육과학사.

Braatz, J. & Putnam, R.(1996). "Families, Communities, and Education in America: Exploring the Evidence." Prepared paper at the Center on Organization and Restructuring of Schools.

Brint, S.(2001). "Gemeinschaft Revisited: A Critique and Reconstruction of the Community Concept." *Sociological Theory*, 19(1), 1-23.

Brown, G.(2007). Weighing Leadership Models: Biblical Foundation for Educational Leadership. Drexler(Ed.) *Schools as Communities*, Colorado Springs, CO: Purposeful Design Publication.

Bryk, A. S. & Driscoll, M. E.(1999). *The High School as Community: Contextual Influences and Consequences for Students and Teachers*. Madison, WI: Center for Education Research, National Centeron Effective Secondary Schools.

Bryk, A. S., Lee, L., & Holland, P.(1993). *Catholic Schools and the Common Good*. Cambridge, MA: Harvard University Press.

Buber, M.(1958). *I and Thou*, New York: Scribner's.

Buber, M.(1965). *Between Man and Man*. New York: Macmillian.

Calvin College(2004). From Every Nation.

Calvin College(2007). Strengthen Liberal Arts Education Embracing Place and Particuarity. Teagle White Paper.

Center for Community Engagement and Global Learning(2018). Annual Report 2017-2018.

Center of Educational Leadership(2018). Community Schools: A Whole-Child Framework for School Improvement. Center of Educational Leadership & Coalition of Community Schools.

Chris, M.(2008). *Making It Up as We Go Along: The Story of the Albany Free School*. 공양희 역. 두려움과 배움은 함께 춤출 수 없다. 서울: 민들레.

Cibulka, J. & Kritek, W.(1996). *Coordination Among Schools, Families, and Communities*. Albany: SUNY.

Coleman, J. S. & Hoffer, T.(1987). *Public and Private High Schools: The Impacts of Communities*. New York: Basic Books.

Coleman, J. S.(1985). "Schools and the Communities They Serve." *Phi Delta Kappan*, 66(8).

Cumming(1992). Resourceful Communities: Integrating Education, Training and Work for Young People in Rural Australia. ACSA Inc.

Davidson, K., & Case, M.(2018). Building Trust, Elevating Voices, and Sharing Power in Family Partnership. *The Phi Delta Kappan*, 99(6), 49-53. Retrieved December 10, 2020, from http://www.jstor.org/stable/44653422

Dewey, J.(1916). *Democracy and Education*. 이홍우 역. 민주주의와 교육. 서울: 교육과학사.

Dewey. I.(1903). The School as Social Centre. *The Elementary School Teacher, 3*(2), 73-86.

Drexler, J.(2007). *Schools As Communities*. Colorado Springs. CO: Purposeful Design Publication.

Driscoll, M. E.(1989). "The School As Community." Unpublished Doctoral Dissertation at the University of Chicago.

Dryfoos, J. & Maguire, S.(2019). *Inside Full-Service Community Schools*. Skyhorse Pub Co. INc.

Dryfoos, J.(2002). Full-service Community Schools: Creating New Institutions. *Phi Delta Kappan* 83(5), 393-399.

Epstein, J.(2011). *School, Family, and Community Partnerships: Preparing Educators and Improving Schools*. Biulder, CO: Westview Press.

Epstein, J. L., Coates, L., Salinas, M. G., & Simon, B. S.(1997). *School, Family and Community Partnership*. Corwin Press.

Etzioni, A.(1987). "The Responsive Community." *The American Sociologist*, 18(2), 146-157.

Etzioni, A.(1993). *The Spirit of Community: The Reinvention of American*

Society. New York: Simon & Schuster.

Fehrer, K.(2019). Oakland Unified School District Full-Service Community Schools Outcomes: A Retrospective. NITY SCHOOLS.

Fink, D. & Brayman, C.(2006). School Leadership Succession and The Challenges of Change. *Educational Administration Quarterly*, 42(1), 62-89.

Foster, W.(1986). *Paradigms and Promises*. New York: Prometeus Books.

Foster, W.(2004). The Decline of the Local: A Challenge to Educational Leadership. *Educational Administration Quarterly*, 40(2), 176-191.

Furman, G. & Gruenewald, D.(2004). "Expanding the Landscape of Social Justice: A Critical Ecological Analysis." *Educational Administration Quarterly*, 40(1), 47-76.

Furman, G. & Starratt, R.(2002). Leadership for Democratic Community in Schools. In J. P. Murphy(Ed.) *The Educational Leadership Challenge: Redefining Leadership for the 21stCentury*. Chicago: National Society for the Study of Education.

Furman, G.(1999). Editor's Forward. *Educational Administration Quarterly*.

Furman, G.(2002). *School as Community: From Promise to Practice*. Albany, NY: State University of New York Press.

Furman, G.(2003). The 2002 UCEA Presidential Address. *UCEA Review* XL(1).

Gandhi, M.(1962). Village Swaraj. 김태언 역. 마을이 세계를 구한다. 서울: 녹색평론사.

Green, M.(1993). The Passion of Pluralism: Multiculuralism and the Expanding. Greenwich, CT: Information Age Publishing.

Grundtvig(1832). Introduction to Norse Mythology. *Selected Writings*.

Grundtvig(2003). School for Life. 김성오 역. 삶을 배우는 학교. 처음처럼, 36호, 94-116.

Hall, D.(2012). Schools United Neighborhoods: Community Schools Anchoring Local Change. *Community Investments*, 24(2), 14-18.

Harmon, H. L. and Schafft, K.(2009). Rural School Leadership for Collaborative Community Development. *The Rural Educator*, 30(3), 4-9.

Heckman, P. E., Scull, W. R., and Conley, S.(1996). Conflict and Consensus: The Bitter and Sweet in a Community-school Coalition. In James G. Cibulka and William J. Kritek(eds.), *Coordination among Schools, Families, and Communities: Prospects for Educational Reform*. NY: State University of New York Press.

Heers, M., Klaveren, C., Groot, W., & Brink, H.(2016). Community Schools: What We Know and What Need to Know. 2016 AERA.

Hencox, D.(2014). *The Village Against the World*. 윤길순 역. 우리는 이상한 마을에 산다. 서울: 위즈덤하우스.

Hiatt-Michael, D.(2001). *Promising Practices for Family Involvement in Schools*.

Holme, J. J., Castro, A. J., Germain, E., Haynes, M., Sikes, C. L., & Barnes, M.(2020). Community Schools as an Urban School Reform Strategy: Examining Partnerships, Governance, and Sustainability Through the Lens of the Full-Service Community Schools Grant Program. Educational Policy. https://doi.org/10.1177/0895904820901479 http://www.eric.ed.gov/ERICWebPortal/search/detailmini.jsp?_nfpb=true&_&ERICExtSearch_SearchValue_0=ED444777&ERICExtSearch_SearchType_0=no&accno=ED444777

Iverson D.(22005). Schools Uniting Neighborhoods: the SUN Initiative in Portland, Oregon. New Directions for Youth Development. 2005 (107): 81-7.

John W. Gardner Center for Youth and Their Communities at Stanford University & Oakland Unified School District(2019). The District Approach to Building a Full-Service Community School System.

John W. Gardner Center for Youth and Their Communities at Stanford University & Oakland Unified School Dstrict(2015). Knowledge Brief: Oakland Unified School District Community Schools.

Kang, Y. & Printy, S.(2009). Leadership to Build a Democratic Community within School, *Asia Pacific Educational Review*, 10(2) 237-245.

Kang, Y.(2006). Building Authentic Communities within Schools: A Case Study of Two Korean High Schools, Doctoral Dissertation at Michigan State University.

Kilpatrick, S., Johns, S., & Mulford, B.(2002). More than An Education: Leadership for Rural School-community partnerships, RIRDC Project No. UT-31A, University of Tasmania.

Kilpatrick, S., Johns, S., & Mulford, B.(2003). Maturing School-community Partnerships: Developing Learning Communities in Rural Australia. AARE 2003: Educational Research, Risks, & Dilemmas.

Kirkpatrick, F. G.(1986). *Community: A Trinity of Models*. Washington, DC: Georgetown University Press.

Kratzer, C.(1996). "Redefine Effectiveness: Cultivating a Caring Community in an Urban Elementary School." Unpublished PHD Dissertation. University of California, LA.

Kratzer, C.(1997). "Community and Diversity in an Urban School: Co-existence or Conflict?" Paper presented at the Annual Meeting of the

American Educational Research Association, Chicago, IL.

Lane, B. and Dorfman, D.(1997). *Strengthening Community Networks: The Basis for Sustainable Community Renewal*.

Little, J. W.(2003). "Inside Teacher Community: Representations of Classroom Practice." *Teachers College Record*, 105(6), 913-945.

Louis, K. S., & Kruse, S. D.(1995). *Professionalism and Community: Perspectives on Reforming Urban Schools*. Thousand Oaks, CA: Sage Publications.

Louise, K. S., Kruise, S. D., & Marks, H. M.(1996). School Wide Professional Community. In F. M. Newman & Associates(Eds.) *Authentic Achievement: Restructuring Schools for Intellectual Quality* (pp. 179-203). San Francisco: Jossey-Bass.

Mawhinney, H. B.(2004). Deliberative Democracy in Imagined Communities: How the Power Geometry of Globalization Shapes Local Leadership Praxis. *Educational Administration Quarterly*, 40(2), 192-221.

Mawhinney, H.(2002). The Microecology of Social Capital Formation: Developing Community Beyond the Schoolhouse Door. In Furman(Ed.) *School as Community*, Albany: SUNY.

Merz, C. & Furman, G.(1997). *Community and Schools*. New York: Teachers College Press.

Miller, B.(1991). Rural Distress and Survival: The school and the importance of "Community". Retrieved May 13, 2011, from https://eric.ed.gov/?id=EJ478231

Miller, B.(1995). The Role of Rural Schools in Community Development: Policy Issues and Implications. *Journal of Research in Rural Education*, 11(3), 163-172.

Nisbet, R. A.(1953). *The Quest for Community*. NewYork: Oxford University Press.

Noddings, N.(1984). *Caring: A Feminine Approach to Ethics and Moral Education*. Berkeley: University of California Press.

Noddings, N.(1988). An Ethic of Caring and Its Implications for Instructional Arrangements.

Noddings, N.(1996). On Community. *Educational Theory*, 46 (3), 245-267.

Noddings, N.(1999). Care, Justice, and Equity. In M. S. Katz, N. Noddings, & K. A. Strike(Eds.) *Justice and Caring: The Search for Common Ground in Education*. New York: Teachers College Press.

Noddings, N.(1992). *The Challenge to Care in Schools: An Alternative Approach to Education*. New York: Teachers College Press.

Nunn(1994). The Importance of the School for to a Rural Town. *Education in Rural Australia*, 4(1), 1-7.

OECD(2018). The Future of Education and Skills: Education 2030. OECD.

Oldenquist, A.(1991). Community and De-alienation. In A. Oldenquist & M. Rosner(Eds.) *Alienation, Community and Work*. New York: Greenwood Press.

Olsen, E. G.(1953). *School and Community: The Philosophy, Procedures, and Problems of Community Study and Service through Schools and Colleges*. New York: Prentice-Hall, Inc.

Osterman, K.(2002). "Schools as Communities for Students." In G. Furman (Eds.) *School as Community: from Promise to Practice*. Albany, NY: State University of New York Press.

Oxley, D.(December 1997). Theory and Practice of School Communities. *Educational Administration Quarterly* 33, Supplement.

Palmer, P.(1993). *To Know As We Are Known: Education as a Spiritual Journey*. 이종태 역. 가르침과 배움의 영성. 서울: IVP.

Palmer, P.(1998). *The Courage to Teach: Exploring the Inner Landscape of a Teacher's Life*. 이종인 역. 가르칠 수 있는 용기. 서울: 한문화.

Palmer, P.(2000). *Let Your Life Speak*. 홍윤주 역. 삶이 내게 말을 걸어올 때. 서울: 한문화.

Palmer, P.(2008). *The Promise of Paradox: A Celebration of Contradictions in the Christian Life*. 가르침. 서울: 아바서원.

Palmer, P.(2011). *Healing the Heart of Democracy: The Courage to Create a Politics Worthy of the Human Spirit*. 김찬호 역. 비통한 자들을 위한 정치학. 서울: 글항아리.

Peck, S.(1987). *Different Drum: Community Making and Peace*. 박윤정 역. 마음을 어떻게 비울 것인가?. 서울: 율리시즈.

Peshkin, A.(1988). *God's Choice: The Total World of a Fundamentalist Christian School*. Chicago, IL.: Chicago University Press.

Pieper, J.(1952). *Leisure: The Basis of Culture*. San Francisco: Ignatius Press.

Plantinga, C.(2002). *Engaging God's World: A Christian Vision of Faith, Learning, and Living*. Grand Rapids, Mi.: Eerdman.

Poul Dam(2009). 김장생 역. 덴마크의 아버지 그룬트비. 서울: 누멘.

Putnam, R.(1994). *Making Democracy Work: Civic Traditionds in Modern Italy*. 안청시 외 역(2000). 사회적 자본가 민주주의. 서울: 박영사.

Putnam, R. D.(1995a). Bowling Alone: America's Declining Social Capital. *Journal of Democracy*, 6(1), 65-78.

Putnam, R. D.(1995b). The Prosperous Community: Social Capital and Public Life. In Burnham(Eds.) *The American Prospect: Reader in American Politics*. Chatham House.

Raywid, M. A.(1988). Community and Schools: A Prolegomenon. *Teachers College Record*, 90(2), 197-210.

Rugh, A. & Bossert, H.(1998). *Involving Community: Participation in the Delivery of Education Programs*. Washington, DC: Creative Associates International, INC.

Salant, P. & Waller, A.(1998). What Difference Do Local Schools Make? A Literature Review and Bibliography. Report prepared for Annenberg Rural Challenge Policy Program.

Sanders, M. G.(2006). *Building School-community Partnerships: Collaboration for Student Success*. Thousand Oaks: Corwin Press.

Sanders, M. G.(2009). Community Involvement in School Improvement: The Little Extra that Makes a Big Difference. J. L. Epstein et al.(Eds.), *School, Family, and Community Partnerships: Your Handbook for Action*. Thousands Oaks: Corwin Press.

Scott Peck, M.(1987). *Different Drum: Community Making and Peace*. 박윤정 역. 마음을 어떻게 비울 것인가?. 서울: 율리시즈.

Scribner, J. P., Hager, T. R., & D. R. Warne(2002). The Paradox of Professional Community: Tales from Two High Schools. Educational Administration Quarterly, 38(1), 45-76.

Selznick, P.(1992). *The Moral Commonwealth: Social Theory and the Promise of Community*. Berkeley, CA: University of California Press.

Sergiovanni, T.(1994). *Building Community in Schools*, SanFrancisco, California: Jossey-Bass.

Sergiovanni, T.(2000). *The Lifeworld of Leadership: Creating Culture, Community, and Personal Meaning in Our Schools*. SanFrancisco, CA: Jossey-Bass Publishers.

Shaia, W. & Finigan-Carr, N.(2018). Moving from Survival to Fulfillment: A Planning Framework for Community Schools. *The Phi Delta Kappan*, 99(5), 15-18. Retrieved December 10, 2020, from http://lib-proxy.calvin. edu:2657/stable/44653392

Shields, C. M.(2002). Learning from Education: Insight into Building Communities of Difference. In G. Furman (Ed.) *School as Community: from Promise to Practice*. Albany, NY: State University of New York Press.

Shields, C. M. & Seltzer, C. M.(1997). Complexities and Paradoxes of

Community: Toward a More Useful Conceptualization. *Educational Administration Quarterly*, 33(4).

Shouse, R. C.(1995). Academic Press and School Sense of Community: Source of Friction, Prospects for Synthesis. Presented at the annual meeting of the American Education Research Association at San Francisco, CA.

Sidorkin, M.(1999). *Beyond Discourse: Education, the Self, and Dialogue*. Albany: State University of New York Press.

Sorokin(1957). "Foreword." In F. Tonnies, *Community & Society (Gemeinschaft und Gesellschaft)*. Translated by C. Loomis. East Lansing, MI: Michigan State University Press.

Spears, J. D., Combs, L. R., and Bailey, G.(1990). Accommodating Change and Diversity: Liking Rural Schools to Communities. A Report of the Ford Western Taskforce. Retrieved May 13, 2011.

Spring, J.(2005). *The American School: 1642~2004*. New York: Mc Graw Hill.

Starratt, R.(1991). Building an Ethical School: A Theory for Practice in Educational Leadership. *Educational Administration Quarterly*, 27(2), 185-202.

Starratt, R(1996). *Transforming Educational Administration: Meaning, Community, and Excellence*. New York: The McGraw-Hill Company.

Starratt, R. J. & Guare, R. E.(1995). The Spirituality of Leadership. *Planning and Changing*, 26(3/4), 190-204.

Starratt, R. J.(1993). *The Drama of Leadership*. Bristol, PA: TheFarmerPress.

Starratt, R. J.(1995). *Leaders with Vision*. Thousand Oaks, CA: CorwinPress.

Strike, A.(2003). Community, Coherence, and Inclusiveness. In Begley & Johansson(Eds.) *The Ethical Dimensions of School Leadership*. Dordrecht: Kluwer Academic Publishers.

Strike, A.(1993). Professionalism, Democracy, and Discursive Communities: Normative Reflections on Restructuring. *American Educational Research Journal*, 30(2), 255-275.

Strike, A.(1999). Can Schools Be Community? The Tension Between Shared Values and Inclusion." *Educational Administration Quarterly*, 35(1), 46-70.

The Popular Center for Democracy, Coalition for Community Schools, and Southern Education Foundation(2016). Community Schools: Transforming Struggling Schools into Thriving Schools.

Tönnies, F.(1957). *Community & Society (Gemeinschaft und Gesellschaft)*. Translated by C. Loomis, East Lansing, MI: Michigan State University Press.

Wenger, E.(1998). *Communities of Practice: Learning, Meaning, and Identity*. New York: Cambridge University Press.

Westheimer, J.(1998). *Among School Teachers: Community Autonomy and Ideology in Teachers' Work*. New York: Teachers College Press.

Whalen, S.(2007). Three Years into Chicago's Community Schools Initiative (CSI): Progress, Challenges, and Lessons Learned. UIC Community Schools.

Wolterstorff, N.(2003). *Education for Shalom*. Grand Rapids, Mi.: Baker.

Wyschogord, E.(1990). "Man-Made Mass Death: Shifting Concepts of Community." *Journal of American Academy of Religion*, 58(2).

Young, I. M.(1986). "The Ideal of Community and the Politics of Difference." *Social Theory and Practice*, 12(1), 1-26.

삶의 행복을 꿈꾸는 교육은 어디에서 오는가?

● **교육혁명을 앞당기는 배움책 이야기** 혁신교육의 철학과 잉걸진 미래를 만나다!

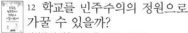

● **비고츠키 선집** 발달과 협력의 교육학 어떻게 읽을 것인가?

 생각과 말
레프 세묘노비치 비고츠키 지음
배희철·김용호·D. 켈로그 옮김 | 690쪽 | 값 33,000원

 성장과 분화
L.S. 비고츠키 지음 | 비고츠키 연구회 옮김
308쪽 | 값 15,000원

 도구와 기호
비고츠키·루리야 지음 | 비고츠키 연구회 옮김
336쪽 | 값 16,000원

 연령과 위기
L.S. 비고츠키 지음 | 비고츠키 연구회 옮김
336쪽 | 값 17,000원

 어린이 자기행동숙달의 역사와 발달 I
L.S. 비고츠키 지음 | 비고츠키 연구회 옮김
564쪽 | 값 28,000원

 의식과 숙달
L.S. 비고츠키 | 비고츠키 연구회 옮김
348쪽 | 값 17,000원

 어린이 자기행동숙달의 역사와 발달 II
L.S. 비고츠키 지음 | 비고츠키 연구회 옮김
552쪽 | 값 28,000원

 분열과 사랑
L.S. 비고츠키 지음 | 비고츠키 연구회 옮김
260쪽 | 값 16,000원

 어린이의 상상과 창조
L.S. 비고츠키 지음 | 비고츠키 연구회 옮김
280쪽 | 값 15,000원

 성애와 갈등
L.S. 비고츠키 지음 | 비고츠키 연구회 옮김
268쪽 | 값 17,000원

 비고츠키와 인지 발달의 비밀
A.R. 루리야 지음 | 배희철 옮김 | 280쪽 | 값 15,000원

 흥미와 개념
L.S. 비고츠키 지음 | 비고츠키 연구회 옮김
408쪽 | 값 21,000원

 정서학설 I
L.S. 비고츠키 지음 | 비고츠키 연구회 옮김
584쪽 | 값 35,000원

 정서학설 II
L.S. 비고츠키 지음 | 비고츠키 연구회 옮김
480쪽 | 값 35,000원

 수업과 수업 사이
비고츠키 연구회 지음 | 196쪽 | 값 12,000원

 관계의 교육학, 비고츠키
진보교육연구소 비고츠키교육학실천연구모임 지음
300쪽 | 값 15,000원

 비고츠키의 발달교육이란 무엇인가?
비고츠키교육학실천연구모임 지음 | 412쪽 | 값 21,000원

 비고츠키 생각과 말 쉽게 읽기
진보교육연구소 비고츠키교육학실천연구모임 지음
316쪽 | 값 15,000원

 비고츠키 철학으로 본 핀란드 교육과정
배희철 지음 | 456쪽 | 값 23,000원

 교사와 부모를 위한 비고츠키 교육학
카르포프 지음 | 실천교사번역팀 옮김
308쪽 | 값 15,000원

 비고츠키와 마르크스
앤디 블런던 외 지음 | 이성우 옮김 | 388쪽 | 값 19,000원

 혁신학교
성열관·이순철 지음 | 224쪽 | 값 12,000원

 대한민국 교사, 어떻게 가르칠 것인가?
윤성관 지음 | 320쪽 | 값 15,000원

 행복한 혁신학교 만들기
초등교육과정연구모임 지음 | 264쪽 | 값 13,000원

 아이들을 어떻게 가르칠 것인가
사토 마나부 지음 | 박찬영 옮김 | 232쪽 | 값 13,000원

 서울형 혁신학교 이야기
이부영 지음 | 320쪽 | 값 15,000원

모두를 위한 국제이해교육
한국국제이해교육학회 지음 | 364쪽 | 값 16,000원

혁신교육, 철학을 만나다
브렌트 데이비스·데니스 수마라 지음
현인철·서용선 옮김 | 304쪽 | 값 15,000원

혁신교육 존 듀이에게 묻다
서용선 지음 | 292쪽 | 값 16,000원

다시 읽는 조선 교육사
이만규 지음 | 750쪽 | 값 33,000원

대한민국 교육혁명
교육혁명공동행동 연구위원회 지음
224쪽 | 값 12,000원

경쟁을 넘어 발달 교육으로
현광일 지음 | 288쪽 | 값 14,000원

핀란드 교육의 기적
한넬레 니에미 외 엮음 | 장수명 외 옮김
456쪽 | 값 23,000원

한국 교육의 현실과 전망
심성보 지음 | 724쪽 | 값 35,000원

독일의 학교교육
정기섭 지음 | 536쪽 | 값 29,000원

● **경쟁과 차별을 넘어 평등과 협력으로 미래를 열어가는 교육 대전환!** 혁신교육 현장 필독서

교실 속으로 간 이해중심 교육과정
온정덕 외 지음 | 224쪽 | 값 13,000원

포스트 코로나 시대의 교육
성열관 외 지음 | 224쪽 | 값 15,000원

내일 수업 어떻게 하지?
아이함께 지음 | 300쪽 | 값 15,000원

**학교의 미래,
전문적 학습공동체로 열다**
새로운학교네트워크·오윤주 외 지음 | 276쪽 | 값 16,000원

**마을교육공동체
생태적 의미와 실천**
김용련 지음 | 256쪽 | 값 15,000원

학교폭력, 멈춰!
문재현 외 지음 | 348쪽 | 값 15,000원

학교를 살리는 회복적 생활교육
김민자·이순영·정선영 지음 | 256쪽 | 값 15,000원

삶의 시간을 잇는 문화예술교육
고영직 지음 | 292쪽 | 값 16,000원

**미래교육을 디자인하는
학교교육과정**
박승열 외 지음 | 348쪽 | 값 18,000원

교실 속으로 간 이해중심 통합교육과정
온정덕 외 지음 | 224쪽 | 값 15,000원

**초등 백워드 교육과정
설계와 실천 이야기**
김병일 외 지음 | 352쪽 | 값 19,000원

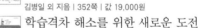

**학습격차 해소를 위한 새로운 도전
보편적 학습설계 수업**
조윤정 외 지음 | 240쪽 | 값 15,000원

마을교육공동체란 무엇인가?
서용선 외 지음 | 360쪽 | 값 17,000원

강화도의 기억을 걷다
최보길 지음 | 276쪽 | 값 14,000원

체육 교사, 수업을 말하다
전용진 지음 | 304쪽 | 값 15,000원

평화의 교육과정 섬김의 리더십
이준원·이형빈 지음 | 292쪽 | 값 16,000원

마을교육과정을 그리다
백윤애 외 지음 | 336쪽 | 값 16,000원

**혁신교육지구와 마을교육공동체는
어떻게 만들어지는가?**
김태정 지음 | 376쪽 | 값 18,000원

아이들을 어떻게 가르칠 것인가
사토 마나부 지음 | 박찬영 옮김 | 232쪽 | 값 13,000원

 코로나 시대,
마을교육공동체운동과 생태적 교육학
심성보 지음 | 280쪽 | 값 17,000원

 혐오, 교실에 들어오다
이혜정 외 지음 | 232쪽 | 값 15,000원

 수업, 슬로리딩과 함께
박경숙 외 지음 | 268쪽 | 값 15,000원

 물질과의 새로운 만남
베로니카 파치니-케처바우 외 지음 | 240쪽 | 값 15,000원

 그림책으로 만나는 인권교육
강진미 외 지음 | 272쪽 | 값 18,000원

 수업 고수들
수업·교육과정·평가를 말하다
박현숙 외 지음 | 368쪽 | 값 17,000원

 아이들의 배움은 어떻게 깊어지는가
이시이 준지 지음 | 방지현·이창희 옮김
200쪽 | 값 11,000원

 미래, 공생교육
김환희 지음 | 244쪽 | 값 15,000원

 들뢰즈와 가타리를 통해 유아교육 읽기
리세롯 마리엣 올슨 지음 | 이연선 외 옮김
328쪽 | 값 17,000원

 혁신고등학교, 무엇이 다른가?
김현자 외 지음 | 344쪽 | 값 18,000원

 시민이 만드는 교육 대전환
심성보·김태정 지음 | 248쪽 | 값 15,000원

평화교육
과거, 현재 그리고 미래를 그리다
모니샤 바자즈 외 지음 | 권순정 외 옮김
268쪽 | 값 18,000원

 서울대 10개 만들기
김종영 지음 | 348쪽 | 값 18,000원

 선생님, 통일이 뭐예요?
정경호 지음 | 252쪽 | 값 13,000원

 함께 배움
학생 주도 배움 중심 수업 이렇게 한다
니시카와 준 지음 | 백경석 옮김 | 280쪽 | 값 15,000원

 다정한 교실에서 20,000시간
강정희 지음 | 296쪽 | 값 16,000원

 즐거운 세계사 수업
김은석 지음 | 328쪽 | 값 13,000원

 밥상혁명
강양구·강이현 지음 | 298쪽 | 값 13,800원

 학교를 개선하는 교장
지속가능한 학교 혁신을 위한 실천 전략
마이클 풀란 지음 | 서동연·정효준 옮김 | 216쪽 | 값 13,000원

 선생님, 민주시민교육이 뭐예요?
염경미 지음 | 244쪽 | 값 15,000원

 교육혁신의 시대
배움의 공간을 상상하다
함영기 외 지음 | 264쪽 | 값 17,000원

 도덕 수업, 책으로 묻고 윤리로 답하다
울산도덕교사모임 지음 | 320쪽 | 값 15,000원

 교육과 민주주의
필라르 오카디즈 외 지음 | 유성상 옮김
420쪽 | 값 25,000원

 교육회복과 적극적 시민교육
강순원 지음 | 228쪽 | 값 15,000원

 비판적 미디어 리터러시 가이드
더글러스 켈너·제프 셰어 지음 | 여은호·원숙경 옮김
252쪽 | 값 18,000원

참된 삶과 교육에 관한
생각 줍기